淮南文史资料选辑

（第二十辑）

回望1952，
淮南从此崛起

政协淮南市委员会　淮南市文学艺术联合会　淮南市档案馆◎编著

时代出版传媒股份有限公司
安徽文艺出版社

图书在版编目（ＣＩＰ）数据

淮南文史资料选辑. 第二十辑，回望 1952，淮南从此
崛起 / 政协淮南市委员会，淮南市文学艺术联合会，淮
南市档案馆编著. —合肥：安徽文艺出版社，2023.12
ISBN 978-7-5396-7868-9

Ⅰ. ①淮… Ⅱ. ①政… ②淮… ③淮… Ⅲ. ①文史资
料—淮南 Ⅳ. ①K295.43

中国国家版本馆 CIP 数据核字(2023)第 216949 号

出 版 人：姚　巍
责任编辑：秦　雯　　　　　　　装帧设计：张诚鑫
···
出版发行：安徽文艺出版社　　www.awpub.com
地　　址：合肥市翡翠路 1118 号　邮政编码：230071
营 销 部：(0551)63533889
印　　制：安徽联众印刷有限公司　(0551)65661327
···
开本：710×1010　1/16　印张：16.75　字数：280 千字
版次：2023 年 12 月第 1 版
印次：2023 年 12 月第 1 次印刷
定价：88.00 元
···

编撰委员会

主 任

蔡宜骅

副主任

陈永多　张天舒

成 员

吕习明　夏巨志　程晋仓　张传猛　王　琼
夏云中　刘　全　万　鹏　马　超　金　妤
周　强　刘庆芝　张晶莹

■ **目 录** ■ contents ■

序

后记

时间镌刻荣光　时代呼唤精神

——写在《淮南文史资料选辑（第二十辑）　回望 1952，淮南从此崛起》

党的二十大报告指出，全面建设社会主义现代化国家，必须坚持中国特色社会主义文化发展道路，增强文化自信，围绕举旗帜、聚民心、育新人、兴文化、展形象建设社会主义文化强国。1952年6月，省辖淮南市建立，2022年淮南建市70周年，淮南市政协文化文史和学习委员会联合市文联、市档案馆等单位编撰了《淮南文史资料选辑（第二十辑） 回望1952，淮南从此崛起》。

《淮南文史资料选辑（第二十辑） 回望1952，淮南从此崛起》的讲述者或是故事主人公的后代亲友，或是生活在故事环境中，或是故事里的人。22位作家查阅了百余种图书，实地采访或电话访谈百余人次，用饱含深情的文字对淮南建市70年的历史进行了认真梳理和翔实记录，生动反映了淮南建市前后在全国支援下的建设发展历程，展现出火红年代里淮南人民的精气神，这既是对淮南70年风雨沧桑发展历程的鸿篇概括，也是存史、资政、团结、育人的具体展示。

新时代新征程上，我们以习近平新时代中国特色社会主义思想为指导，弘扬光荣传统，坚定文化自信，充分挖掘城市发展中具有时代价值的文史资料，激发创新创造活力，为加快建设现代化美好淮南贡献智慧和力量！

淮南市政协主席　蔡宜骅

2023年2月

煤矿铸就的丰碑

——全国劳模丰绪然的光荣岁月

丰 婷

1952 年 6 月，安徽省正式设立省辖淮南市。《淮南市志》上记录的这一年的几件大事，其中之一就是淮南煤矿劳模丰绪然赴波兰和苏联参观。这件事的主人公与我密切相关，丰绪然是我的祖父。

对于祖父的了解，最早源于发表在 20 世纪 80 年代《银河》杂志上一篇题为《中国的斯达汉诺夫》的报道。那时我还在上小学，那篇报道让我印象最为深刻的是把祖父比作一个苏联人。对于当时的小学生来说，并不能通过阅读一篇文章去了解什么，但有一个念头深深地印刻在我的脑海里：一个值得被写进书里的人，必定是很厉害的吧！

丰绪然

一

淮南煤矿劳模丰绪然是一个我既熟悉又陌生的人。熟悉是因为他是我的祖父，我身体里流淌的血液复刻了他的基因；陌生是因为我从未见过他，他在47岁时英年早逝。他去世时，我的父亲才20岁，家中最小的叔叔尚在襁褓之中。

"1950年大通矿召开万人大会，欢送丰绪然进京参加全国战斗英雄、劳动模范大会。1950年、1951年两次应邀参加国庆观礼，两次受到毛泽东、刘少奇、周恩来、朱德等党和国家领导人的接见，1952年随中国工会代表团赴波兰华沙参加'五一'国际劳动节庆祝活动,1972年病逝于上海,终年47岁。"这是我在一篇报道中读到的一段话，100多字概括了祖父一生的艰苦和荣誉。从十几岁外出至东北谋生，到1944年在淮南大通矿井下工作，再到1962年毕业于北京矿业学院采煤系，先后担任了大通矿采煤技术员、上海大屯煤田会战指挥部技术组组长。这个过程漫长而艰辛，谁能想到一个从山东曲阜逃荒出来的农民能成为新中国第一批工人大学生？

1952年4月，祖父丰绪然作为全国总工会代表团成员前往波兰参加"五一"国际劳动节庆祝活动。5月下旬，代表团回国途中在苏联莫斯科停留，受到苏联总工会的热情接待。在国外停留的两个月，令他大为震撼。代表团受到的礼遇让他深感中国国际地位的提升，在参观波兰的工厂、矿山、学校后，他又深感我们国家还很落后。"在一个文盲充斥的国家是建不成社会主义的。"列宁的这句话深深地印刻在他的脑海里，他下定决心要用知识武装自己。这是一个农民出身的工人的觉醒，也是当时千千万万贫苦出身的人民群众的觉醒。

于是，祖父丰绪然在1953年1月成为泰安煤矿工人学校的一名学生；1958年3月到秦皇岛补习高中文化课程，同年8月到北京矿业学院（中国矿业大学前身）深造，经过4年的刻苦钻研完成了大学课程，1962年以优异的成绩毕业于北京矿业学院采煤系。祖父的毕业论文《年产120万吨煤矿设计》还刊登在《人民日报》头版，被媒体称为"党把一个大老粗培养成知识分子"的典型榜样。

当得知关于祖父的这些经历时，我的内心是倍感惊讶的。一个没上过一天学的"大老粗"，26岁才开始学习文化知识，竟完成了从"大老粗"到"大学生"的蜕变。这不仅仅得益于党的培养和他内心对知识的渴望，还源自他在新中国成立后深切体会到的人民当家做主的主人翁精神。

"党对我的教育和培养是无微不至的，我决心用实际行动来报答党的恩情。敬爱的领袖毛主席教导我们，绝对不能产生任何松懈和骄傲自满的情绪，人民的事业是长期而艰巨的，我更加坚定了终身为人民服务的革命意志，忠心耿耿地为革命事业奋斗一生，永远跟着党走。"这是我在祖父的档案里读到的一段自述，放在今天，仍然能激励我们不断前行。祖父坚定地用他的一生完成了他的铮铮誓言。是党让他这个处在社会最底层的"煤黑子"过上有吃、有穿、有住的生活；是党让他曾经骨肉分离的家庭得以团聚；是党让他成为有文化、有知识、有技术的大学生。党给了他一切，他又把一生奉献给了他热爱的煤矿事业。

二

1926 年，祖父丰绪然出生在山东曲阜北陵后的一个贫苦农民家庭，八九岁时就给地主家放牛。15 岁时山东大旱，一家人的生活难以维系，此时他萌生了闯关东的念头。1941 年的春节，15 岁的祖父跟着村里人历尽艰辛到了东北，给日军做苦工，每天累死累活只能吃上一顿稀饭，同去的 240 个老乡不到半年，饿死、冻死、被打死的就有一半。祖父硬是熬了一年才被释放回家。回家后的日子依然难熬，全家老小辛辛苦苦磨豆腐，操劳一天也就挣下几斤豆腐渣，一家人依然不得温饱。1943 年冬天，祖父再次离开了曲阜老家，到淮南大通煤矿谋生。只是他并不知道，当时的大通煤矿正被日军霸占，此行无异于才离狼窝又入虎口。

当时的大通煤矿被日军奴役的矿工有几万人，为加强对淮南煤矿的控制和掠夺，日本侵略者在煤矿推行的是血腥的法西斯统治。日军在大通矿区大肆修筑炮楼、碉堡、水牢，把矿工们分隔在矿南与矿北两地，矿北居住地取名为"居仁村"。时至今日，洞山东路的绿化带里，依然矗立着一座两层楼高的炮楼，射击口和垛口清晰可见。这个炮楼与居仁村仅一路之隔，可以想见当时的日军对矿工的镇压和奴役是多么残酷。据当时有关资料的不完全统

《淮矿工人》报关于丰绪然的有关报道

计，仅从 1941 年 3 月至 1944 年 6 月的 3 年多时间里，被强行征集到淮南煤矿的劳工就有 7 万多人。其中 3 万多名矿工被残酷迫害致死，形成了震惊世界的大通万人坑。而居仁村作为矿工的集中居住地，与万人坑直线距离只有 500 米，可以想见当时矿工生存环境极其恶劣，能活着就很不容易。

1949 年 1 月 18 日，人民解放军解放淮南矿区，在中国共产党的领导下，淮南煤矿工人砸碎了身上的枷锁，摆脱了被奴役的地位，成为矿山的主人。自此，祖父在淮南才过上有吃、有穿、有住的生活，这个处在人世间最底层的"煤黑子"第一次感受到了生活的美好。在后来祖父写给毛主席的信中，我读到这样一段话："现在咱吃的穿的和过去大不相同，大改善，住的是矿上给我的两间半红瓦房子，有个小院子，有厨房，家里石灰粉的（得）亮堂堂。"这段话勾起了我童年的回忆，每到寒暑假，我都会从父母工作的潘一矿回到居仁村的奶奶家，在那里度过我的假期生活。两间半的红瓦房和那个小院子成为满足一个孩子探索欲的小小乐园，晴天夜晚在院子里纳凉、数星星，阴雨天看蚂蚁搬家上树。这两间半的红瓦房和小院子，承载了祖父一生的幸福，他的 7 个孩子在这里长大成人。

1950 年初，矿上推广风镐采煤，祖父靠着他身高力大，带头使用双风镐采煤，超额完成班产任务。从此，风镐手丰绪然的名字传遍了淮南矿区。

1950年9月，淮南煤矿工会召开评模会议，祖父丰绪然当选为全国工农兵英雄模范大会的代表。当得知自己要去北京参加全国英模大会，将要见到毛主席的时候，他激动得热泪盈眶。

从北京回来后，祖父有了属于自己的家，他和我的祖母邱国英结婚了。此后，他更加努力地投入工作中，怀着报答毛主席和共产党如山恩情的朴素感情，满怀豪情地投入社会主义新矿山建设之中。用当时矿工们的话说，就是"把煤矿当战场，风镐铁锹当刀枪"！不久后，怀着对党的无限热爱和对领袖的无比崇敬，祖父给毛主席写了一封信，向毛主席汇报"解放以后的大翻身情形"和"全矿一年来的生产情况"。

1951年1月28日，《淮矿工人》报（《淮南日报》前身）刊登了祖父写给毛主席的信和中共中央办公厅秘书室的回信。《淮矿工人》报的标题是《丰绪然写信给毛主席后，中共中央复信勉励，希望团结群众为国家增产更多的财富而努力》。中共中央办公厅秘书室的复信全文如下：

绪然同志：

　　向毛主席报告你矿一年来生产成绩的信已收到。你们在采煤、岩石掘进、机械制造等方面，创造了新纪录，特向你们致以祝贺。你们这种成绩的获得，是发挥了工人阶级积极性和创造性的结果，希望你们更好地团结群众、厉行节约、提高技术，发挥生产中的潜在力量，为给国家增产更多的财富而努力。

　　此致

敬礼

中共中央办公厅秘书室

一九五〇年十一月十九日

1951年10月1日，祖父再次受邀参加国庆观礼，又一次受到了毛主席等党和国家领导人的接见。这一年，他沉浸在巨大的幸福中。年底，他迎来了生命中第一个孩子，也就是我的父亲。初为人父带给他更大的工作热情和动力，他身体里巨大的能量像火山一样喷发而出。

1951年12月，一个平平常常的日子，冬日的气息渐浓，大通矿笼罩在热烈的生产氛围中。为了迎接1952年的元旦，大通矿开展"挑硬仗运动"。当时的大通矿正在推行技术改革，试验新采煤方式——急倾斜煤层台阶式采煤法。在试验阶段，因顶板压力大，不好控制，工作有危险，整个试验工作进行得很困难。祖父作为一名新党员，积极参加新采煤方式的试验，并在实践中摸索经验。在苏联专家指导的基础上，结合实际工作情况，他大胆提出把10米小台阶改为20米大台阶。经过试验，效率提高一倍，出煤率提高，丢煤率减少，并首创日采72米、出煤145吨的全国风镐采煤最高纪录。

1952年1月5日，《上海新闻日报》刊发了题为《淮南煤矿国庆大队第一队再创全国采煤新纪录》的消息，报道了这件事情。

【上海讯】国营淮南煤矿实行新采煤法的国庆大队第一队，得到井下运输工人的有力配合，在去年十二月二十四日再创一天内工作面全员平均采煤十八点一九四吨的全国新纪录。那一天，全队三十六名职工在急倾斜全充填式新采煤法场子上，采出了中硬煤质的煤六百五十五吨，支柱五百二十八根，全员平均效率达到十八点一九四吨，超过了去年四月二十六日所创造的全国纪录（十一点八五一吨）百分之五十三以上。

三

1954年，著名翻译家傅雷在给儿子的信中写下了一段激情四溢的文字："亲爱的孩子：我六月二日去安徽参观了淮南煤矿、佛子岭水库、梅山水库，到十二日方回上海……祖国的建设，安徽人民那种急起直追的勇猛精神，叫人真兴奋。淮南煤矿的新式设备，应有尽有：地下三百三十公尺深的隧道，跟国外地道车的隧道相仿，升降有电梯，隧道内有电车，开采的煤用皮带拖到井上，直接装火车。原始、落后、手工业式的矿场，在解放以后的六七年中，一变而为赶上世界水平的现代化矿场，怎能不叫人说是奇迹呢？"

以措辞严谨著称的傅雷，用"奇迹"二字来表达参观后热血沸腾的感受，代表了那个激情燃烧的岁月里亿万中国人的真情实感。当时的中国大地，处处是第一个五年计划实施中大规模建设社会主义的火热场景。我想，祖父丰绪然应该是那火热场景中最动人的风景之一。

从 1953 年起，我国开始执行发展国民经济的第一个五年计划，经济建设工作在整个国家生活中居于首要地位。淮南煤矿将建设 600 多万吨煤炭生产规模，创建大型一流煤炭企业作为"一五"时期的发展战略目标。淮南煤矿的广大职工怀着改变新中国一穷二白落后面貌的强烈愿望，掀起艰苦奋斗、无私奉献的生产建设高潮，刷新了一个又一个生产纪录，谱写了火红年代淮南煤矿的壮丽诗篇，使"一五"时期成为淮南煤矿发展的重要的奠基时期。从 1949 年到 1966 年的 17 年时间里，淮南矿区基本奠定了具有当代水平的国有煤炭企业基础。

20 世纪 80 年代，煤炭行业从原来以人工为主的劳动密集型采矿模式转向智能化、自动化的采煤作业。这种技术形态的转变，极大地提高了采煤效率。过去工人下井，都背"三大件"——斧头、铲子、手镐，煤矿采掘工作全靠工人肩扛手抬。慢慢地开始采用风钻和炸药，直到现在采用综合机械化采煤、综合机械化掘进，机械化程度分别达到 95% 与 80%。现在一个综采工作面的年产量都能达到 500 万吨，超过解放初期全局年产量的 2 至 3 倍。像顾桥、张集这样的大型现代化矿井，年产量都在千万吨以上。

如今的淮南矿区，正在积极响应国家煤炭工业高质量发展的号召，新一代淮南煤矿人立足"机械化换人、自动化减人"，在机械化开采、自动化开采的基础上不断创新、发展，井下综采技术与装备已经从依赖进口到基本实现国产化。淮南大地上建起的一座又一座智能化煤矿，开启了煤矿智能化开采的新时代，并不断向无人化开采迈进。在不久的将来，提起煤矿人，我们脑海中再也不是满脸煤灰的矿工形象，干净整洁的操控室里，技术人员通过地面操控完成远程无人采煤的时代已近在咫尺。如果祖父泉下有知，一定会为他曾用热血和生命奋斗过的煤矿而欣慰骄傲。

翻开淮南煤矿史，回望淮南煤矿 100 多年的风雨历程，几代淮南煤矿人用汗水、智慧，甚至鲜血和生命写就了淮南煤矿的壮丽篇章。我作为矿工子弟，听闻了祖父为煤矿建设奉献了一生，目睹了父亲为煤矿建设挥洒青春。如今，我已成家立业，我的爱人也在为淮南这座能源城的现代化煤矿建设发展添砖加瓦。从祖父的全国劳模风镐手，到父亲的煤矿机电技术骨干，再到爱人的智能化矿井建设践行者，一家三代人用各自所学，脚踏实地地从事着同一行业的工作。在我的心目中，祖父就像一座永远的丰碑，激励着我们家一代又一代煤矿人前赴后继，共同描绘一幅美丽矿山的新画卷。

淮南作为"华东工业粮仓"，丰饶的煤炭资源养育了几代人。作为矿山子弟，我们依矿而生，依矿而长，矿山养大了一代代矿工子弟。我们的后人仍将依靠这片山水生存，我们有责任建设好这片热土，让我们的后代依然可以享受到这片土地带来的富饶。

作者系安徽网淮南频道编辑、淮南市作协副秘书长

严国彬和望峰岗选煤厂

柏春勇

1952 年，是地级淮南市建市之年，正在辽宁鞍山市人民政府工业局计划科工作的严国彬，做梦也没想到，5 年后自己会横跨半个中国，与淮南选煤结下大半辈子的渊源。

指缝宽，时间瘦，蓦然回首已是七十载。在上海南汇大团镇一间普通平房内，年近九旬的严国彬，在回顾自己青葱岁月的选择时，思维仍然敏捷，笑说："那时很年轻，思想也很单纯，对美好事物充满向往。我到望峰岗选煤厂工作，是被动到主动的过程，再到情至深处的不舍离去，没想到会干 35 年，作为跨界转行的我，对选煤的感情会那么深。"

省五一劳动奖章获得者严国彬

2022 年 4 月，接到淮南作协"回望 1952"望峰岗选煤厂专题写作任务后，我的内心一直不平静。作为晚辈和后来者，我与选煤也有不解之缘。先是 1985 年在淮南矿务局技校选煤班学习，2 年后至望峰岗选煤厂实习，后辗转在谢一、谢桥、张集选煤厂工作。我的岳父赵永江也是"望选"人，他于 20 世纪 70 年代初从淮南煤校毕业后，曾在望选厂组干科工作了 7 年，我从他的嘴里也听闻了不少选煤厂的逸闻趣事。

同为选煤人，我对严老慕名已久。2020 年 8 月底，因疫情和高温蛰伏一夏的我，处暑过后外出探访。在选煤分公司党群工作部刘海部长及黄卫星老师的帮助下，我通过查阅留存的珍贵音像资料、尘封已久的档案，进行实地探访，那段新中国成立初期激情燃烧的岁月场景徐徐展开。

参加革命

20 世纪 50 年代的鞍山，是一座移民城市，许多青年男女从祖国大江南北来到当时中国的工业中心、祖国的钢铁基地。被时代之手推着，18 岁的严国彬在长蛇般的绿皮车上"咣当"了一天一夜，怀揣梦想来到鞍山。受过良好教育的他，被鞍山市人民政府工业局计划科招聘，先后干过财务计划、劳动计划和成本计划工作，因业务娴熟表现突出，曾受过两次物质奖励，锋芒初露。

1932 年，严国彬出生在上海南汇一个富庶的地主家庭。本是"含着金汤匙"，命运却与他开了个玩笑。因不争气的父亲抽大烟，一家人受到祖母冷眼、伯父欺侮。为独吞祖产，伯父于 1943 年的一个春夜，买通汪伪国民党乡绅团，以戒烟为由害死了严国彬的父亲。自小严国彬心中就埋下了对旧社会仇恨的种子，强烈地萌生出"读书改变命运"的想法。迫于生计，严国彬先是在亲戚开的德丰申庄（三茂席行）半工半读，后考入上海立信高级会计学校学习。

新中国成立初期，百废待兴，国家缺乏干部。1950 年 7 月，18 岁的严国彬没毕业就被招聘分配到了鞍山，参加祖国建设。刚参加工作不久，美帝国主义就将战火烧到鸭绿江边，抗美援朝战争开始了。这时南方干部人心有些浮动，鞍山市市长刘云鹤亲自召集所有南方干部开了动员会，针对当时局势和小资产阶级革命动摇性作了分析和批判。市长推心置腹的动员，让南方干部的紧张情绪慢慢安定下来，严国彬也打消了再回南方老家的想法。这也是他参加工作之后，"革命与不革命"两种思想进行的第一次激烈斗争。

1952 年初，全国掀起了"三反五反"运动，白纸般单纯的严国彬也参加了斗争，并且对"人民"这个神圣字眼有了进一步体会。本来他认为，政府工作人员到私人资本家家中去买货、吃饭，逢年过节送礼物，是人之常情，没有什么大不了。通过"三反五反"运动，严国彬认识到资本家的丑陋行为和一些干部的堕落腐化，明白了"千里之堤，溃于蚁穴"的道理。

土改后，严国彬的家庭经济成分被划为中农。1952年下半年，鞍山市工业局决定让严国彬去东北财经学院学习工业计划。局领导亲自找严国彬谈话，说青年人应好好学习，靠近组织，争取进步，希望他珍惜机会，学成报效国家。当时严国彬感动得几乎要流下泪来。虽然后来因工作繁忙未能成行而留下遗憾，但他如沐春风，感受到了革命大家庭的温暖，明白了青年人应该靠近组织、加入组织的道理。经同事张魁福介绍，严国彬于1953年1月28日正式加入中国新民主主义青年团，并很快被吸收到党小组里开会。第一次开会的情景记忆犹新，那种身份认同上的光荣与自豪，让严国彬感觉这是一生中最大的幸福。

1954年8月，机会再一次降临。严国彬经上级选送报考了高等学校，最后第一志愿被哈尔滨外国语学院俄语系录取。正如哈尔滨五月丁香八月二度开，进校报到后的严国彬志得意满，在美丽的丁香城，于布满俄式风格建筑的中央大街溜达，花香直沁肺腑。他重新规划设计了自己的人生，认为自己已经学过一个专业，这样可以锦上添花，通过外语"加持"进一步提高自己业务水平，从而成为有独特专长的科学研究"香饽饽"。

"触电"选煤

1957年10月，松花江水恣意浇灌的丁香树花开花谢，埋头苦读的严国彬历经3年多的"回炉深造"，从哈尔滨外国语学院顺利毕业，千里迢迢奔赴淮南，被指定为援建苏联专家俄文翻译（机械）。严国彬开启了人生最为重要的航程，且帆指终点，不再迂回。

望峰岗选煤厂是新中国成立之初，国家实施第一个五年计划时期，苏联帮助中国设计的156个重点建设项目之一，被誉为中苏两国的"友谊之花"。当时国家开始有计划地开展经济建设，首先发展钢铁，钢铁是工业化的基础，冶炼钢铁需要优质精煤，望峰岗选煤厂在这个背景下应运而生了。

　　1954 年 9 月，经中央燃料工业部批准，淮南矿务局成立淮南谢家集中央选煤厂厂址选择委员会。经过勘察设计，1956 年 10 月 3 日动工兴建，1957 年 7 月主厂房开工建设，1958 年 12 月 20 日建成投产，同年更名为望峰岗选煤厂。该厂由苏联列宁格勒设计院设计，设计年入洗原煤 100 万吨，生产 13 级精煤，是当时华东地区大型矿区型选煤厂，产品主要供应钢铁、焦化、发电、化肥、建材等行业动力和生活用煤。

　　1957 年 10 月，严国彬被分配到望选厂，从一个擅长会计和工业计划的俄语系学生，正式转行并与选煤结缘。当时援建苏联专家组一共 4 人，都住在条件较好的矿务局宾馆。性格豪爽的俄国人除了对酒特别钟爱，工作的热忱和严谨也毫不含糊。严国彬住的房子跟苏联专家的连在一起，他服务的一名专家叫普列奇科夫，是名机械专家，人高马大，笑容可掬。从宾馆到工地几十分钟的车程转瞬即到，严国彬经常陪他到现场察看并指导设备安装，每天

望峰岗选煤厂开工典礼会场

跑上跑下不知道丈量工地多少遍。施工现场规模比较大,有铁路、厂房、走廊、煤仓、沉淀池,光铁路专线就有6条,安徽省时任党政领导如曾山、李任之等,自建厂以来就经常过来视察。那时候建设工地经常打擂台,大伙热情高、干劲足,施工速度很快,眼瞅着土建一层楼一层楼上去。

严国彬被分配到选煤厂的时候,还有不少名校毕业生陆续被分来,有同济大学的、矿业大学的,还有浙江大学的、东北工学院的,都是风华正茂、青春热血。那个时候条件很艰苦,大家都一起住在几个还未建成的简易工房里,地下泥巴、墙上长草,吃饭在临时搭的简易芦席棚子里,年轻人以苦为乐。当时有两个工区,一个704土建工区,一个701安装工区,边建设边安装。大家都不在意物质,但对施工就不一样了,对工期和质量要求很高。主厂房建设工期只有14个月,有9层,27.8米高,基座由4米见方的钢筋水泥构成,非常牢固。为保证施工精度,同济大学的学生别出心裁搞了一个吊锤,现场校验,确保垂直度呈一条线状,不合格就推倒重来,偏一点都不行。严国彬每次都紧跟专家身后,遇到深奥的专业俗语,硬着头皮边翻译边学习,尽可能把专家的意见转述到位。普列奇科夫的思维充满艺术气息,说话诙谐幽默,对现场施工非常满意,时不时拍拍施工人员的肩膀,露出赞许的微笑。专家每周都要休息,专家休息时,严国彬就和大伙到淮河边建水泵房。春天的原野上,油菜花金灿灿一片,一大帮从学校出来的学生在泥巴路上不知疲倦地跋涉,欢声笑语一路飘散到淮河水泵站。那时候没有胶靴,从泵房回来,严国彬从哈尔滨穿来的一双皮鞋都丢到爪哇国去了。

严国彬到厂一年多以后,12月份工厂正式投产。当时市委副书记康志杰要求,10月1日必须先单机试运转。指令下达,厉兵秣马,主将升帐。围绕这个重要节点,4名苏联专家微笑表示理解,701、704工区主任和工程技术人员热烈讨论,制定施工安装进度表,确保"十一"单机运转起来。大家摩拳擦掌,纷纷表示要为国争气。当时国家提出工业化,没有工业做基础,国家就没有脊梁骨。大家政治觉悟很高,都憋着一口气,一门心思搞建设,信心很足。虽然当时物质贫瘠,生活艰苦,但大伙加班加点埋头苦干毫无怨言。为了实现按期投产,在最后安装的紧张阶段,机电工人白天黑夜都在厂房和配电室里，吃喝都在里面，每天就想着干活。最终，从原煤入洗到产品外运，两个系统共安装了 350 多台（套）设备，自 10 月 1 日国庆那天起，全部按期逐台单机试运转成功。12 月 20 日投产那天，工作人员全部就位，把车子开了起来。刚启动时，由中央调度室远距离操作，声光电一响，一个系统一个系统开，从原煤进来进行分级、破碎、入洗，到产品脱水、装车外运是一个流程，中间不能中断，全是自动化、电器化，全厂生产设备都由调度室一人操纵开、停车，非常先进。省里的新闻单位都来了，上上下下忙碌地拍摄录制各种影像资料。镜头里的环境是高标准：厂房内地净窗明、机器崭新；厂房外新栽了树木花草，非常整洁，令人心情舒畅。在这么一个大规模厂子中建设和工作，严国彬和他的伙伴们很激动、很自豪。

正式投产后，1959 年入洗原煤 149 万吨，投产一年就超过设计生产能力近百分之五十，产量当年在全国四大炼焦煤选煤厂中居首位，荣获了全国"群英会"颁发的奖旗。20 世纪 60 年代初期，望峰岗选煤厂相继迎来了邓小平、彭真、刘澜涛、杨尚昆、董必武、聂荣臻等中央领导同志前来视察。这是一段金色记忆，也是包括严国彬在内的第一代选煤厂建设者的高光时刻。

下放选煤

1959 年中苏关系紧张，12 月苏联专家撤离选煤厂。1960 年 1 月，作为翻译"失业"的严国彬被下放到机电科机修组开始了为期 2 年的劳动锻炼。从"高高在上"到"跌落凡间"，严国彬的思想和灵魂深处有了质的蜕变。

刚开始，面对组织关于去留问题的谈话，严国彬内心满是纠结和彷徨。他要求学以致用，不愿改行去搞机电技术工作。潜意识里，他认为搞翻译出书，既可以在书店里看到自己翻译的著作，又可以得到较高收入。思想上轻视劳动，不愿和劳动人民生活在一起，更不愿干些平凡细小的工作。为个人考虑得多、幻想得多，而为集体则想得少、做得少。对一个刚出校门，没有社会经验的青年来说，严国彬也患上了那个特定年代小知识分子的通病。

初始下车间，严国彬郁郁寡欢，做什么事都提不起神儿。那天临近下班，天

建成后的望峰岗选煤厂运煤专线

空电闪雷鸣、大雨瓢泼，严国彬望着外面大雨怔怔出神，带着雨具的工友们一个个像归巢的鸟儿一样扎入风雨中。机修组长董发合撑着一把破油纸伞，一把扯起他没入雨中。组长把他带回家中，一壶热酒、几碟小菜，听窗外雨声滴答，不胜酒力的严国彬喝得满脸通红。酒酣耳热之际，组长真诚道："严工，留下来吧，我最佩服有文化的人，大伙都希望你留下来！"严国彬眼睛湿润了。

在下放劳动前，"书生小资"思维的严国彬和同事相处说话总隔着一层，像刘岐山科长说的那样："严国彬嘴能讲，可就是不从内心出发。"严国彬尤其不愿谈自己的毛病，同时，也不愿提别人的缺点，客套意识很浓厚，缺乏正义感和大公无私等工人阶级的优秀品质。但2年多来的劳动锻炼，以及工人同志们说话耿直、大公无私、待人善良等优秀品质，使他在心灵上得到浸润，思想上产生共鸣。

劳动创造奇迹，也能改变人生。基层的淬炼和生活体验，让严国彬如醍醐灌顶，不愿改行的思想有了急剧的改变。1961年七一前夕，严国彬向党组织递交了入党申请。从那时起，除了外文资料外，严国彬也爱看革命故事和党员修养方面的书籍，这些书给了他无穷的生机和力量，也敲响了他思想上的警钟：光强调"学以致用"而不联系实际，这是个人主义的东西。劳动之余，严国彬也经常回味着过去的革命先辈们，他们为了谁在艰苦的岁月里过着艰苦的生活与敌人斗争？他们又是为了什么把自己的生命献给了党和人民？有时自责：难道他们都是在学校里学过 "艰苦奋斗" "流血牺牲" 这两个专业而专门"奋斗""牺牲"的吗？党告诉了自己，干革命应该是无条件的，党需要干什么，自己就应该去学什么，而且还应该好好地去学，这是党对一个革命工作者最起码的要求。所以，下放劳动后，严国彬一开始心不在焉、思想活泛，但通过身体力行的劳动、自我解剖的反思，后来思想一直很稳定，生活也很愉快、乐观。

1960年的节约粮食运动，对严国彬触动很大。上下一样，减定量大家一起减，要艰苦大家一起艰苦。像这种大公无私的气概，在以往的任何一个社会，严国彬在书里是从未见到的，也是没有听说过的。当时，虽然在吃粮方面有些紧张，但严国彬也甘愿过这样的日子，认为这是一种光荣，是个很好的锻炼和考验。同时，也使他更加感受到党的可爱和伟大，思想上也确立了这种观点：只要对党有利的事业，不管是大的还是小的，自己都愿意去干，而且会无条件地去干。

起初，严国彬对机电工作还是个"白帽子"。以往对于机电只是通过翻译了解一点，与苏联专家在工作上的接触，虽然听得懂、看得懂，跟在后面学了不少东西，但大多是略知皮毛，许多东西是"知其然不知所以然"。2年多来，"放下架子"的劳动锻炼，严国彬从学员干起，机修组长董发合评价他"始终是分配啥干啥，完成任务后主动要活干或找活干，从来工作不找巧或偷懒"。严国彬沉浸其中，掌握了一般钳工、机修、电焊和氧气气割技能，对于钳工看图，以及选煤机械的构造和特征，有了更进一步的学习和了解。从理论到实践，他扩大了知识领域，提升了更好地为祖国服务的本领。

涅槃重生

严国彬从一名苏联专家翻译，改行为一名机电技术员，思想及灵魂彻底沉淀下来。1963年，他与开滦煤矿合编的《皮带运输机》一书由中国工业出版社出版。在完成望选厂苏供设备技术资料及有关图纸翻译的同时，他从刊物上看到国外一些最新的选煤科技进展状况，发现现有设备与洗煤生产的要求格格不入。在厂里的支持下，他发挥自身对苏供设备构造、参数了如指掌的专长，对不适应技术发展的设备进行改造和新旧替换。

有一个设备叫振动筛分机，这种设备的筛分效果不太理想，工人检修要钻到里面去，极不方便。严国彬研究设计规范，想点子进行筛分机改造。筛分机分直线运动和圆周运动，圆周运动筛分比较粗糙，粒度大，直线运动筛分比较细。当初因为没有经验，选择了圆周运动筛分，分级筛改造没有成功。那时厂里两个系统有10台筛子，两个并一个系统生产，压力比较大。因为家庭成分，严国彬还经常受到嘲笑或者指责。关键时刻，党组织给严国彬撑了腰，定性技改初衷和路子是对的，很支持。严国彬吃了定心丸，一方面在技术上规范设计，一方面到别的单位实地取经，汲取人家的经验和长处。最终，9平方米的直线振动搞成功了，代替了苏联6KFO-22快速摇动筛，设备使用可靠，减少了维修率，降低了材料消耗。

苏联提供的链板机，像过去农村的水车、老牛赶车，人力、钢材消耗大。运输系统改造到最后，分装系统的设计规范是槽箱宽度为0.6米的一台刮板运输机，运输量较小，产品装车速度跟不上。针对这种情况，严国彬重新设计了一套1米宽度的链板机，并亲自绘制图纸，配套更换了机头轮，送到机械厂加工。当时的副厂长兼总工程师任廷江心里没底，问严国彬："这个改造行不行？"任总担心的是，一旦搞不好的话，整个系统都得停产。严国彬琢磨：0.6米的都通过了，1米的怎么不行呢？机械厂加工完后，装机试运转，严国彬早饭也没顾上吃就钉在现场。设备刚启动，只听"叭"的一声，3米的刮板链掉了下去，把槽箱间的连接也搞脱离了。当时动静比较大，厂党委书记于金怀听到汇报，也跑到现场围着刮板看。严国彬稳住心神，和技术人员认真分析查找症结，果断决定把槽箱加宽，跑道也随之加宽，随后启动试车，一举成功！从早上 7 点多钟一直忙到下午 3 点多钟，虽然影响了七八个小时，但在现场的郝洪珠厂长还是兴奋地搓着手，问严国彬还搞不搞，他继续撑腰，严国彬干脆地回答"搞呀！"。经过总结完善，大型铸石槽箱链板机替代了苏联板式刮板机，处理量达 390 吨 / 小时，装车速度显著提升，同时也降低了事故和电耗。

跳汰机是选煤厂的核心设备，苏联提供的跳汰机是侧鼓式的，空气室在一侧，影响分选效果，厂里意图改为筛下空气室。严国彬和工程师室的同志到全国其他选煤厂开展调研，对比分析后感觉确实需要改。改动选煤厂的"刀把子"并不简单，要设计画图，零部件要加工制造。跳汰机是 3423 的，解体分开，光图纸就有 300 多张，100 多个零部件，而且全部手工绘制。严国彬光是画总图，零号大图板一个一个就画了好几稿。后来经淮北矿山机器厂加工生产，机电科组织力量安装，投入生产后取得良好效果，分选床层稳定，精煤区间合格率大幅提升。

选煤厂煤泥水外流，厂区外围沟壑里排满煤泥水，像一面面黑色的镜子，既影响环境，又降低了效益。怎么对它进行回收，严国彬和同事想了很多办法，最终，增设煤泥水浮选车间方案浮出水面。整个工程设计组，当时搞机械的、搞电器的、搞工艺的，群英荟萃，"五龙治水"的场面很是热闹。严国彬主管浮选车间机制部分、洗水闭路循环工程的设计与图纸绘制，这两个设计仅画图就画了 1 年多。江苏煤矿设计院审查的时候，给严国彬提了一个问题："你们过滤机煤泥落下去，运输到煤仓，人家都是二层楼，圆盘很大的，你一层楼行吗？ 2 米大的圆盘你怎么吊？"这个问题给严国彬问愣了，他冷静想了下灵机一动回答："怎么不能吊？圆盘可以拆卸的，拆卸开不就能吊起来了嘛！"审查的同志落了面，继续提意见，说设计得不合理，不符合常规。严国彬据理力争，陈述自己的设计意图：设计安装一台设备，既要考虑上下流程关系，又要考虑检修空间和方便人员检修，不能纸上谈兵想当然。 严国彬坚持设计从生产实际出发，不唯理论、不唯权威，生产实践证明了他的设计思路的朴素性和正确性。1977 年浮选车间顺利完工，采用浓缩浮选工艺，尾煤进入沉淀池自然沉淀干燥，解决了煤泥水外流污染问题。

闪光的脚印

1978年8月20日，严国彬光荣地加入了中国共产党。从1961年起，严国彬初心不改，先后向党组织递交了10次入党申请，最终实现夙愿，组织上对他考验了整整17年。入党之前，严国彬搞技术工作缩手缩脚，怕搞错，怕出问题，有"谁知道你怎么想的"的疑虑。入党之后，严国彬不光胆大，而且更加心细，并且有了新的感悟。他说一个人就像一粒种子，光有种子没有土壤出不了好东西。你再有本事没有土壤也不行，这个土壤就是党的领导，依靠党和组织的力量，不然这个事情不好办的。

当时全厂就三个表现突出的知识分子入党，严国彬是其中之一。时任副厂长兼总工程师的任廷江在欣赏之余，提醒他谦虚谨慎、戒骄戒躁。政治上"大器晚成"的严国彬格外珍惜这个身份和荣誉，天天下沉一线与群众打成一片，工作时就像陀螺一般不知疲倦，在职工群众中留下了"实干家"的口碑。

从 1960 年 1 月一个懵懵懂懂的青年"跨界"干机电技术员起，到 1974 年 9 月被聘为工程师，1980 年 8 月被聘为机械副总工程师，直至 1992 年退休，严国彬初心不改，几十年的坚守、付出，个中滋味酸甜自知。组织上也实事求是，给了他荣誉和中肯的评价：

1977 年严国彬被评为淮南矿务局先进生产者，1983 年被厂党委树为"十学标兵"，1983 年、1986 年当选为谢家集区第九、十届人大代表，1985 年"浮选工艺参数自动检测与自动控制"获得国家科技进步三等奖，1986 年获得安徽省优秀科技工作者称号及"五一"劳动奖章，1987 年出席淮南矿务局第一次党代会，1988 年获得安徽省"劳动模范"称号。

叶落归根。退休后的严老回到上海南汇大团镇上的老家安享晚年。他面容清癯，戴一副黑框眼镜，面对采访镜头，他长时间沉浸在对往事的追忆中，侃侃而谈。聊到完成历史使命之后关停的望选厂，聊到自主建设有"亚洲之最"之称的潘集选煤厂，严老精神为之一振，流露出若身体允许他愿返淮观摩的愿望。

另一个房间，同行采访的女同胞正在与他的老伴、原矿工二院妇产科退休的缪奶奶拉家常"刺探军情"。缪奶奶一脸幸福，如数家珍般地向我们展示了严国彬给她写的一封封情书，摞起来厚厚一沓。老两口鹣鲽情深、琴瑟和鸣，每逢结婚纪念日或其他重要节日，严国彬都要给她写情书、诉衷肠，几十年浪漫从未间断。

余晖中，我徜徉在老望选厂旧址，望着这片充满历史沧桑感的土地，心生感叹：

人的一生在历史长河中不过短短一瞬。

人最怕的不是判断错误，而是人云亦云，随波逐流，没有自己的主观思想。

人最怕的不是讲故事，而是不讲科学规律，不讲实事求是，不能脚踏实地去实现这个故事。

腹有学识、心有国家的人，把个人命运与企业命运紧紧相连的人，生命的厚重与质感才会让后来者由衷地敬佩与景仰！

作者系淮河能源集团煤业公司选煤分公司张集选煤厂职工、淮南市作协会员

永远的矿灯

——记蔡家岗矿发展壮大史

岳　伟

"1952 年是让人难忘的年份。这年 3 月，淮南四大煤矿之一的蔡家岗矿建成投产，设计年产 30 万吨。同年 6 月，淮南矿区政府撤销，改设省辖淮南市，企业内外发生翻天覆地的变化。"党的十大代表梅富轩清楚地记得，这是他参加工作岗前培训时，授课老师深情的话语。

2022 年初秋，金风送爽，丹桂飘香，在谢家集区小井村八号楼一个明亮的客厅里，我与梅富轩老人促膝而谈。在采访过程中，86 岁高龄的梅富轩老人精神矍铄，头脑清晰，眼睛里闪烁着光芒，历史的风云变幻如电影胶片般在眼前闪现，刹那间把他拉回过往年代……

以煤为媒

梅富轩出生于 1936 年，安徽省太和县人，这个家境贫寒的农村子弟，从小过着食不果腹、窘迫不堪的日子。1958 年 10 月一次偶然机缘，梅富轩成了谢一矿的一名采煤工。就是这一年，他第一次盖上棉被、吃饱肚子；就是这一年，他与煤结缘，开始把毕生精力放在"煤"上，也对淮南这片热土投入深深热爱之情。

翻开淮南煤矿史，淮南地区煤炭开采使用历史脉络清晰可见：明代上窑人使用煤炭烧制器皿，军队于洛河山采煤炭打造器械。清末大通民间开采煤炭土窑 120 多座。1897 年，淮南第一座近代煤矿在大通诞生，标志着淮南地区进入工业文明时代。

煤炭是黑色金子，煤炭是工业粮食。煤炭行业作为国民经济支柱产业，作为关系国计民生基础性行业，义无反顾地肩负起支持建设国家的历史重担。淮南作为新中国重要能源基地，因煤结缘、因煤设市，承担华东地区乃至全国能源供给重任。

缘起之时

我曾拜访淮南矿业集团党委宣传部原副部长、淮南市政协文史专员、中国煤炭史志委委员孙学海。作为一名地方历史学者，孙先生历史知识渊博，学养丰厚，对淮南煤矿历史如数家珍：蔡家岗矿开采与一座名山关系密切、与一位地质专家密不可分。蔡家岗矿位于八公山东麓，八公山古称紫金山，属文化圣地、汉文化重镇，"风声鹤唳，草木皆兵""一人得道，鸡犬升天"等著名典故就发生在这里。

1946 年 4 月，著名地质专家谢家荣应邀到淮南矿路公司研究勘探舜耕山和上窑山煤藏情况。谢家荣曾查阅文献发现，八公山地区"自山王集以迄蔡家岗一带，颇有赋生煤层之望"，这曾让他兴奋好长一段时间。为此，他决定到八公山勘察一番，兴许会有惊喜发现。

从这年 6 月开始，谢家荣带队历时 5 个月，足迹遍及八公山的每一道山梁、每一个山坳，最终判断此带有大煤田存在，范围从北翼到明龙山，东翼到上窑、武店诸山。这是中国地质学者首次自主发现的重大煤田，这一发现为后来蔡家岗矿以及潘谢煤田开发奠定了理论基础。新中国成立后经大规模钻探，谢家荣的推断被证实科学精准。

1949 年 1 月 18 日，淮南煤矿和平解放！ 1949 年 4 月，中共中央华东局决定改设皖北淮南矿区，特区政府改称矿区政府。在加快推进矿井建设，保障能源供给，支援解放战争的历史背景下，1949 年 6 月 4 日蔡家岗矿破土建井，这是我国自主设计建造的矿井。1950 年 9 月，淮南矿区政府所辖地方人民政府成立。1952 年 6 月，撤销淮南矿区政府，改设省辖淮南市政府。自淮南煤矿解放后，在中国共产党领导下，煤矿工人以主人翁的豪迈姿态，迈上社会主义革命和建设的伟大征程。

早期规划

淮南煤矿作为流淌着红色基因、具有深厚历史底蕴和优良传统的国企，在新中国成立后大力开发建设了蔡家岗矿等一批矿井，在保障国家能源安全中展现担当，彰显作为，这些成绩，淮南煤矿人视之为光荣使命，倍感荣耀。

据文史专家孙学海介绍：1950年6月，中央燃料工业部淮南矿务局成立，下辖九龙岗、大通、新庄孜、蔡家岗4对矿井，标志着淮南煤矿由此形成现代煤炭工业生产基本格局。同时，淮南矿务局积极规划"一五"矿井建设战略，喜讯一经公布，企业内外群情激昂。这一举措关系矿区发展，事关淮南兴衰，也给了淮南人更多美好的愿景。

1953年，淮南矿务局认真贯彻党中央"把基本建设放在首要地位"的工作方针，逐步形成以建设600万吨煤炭生产规模为目标，以创建特大型一流煤炭企业为重点的"一五"时期发展战略。

第一个五年矿井建设计划基本框架，绘就淮南煤矿的锦绣蓝图，矿务局规划建设9对矿井。1957年1月，经过国家正式批准，新建谢二矿、谢三矿，李郢孜一号井、二号井、三号井5对矿井，总设计能力300万吨；同时改造九龙岗、大通、新庄孜、蔡家岗4对老矿。同年同月，根据产业统筹需要，蔡家岗矿正式改称谢一矿。"一五"期末，淮南煤矿设计能力达685万吨，实际生产能力466万吨，并兴建望峰岗选煤厂等重点项目，淮南矿区的发展建设蒸蒸日上，一片向好。

踏上征程

与梅富轩老人面对面聊天，他在述说往事的过程中，时而激情澎湃，时而黯然神伤，显然他的生命已与煤炭深深结合在一起，与谢一矿紧密联系在一起，与企业发展融合在一起。

新中国成立后，国家百废待兴，如何最大限度地发挥矿井产能，支持国家建设发展，是摆在淮南煤矿人面前的重大课题。"一五"初期，面临老矿资源枯竭、新矿潜力不足等局面，淮南矿务局落实燃料工业部指示精神，大力加速新井建设，充分发挥老矿潜能，双管齐下，齐头并进，淮南矿区像一列奔驰的火车，在奋进征程上高速行驶。

梅富轩是新中国第一代矿工，作为采煤工亲手开采煤炭，为祖国建设贡献能量，自豪感油然而生。"国家需要煤炭，大家都讲奉献，争着干、比着干、闷头干，多出煤、出好煤，其他的事啥都不管。"这是梅富轩老人纯朴的话语。梅富轩一直感恩党、感恩企业，他以矿为家，不怕苦、不怕脏、不怕累，19年来没请过一次探亲假，连续多年都是一年干一年半的活。干活不怕吃亏，自己活干完帮工友干，开歪歪车，蹲着采煤，以苦为乐，以苦为荣。为此，他两次荣获市"劳动模范"称号，被评为安徽省工业学大庆先进个人。

付出辛勤劳动，总会收获硕果。在全体干部职工的日夜奋战下，1959年3月7日，在全国煤炭工业大面积持续高产红旗竞赛运动评比会上，淮南矿务局被评为大面积高产局。同时，全国17个高额丰产矿中，毕家岗矿名列榜首。之后喜讯连连——谢一矿、谢二矿、谢三矿、大通矿、新庄孜矿、李一矿相继被评为全国大面积丰产矿。

至1965年，淮南煤矿生产建设成就令人瞩目，从而奠定了全国五大煤矿之一的地位。由此，淮南成为华东地区重要的煤炭生产基地，被称为中国能源之都、动力之乡。

火热年代

"那是一个让人热血沸腾的年代，一朵大红花就让人彻夜难眠。那时人也年轻，我们都下定决心，不仅干得快，更要把建设质量搞上去，干出个样子，跟全国同行比个高下。"说这话的时候，梅富轩老人好像浑身有使不完的劲。

与大自然做斗争，保障职工生命，矿井建设质量是关键，不能掉以轻心。

全国煤炭系统"十面红旗"之一的谢一矿机电保运队

当时，谢一矿高度重视质量标准化建设工作，在实践中总结出一整套经验做法，此项工作逐步走在全国前列。1964年10月，煤炭部组织全国59个煤矿251名代表到谢一矿学习质量标准化经验，在同行中产生强烈反响。1965年7月，煤炭部部长张霖之两次考察谢一矿工作后，向全国煤炭战线提出"质量第一，普及谢一"的口号，在全国煤炭系统全面推广谢一矿做法。1965年7月30日《人民日报》头版报道谢一矿发扬对人民、对革命高度负责的好精神，树立人人爱设备的好作风，全矿近两千台设备高效运转，矿井上下干干净净，保证了矿井生产高潮持续发展。同年9月9日《人民日报》再次发文：全国煤矿普遍推广谢一矿的经验做法。那段时间，谢一矿俨然成为全国煤矿系统兄弟单位学习的对象。

随着淮南煤矿第一次大规模开发建设，至1965年淮南矿区已形成"十矿三厂"大格局，即已建成的谢一矿、谢二矿、谢三矿、李一矿、李二矿、毕家岗矿、孔集矿7对新矿，加上继续开采的大通矿、九龙岗矿、新庄孜矿3对老矿，以及八公山水泥厂、望峰岗机械厂及选煤厂3座辅助厂，成为华东地区著名的"工业粮仓"，名副其实的能源保障大后方。

那个荣耀年代，催生了无数的先进人物，梅富轩作为其中的优秀代表，光荣出席了党的十大，他对49年前的情景仍然历历在目：1973年8月24日至28日党的十大在北京召开，这次盛会是在粉碎"林彪反革命集团"后，全国形势好转情况下召开的一次重要会议。梅富轩捧出泛黄的《中国共产党第十次全国代表大会文件汇编》介绍，那年他 37 岁，代表安徽省煤炭行业及淮南煤矿参加盛会，毛泽东主持大会，周恩来代表中央作政治报告，参加大会的代表共 1249 人，代表全国 2800 万党员。大会正式开幕，当毛主席出现在主席台时，全场欢声雷动，代表们怀着激动的心情热烈鼓掌，高呼："伟大领袖毛主席万岁！"毛主席亲切地向代表们挥手致意。那个历史时刻已成为老人一生中最难忘的记忆。

作为党的十大代表的梅富轩，积极发挥党员的先锋模范作用，在工作中更加斗志昂扬。在一大批如梅富轩一样甘于奉献的煤矿工人努力下，谢一矿迎来历史上跨越式发展的辉煌时代。

跨越发展

众人拾柴火焰高，齐心能移万座山。在矿井发展建设中，无数英雄矿工脱颖而出，牛发彬就是其中的佼佼者。牛发彬 1959 年出生，安徽省寿县人。1983 年，24 岁的他从农村来到谢一矿，被分配到采煤三区工作，他立志要成

淮南矿务局欢送牛发彬参加中共十四大（前排左四为牛发彬）

为一名出色的矿工，第一个月就上了31个班，采煤1000棚。

牛发彬作为20世纪80年代以来矿井发展变化的参与者，见证了谢一矿的后期发展历程，无数像他一样的职工月月出满勤，班班都超产。他回忆说，他曾坚持4年不休班，4年共上2160个班，为国家多生产21105吨煤炭，创造价值134.4万元，并荣获全国"劳动模范"称号，光荣出席了中国共产党第十四次全国代表大会。

由于谢一矿各项工作突出，1984年9月《人民日报》头版头条报道了该矿老矿挖潜、实行矿井技术改造，实现产量翻番等先进经验。1985年3月9日，时任国务院副总理李鹏在视察谢一矿时做出重要指示：老矿变新貌，前进再前进。此后，法国、美国、英国、波兰、苏联、德国、日本、朝鲜等国相继派人来矿交流经济技术和参观考察。

整合资源出效益，发挥优势补短板。1989年谢一矿、谢三矿正式合并；谢一矿不断进行技术改造，提升技术装备和产能，后与谢二矿资源重组合并，生产能力由当初设计的30万吨逐步增加到60万吨、90万吨、120万吨、180万吨、210万吨等规模。望峰岗井开工建设为谢一矿发展注入后劲。望峰岗井投资22.3亿元，2005年1月开工，工期35个月，设计生产能力300万吨。至2005年10月，谢一矿与望峰岗井合并，合并后统称为谢一矿。

2008年，国家授予谢一矿望峰岗井"高瓦斯、高地压、高地温深井开采试验矿井"称号，在国内外率先探索千米深部矿井瓦斯、地压治理技术和管理标准与规范。企业建成谢一、潘一、新庄孜、张集4个国家级瓦斯治理示范矿井，荣获国家创新型试点企业和煤炭行业科技创新先进企业等荣誉称号，谢一矿的发展建设进入鼎盛时期。

永恒印记

时光的车轮飞速运转，时间回到2004年的春天。

"矿灯是矿工的眼睛，矿灯是矿工的妻子，矿灯是矿工的守护神，如果让我再一次选择，我还是选择你，你照亮的是365天的热血激情，我感谢你，如同感谢生命……"在淮南煤矿会堂，当梅富轩、牛发彬、章鹏三位全国党代表用不太标准的普通话朗诵《矿灯颂》时，全场观众起身鼓掌，现场响起雷鸣般经久不息的掌声。说起这次演出，梅富轩老人至今仍很激动，他说尽管自己文化水平不高，但当天身着崭新的工作服朗诵时，仍然为自己是一名矿工而骄傲和自豪。

梅富轩老人感慨地说，自己从一名目不识丁的文盲，在党和企业的培养下上了扫盲班，有了一定的阅读能力，至今仍在浏览企业的网站，作为党代表和老党员，要与时俱进地学习。从梅富轩老人的话语中，我能体会到他时刻关心企业发展，关注企业动态，一直把企业装在心里，从来没有放下。偶尔，老人也会去工作过的地方看一看，谢一矿往日的身影依旧可寻，熟悉的地方总能勾起难忘的回忆，那工厂、那车间、那矮墙、那高高的天轮、那碧绿成荫的树木，都镌刻着往日时光的斑驳痕迹。

整整一个下午，我都在和梅富轩老人对话，思绪沉浸在过往的岁月里。我深深地感受到他们依然眷恋着这片曾挥洒汗水的热土，感受到他们曾经豪情万丈、取之不竭的力量，感受到他们内心依然充满着滚烫的激情。那些热火朝天、荡气回肠的日子，饱含着他们无怨无悔的奉献和坚定的信仰。

荣退岁月

全国劳动模范门传勇在谢一矿工作28年，他清楚地记得2016年2月，矿上召开会议传达学习国务院《关于煤炭行业化解过剩产能实现脱困发展的意见》，企业把化解过剩产能作为一项政治任务，也视为扭亏脱困的难得机遇，为此，企业确定"产能退得掉、职工安置好、企业能脱困"的工作目标。听到关闭矿井消息时，门传勇的心里掀起了波澜，但是他很快就调整了过来，他清楚天下没有不散的宴席，矿井有兴有衰，就像月亮有圆有缺，就像花朵有开有谢。人生聚散应淡然。

2016年10月，企业最终退出谢一矿、李嘴孜矿、新庄孜矿和潘一矿4对矿井，共退出产能1420万吨，涉及分流安置职工32325人。至此，谢一矿完成了它的神圣使命，退出了历史舞台。当时间庄严地合上这厚重的一页，当天轮静静地高耸在蓝天之下、井塔之巅，当英雄的矿工满怀希望地踏上开往新区的客车，回望历史，谢一矿这座曾经日夜沸腾的矿山，依然让人久久不能释怀。

这是一座怎样的矿井？六十四载风雨兼程，两万多个日夜轮回，热火朝天的采煤面、挥汗如雨的掘进头、机车轰鸣的大巷里，灯火辉煌的矿山从未平静。这是一座怎样的矿井？一路走来，尽管矿井有过坎坷和曲折，但是，它的脚步始终稳健而有力，始终展现出积极向上的精神状态。谢一矿半个多世纪的奋斗历程，也是淮南煤矿大建设大发展的精彩缩影。

谢一矿投产以来，涌现出一批劳动模范、生产标兵，他们有梅富轩、牛发彬、门传勇、王福全、刘献春、张河生、孙景田、陆学贤、左秀华、赵多举、牛新才、李平章、刘士发、朱建明等等。这是一串闪光的名字，就如一盏盏明亮的矿灯，引领广大职工不惧险阻，战胜重重困难，驶向胜利彼岸。在这些英模身上，集中体现了淮南煤矿工人优秀的精神品质——"特别能吃苦、特别能战斗、特别能奉献、特别能创新"。半个多世纪以来，这些可贵的精神，始终展示出一种激昂的气势，呈现出一种向上的力量，穿越时空，感染和激励着一代又一代矿工。

谢一矿投产以来，国家、省及原煤炭部领导李鹏、万里、谷牧、张德江、张劲夫、高扬文、王金山等先后来矿视察指导工作。谢一矿投产以来，先后获得全国煤炭系统先进企业、国家煤炭销售先进单位、国家设备管理先进单位、煤炭部质量标准化一级矿井、安徽省煤矿瓦斯治理和利用先进单位等荣誉。

我电话采访了门传勇，他告诉我，虽然谢一矿关闭了，但是谢一矿人的精神永远存在，分流的职工都奔赴大江南北，有的在煤矿，有的到电厂，有的到燃气集团，其中牛发彬的儿子牛劲松被分配到张集矿运输区工作，2022年还被该矿评为金牌员工……他们都立足岗位，继续为企业贡献才智。

展望未来

我在这个企业工作30年，与门传勇感同身受，对企业感情深厚，是近年企业发展变化的亲历者。淮南煤矿经过三次跨越式发展，建成国家新型煤电能源基地，成为全国14个亿吨级煤炭基地、6个煤电基地之一，国家首批循环经济试点企业，中华环境友好煤炭企业，国家创新型试点企业，安徽省煤炭产量、电力规模最大的企业，黄河以南最大和华东地区影响力最大的煤电能源企业。

2018年5月，因企业整体改制上市需要，经安徽省委、省政府批准，由原淮南矿业集团改制的淮河能源控股集团成立。2019年11月，淮河能源控股集团正式揭牌。现在，企业正主动适应宏观经济形势变化和能源生产消费变革趋势，沿着煤、电、气三大能源主业的产业链、服务链、价值链，合理产业布局、优化产业结构、强化产业协同，推动企业高质量发展转型，奋力打造"绿色、清洁、和谐、美丽、安全、高效、智慧、低碳"的新时代现代新型能源集团。

长风破浪会有时，直挂云帆济沧海。淮南煤矿经历百年，一路走来发展壮大，得益于党的坚强领导，得益于国家改革开放的好政策，得益于传承先辈的红色基因和奋斗精神，企业这艘巨轮一定会乘风破浪、行稳致远。千淘万漉虽辛苦，吹尽狂沙始到金。一批老矿虽然关闭，背景渐去渐远，但我们将永远铭记它们的辉煌，传承它们的精神，牢记先辈重托，面对美好广阔的远方，心向往之，行将必至。

作者系淮河能源控股集团职工、安徽省作协会员

荣载 70 年的新庄孜煤矿

帖广水

1952 年 8 月的一天，新庄孜煤矿人事科科长燕如策（后任矿党委书记）在矿里见到我二伯兴奋地说："大开（二伯的乳名），今天'八公山矿场'改名为'新庄孜煤矿'了，今后我们煤矿肯定会大发展，将来有机会，你们兄弟几个够干工年龄的都可以到矿上班了！"后来，我们家的亲人陆陆续续成为新庄孜煤矿的一员，新庄孜煤矿也成为我们家人的幸福记忆。

地下乌金宝藏的发现

新庄孜煤矿由国民政府于 1946 年探明，次年开办，时称八公山煤矿，也称"新井"，属淮南煤矿局（驻九龙岗镇）管辖，抗战胜利后，改称八公山矿场。八公山矿场的兴建是淮南市的一件大事，它是继大通煤矿、九龙岗煤矿之后淮南市的第三座煤矿，也是淮南市西部地区最早发现的煤矿，它的开发拉开了淮南市西部地区建设的序幕。1952 年，随着地级淮南市人民政府成立，新庄孜煤矿也进入了发展的快车道。

新庄孜煤矿是如何被发现并开采的呢？我找到一本《新庄孜煤矿志》，结合《淮南煤田史话》等资料，叙述一下新庄孜煤矿的发现、初期开采经过。

1946 年 6 月，国民政府资源委员会矿产测勘处处长谢家荣应淮南路矿公司总经理程文勋之邀，由沪赴淮勘察淮南煤田。出发之前，他研究了淮南的地质资料及地质图，查阅了有关地质图，发现八公山山麓有一条奥陶纪的石灰岩出露，与舜耕山呈弧形构造，据此推断山王集东南一带的平原下有赋生煤层的可能，于是偕地质专家燕树檀和测量专家颜珍抵淮。6月夏，在淮南煤矿局地质工程师柴登榜等人陪同下，在八公山北面东麓朱家大洼（今新庄孜矿附近）勘探时，柴登榜发现小溪边有华北晚石炭纪的纺锤虫化石。纺锤虫化石是石炭纪和二叠纪分层的标准化石之一，石炭纪和二叠纪是煤系地层。谢家荣用放大镜一看，大喊："啊，太好了，我们4人的脚下就是太原组了！"地质学术语中的"太原组"是指页岩夹砂岩、煤、石灰岩构成的地质形态，谢家荣据此判定该地区地下具有大片煤田沉积。

专家组于是建议淮南煤矿局与矿产测勘处合作钻探，全部工作委托矿产测勘处全权办理。8月初，淮南八公山煤田测勘队成立。9月12日至23日，为勘定钻孔位置，谢家荣再赴淮南，与燕树檀等详勘钻位，亲自布置了钻孔。9月30日，开钻。10月6日，距地表19米处发现3.6米的煤层。至终钻，共见煤25层，其中大于1米厚度的共10层，最厚者达7米，各煤层总厚度39米。更可喜的是，该区地层产状稳定且较平缓，倾角仅20余度。此与大通、九龙岗老矿区舜耕山的陡倾或倒转立槽煤迥异，煤质亦佳。据此，谢家荣推断：煤系极有可能顺走向、倾向延伸而广泛展布于平原区之下。循此推断，又布数钻，证实推断正确。至此，淮南西部八公山新煤田已初露端倪。1947年，谢家荣发表了《淮南新煤田及大淮南盆地地质矿产》报告。谢家荣发现淮南八公山煤田在地质界一时传为佳话。1946年至1949年的连续勘探，证实了谢家荣推断的科学性。

新中国成立初期，谢家荣在百忙中仍对淮南煤田给予极大关注。他总结并预测：淮南西部八公山新煤田的发现与勘探，证明淮河以南的淮南西部煤田大大超过东部老矿区的煤田规模；淮河以北广大平原全隐伏区之下的煤藏远远超过淮河以南的煤藏，故应更确切地改称"大淮南煤田"。根据谢家荣的思路与推断，勘探工作随即展开。后来谢家集区的谢一、谢二、谢三、李一、李二煤矿，八公山区的毕家岗、李嘴孜、孔集煤矿，潘集区的潘一、潘二、潘三、潘北、潘东煤矿，凤台县的顾桥、顾北、张集、张北、丁集煤矿，颍上县境内的谢桥煤矿，新集集团（现中煤新集能源股份有限公司）凤台县境内的新集一矿、新集二矿（花家湖煤矿）、新集三矿，颍上县境内的刘庄煤矿、口孜东矿及河南等地煤矿都是按照谢家荣的思路勘探发现的。勘探结果表明，整个大淮南煤田远景储量达 444 亿吨，煤层气储量约 6000 亿立方米。

1947 年 5 月 5 日，承担建井任务的八公山工程处举行一、二号井（斜井）开工典礼，9 月底出煤。1948 年 9 月，八公山煤矿三号井开工，当年，全矿产煤 15.4195 万吨。

祖孙三代结缘新庄孜

我家与新庄孜煤矿有着不解之缘。我家祖籍在怀远县城西的帖家沟村，后迁燕集南面的燕巷子。1947 年，我大爷到家门太太帖玉侠在九龙岗开设的中药店工作。次年二大爷到九龙岗煤矿当工人。1948 年秋冬，祖父带着全家人来到九龙岗，至此全家 11 口人聚齐。

1950 年底，新庄孜煤矿因发展需要人，二大爷从九龙岗煤矿调到了新庄孜煤矿，全家随之迁来。父亲说，那时，有一条窄轨铁路由八公山的水楼山穿过今天的八仙街通向新庄孜矿场，为矿上运输石料和黄土。我们家住在团结村一间人字形公房里。

1951 年下半年，老家怀远县进行土地改革，除了二大爷外，家里的人都回乡分地去了。

1952 年 6 月，燕如策调到新庄孜煤矿任人事科科长。此前 1949 年初，他曾穿着军装与妻子到九龙岗看望祖父，他是通过祖父的介绍参加新四军的。1952 年 8 月，二大爷在新庄孜矿里见到燕如策，听到他说八公山矿场改名为新庄孜煤矿的消息。1953 年，煤矿开始大量招工，二大爷写信寄回家，于是三大爷就到新庄孜煤矿工作了。

1957 年冬，父亲全家陆续来到新庄孜煤矿。1957 年春天，父亲到李一矿当临时工，后转正为全民职工。母亲在新庄孜煤矿矿外食堂工作。全家人住在新庄孜煤矿附近的沈巷子。

我于 2006 年调到八公山交警大队工作。2004 年，弟弟调到新庄孜煤矿工作，直至煤矿关闭。我们家三代人与新庄孜煤矿都有缘分，并见证着新庄孜煤矿的发展。

七十载发展历程

在采访新庄孜煤矿退休老干部李志东关于新中国成立后八公山矿场的发展时，时年95周岁的他依然掩饰不住内心的激动，回忆道：新中国刚成立时，矿场附近的散兵游勇不断骚扰破坏，党和政府采取有力措施，清剿土匪，镇压了罪大恶极的反革命分子，推翻了压迫工人的把头制，成立了矿山管理委员会。广大矿工扬眉吐气，生产热情十分高涨。1950 年 2 月 6 日，因上海部分电厂遭到国民党军队飞机轰炸，淮南电厂将第三发电所 1 台 2000 千瓦发电设备拆装至八公山，建设发电厂，3 月动工，9 月竣工发电，八公山矿场开始有了自己的电厂（1956 年 2 月 6 日电厂停止发电，机组调拨至山东省新汶煤矿，厂房交淮南肥皂厂）。这年，八公山矿场井下开始使用机械通风，用安全矿灯代替煤油灯，安装了一部 640 马力（约合 470 千瓦）的压风机，通风安全得

1950 年，新庄孜矿场工人纠察队队部

到了改善。还建立了新机厂和轮窑厂。

《新庄孜煤矿志》记载: 1950 年 9 月 20 日成立的"九·二〇"采煤大队,开始使用风镐采煤,提高了生产效率,全矿逐步用风镐代替手镐。11 月 10 日,在南九槽试验单一长壁式全冒落顶采煤法获得成功,陆续受到淮南矿务局和淮矿总工会、中央煤炭总局的奖励和通令表扬。落垛式采煤法随之被淘汰。12 月 16 日夜班,工人陈玉华以 6 小时 10 分钟的时间,用风镐采煤 88.88 吨,超过了全国各煤矿场采煤生产的最高纪录。12 月 26 日中班,风镐手巩振海 7 小时之内采煤 127 吨,打破了苏联采煤工人斯达汉诺夫的采煤纪录。

1952 年 8 月 5 日,苏联专家马立柯来矿,参与审议井下一水平(负 47 米)开拓方案。通过拓展建设,扩展了井下采场,八公山煤矿原煤产量从 1951 年的 40.84 万吨跃升至 1952 年的 73.97 万吨。

1953 年,中国开始实施第一个五年计划,优先发展基础重工业。这年 3 月,新庄孜煤矿取消人工手镐采煤,采用炸药放炮,首次使用风镐与割煤机采煤。3 月 5 日,为扩大产量,新庄孜煤田勘探工程全面开工。4 月,苏联专

1956 年,苏联专家在新庄孜煤矿考察

家尤里耶夫来矿，建议加强矿区北部掘进。当年，朝鲜煤炭组到新庄孜煤矿参观。

1954年4月1日，新庄孜矿井开始第一次改建扩建，设计年产量120万吨，从一水平（负47米）向二水平（负112米）延深，增大一号井、三号井的提绞能力。二号井由绞车提升改为皮带机运输，原煤可以从井底直达地面铁路煤仓。在采煤工作面，1954年3月19日，继前一年使用割煤机后，第一台康拜因割煤机（多功能采煤机）在南部小7槽使用。1955年，原煤产量达到120万吨，提前实现改建扩建设计的生产能力。1956年10月底，二水平投入使用，生产能力正式提高到120万吨。当年，苏联煤炭专家到新庄孜煤矿考察。

1957年4月1日，新庄孜矿改建工程111项全部竣工并使用。1958年5月24日，毕家岗矿井破土动工，10月1日投入生产。后两矿经历两次分离合并。

1958年6月，新庄孜煤矿开拓三水平，即矿井第二次改建扩建，由二水平向三水平（负262米）延深，同时开拓直径6.5米的大型立井作为生产副井。1959年11月，毕家岗矿荣获全国大面积高额丰产矿第一名、全国水采第二名。1960年3月，毕家岗矿再次被评为全国17个高额丰产矿第一名。新庄孜矿被评为大面积高产矿。当年，新庄孜煤矿大井产煤251万吨，小井产煤34万吨，总产量达285万吨，成为当时华东地区最大的煤矿，上缴国家利润2397万元，创历史最高纪录。

1964年11月，新庄孜延深开拓四水平（负412米），设计生产能力180万吨，1970年5月投入生产。为使矿井辅助提升能力与生产能力相适应，1978年5月，兴建新八号井，于1983年正式投入生产。

党的十一届三中全会以后，全党的工作重点转移到经济建设上。1980年，新庄孜煤矿开拓延深到六水平（负812米），布置南一、北一、北二、北四共4个采区，设计年生产能力为270万吨。

1984年3月9日，新庄孜和毕家岗矿第二次合并。当年，新庄孜煤矿实际产煤220.53万吨（不含毕家岗煤矿），再次成为华东地区产煤最多的大矿。

1990年，新庄孜煤矿被中国煤炭总公司命名为"质量标准化矿井"，并被评为全省创最佳经济效益竞赛先进单位和煤炭工业省级先进企业。1991

年，被能源部、全国煤矿地质工会评为全国统配煤矿矿际竞赛先进矿。

2013 年，新庄孜煤矿开拓延深七水平（负 1000 米）工程，分 8 个采区，设计生产能力为年 400 万吨，成为淮河以南最深的煤矿。

2004 年 8 月，新矿开始实施高定位技术改造和扩建 13 项工程，即第四次改建扩建，设计生产能力为年 400 万吨，总投资近 5 亿元。12 月 20 日竣工。当年原煤产量达到 292.5 万吨，为建矿以来最高纪录。

2005 年 11 月 21 日，淮南矿业分公司为新庄孜煤矿开工建设现代化新型煤炭矿井——"新淮工业广场"，采淮河二道河中洲地下煤炭。

2014 年 5 月，李嘴孜煤矿并入新庄孜煤矿。

2015 年 12 月 18 日至 21 日，中央经济工作会议召开，确定推行煤炭行业去产能要求，经国家批准，淮南矿业集团公司决定压缩矿井数量，新庄孜煤矿作为去产能矿井，七水平开拓延深工程于 2015 年 12 月停止施工。2017 年 11 月 30 日，煤矿最后一批工人分流到谢桥矿，各个矿井逐步关闭。2018 年 9 月底，煤矿全部回收结束。

新庄孜煤矿从 1946 年探明、1947 年开采，至 2018 年完全关闭，历时 70 余年，它是淮南地区曾引以为傲的 10 座矿井中寿命最长的煤矿，也是淮南矿务局职工人数最多的煤矿，1991 年，煤矿在册全民职工人数最高时达到 19196 人。三代新庄孜人将智慧、汗水奉献给煤炭产业，70 多年来，共生产原煤 1.35 亿吨，供应着淮南甚至华东地区的工农业和人民生活用煤，支持了江浙沪地区的崛起和繁荣。

作者系淮南市交警支队八公山大队综合中队长、八公山区政协委员、淮南市作协理事、八公山区作协主席

激情燃烧巅峰时刻

——淮南煤矿机械厂的奋进历程

肖存燕

　　淮南因煤兴市。1952 年 6 月，经政务院批准，安徽省正式设立省辖淮南市。淮南市一成立便迎来了井喷似的大建设大发展，劳动者从四面八方源源不断汇聚到这里，矿山、工厂相继拔地而起，学校、医院鳞次栉比开工建设，一座新型的能源城市在江淮大地上快速崛起。由此，淮南走上工业立市的发展历程。

　　翻开淮南工业立市的历史书卷，淮南煤矿机械厂无疑是其中浓墨重彩的一笔。我是淮南煤矿机械厂子弟，对老厂怀有磨灭不去的感情。借此机会正好对淮南煤矿机械厂的历史做个全面了解和梳理，温故成长岁月的时光片段，呈现时代的吉光片羽，以纪念那个远去的年代。

　　为了这次写作，我提前去档案馆调阅些资料，让我意外的是，曾经有过辉煌历史的国企大厂竟然没有一本正式的厂史资料图册。后来几经周折，联系到在凯盛重工有限公司工作的张勇杰先生。张勇杰是淮南煤矿机械厂的老员工，工厂重组后留在凯盛重工有限公司担任副总工程师。张勇杰本人也是淮南煤矿机械厂子弟，他的父亲张跃明老先生是 1952 年外地援建淮南煤矿机械厂最早的一批职工之一，对淮南煤矿机械厂的发展历史很有发言权，可惜老人家年事已高，身体不便接受采访。幸运的是，张勇杰多年来系统整理保存了淮南煤矿机械厂的厂史资料，这些珍贵的资料完整记录了淮南煤矿机械厂的历史变迁，也为我这次写作提供了非常大的便利和帮助。

艰苦曲折的创业年代

翻开厚厚的厂史资料，一张 1952 年 12 月 24 日由中央燃料部煤矿管理总局招聘组发给张跃明的口试通知书吸引了我的视线。据张勇杰介绍，这是他父亲张跃明最早入职淮南矿机厂的资料档案。张跃明是上海川沙县人，出生在农民家庭，1950 年刚满 15 岁就去上海瑞昌机器厂当学徒工，到厂刚干两年企业就倒闭了，张跃明失业了，就去参加上海市劳动局组织的失业工人培训。时值新中国刚刚开始社会主义建设，全国各地企业纷纷到上海招工，考虑到安徽离上海很近，张跃明就选择了淮南。

1952 年 12 月 26 日，17 岁的张跃明通过了中央燃料部煤矿管理总局在上海组织的招聘考试，成为蔡家岗矿山机械制造厂（淮南煤矿机械厂前身）的一名正式职工。10 天之后，由蔡家岗矿山机械制造厂的张安同志带队，张跃明以及其他三四十名新工人从上海风尘仆仆赶

早期的蔡家岗矿山机械制造厂厂徽

到厂里报到，成为淮南煤矿机械厂搬迁到蔡家岗后大规模招工的第一批技术工人。

据张勇杰转述张跃明老人家的回忆，当年，淮南矿区物质条件极其简陋和艰苦，蔡家岗厂区周围几乎都是荒芜的田地和乱石岗，新员工就住在厂区旁边的一间平房里，十几平方米空间的上下大通铺挤了 16 个人，有的工人一看条件这么艰苦，当场就要求回去，还有一部分人干了几个月就偷偷回去了。当年，张跃明刚入职，一个月工资 41 元，厂里伙食也不错，比上海工厂待遇

要好些，张跃明就留了下来。他最早从钳工干起，一路成长为生产调度员、生产处副处长，直到 1995 年光荣退休，在淮南煤矿机械厂工作了整整 43 年，一辈子和淮南结下了不解之缘。

像张跃明这样的外地职工在淮南煤矿机械厂的还有很多。20 世纪 50 年代，随着淮南煤矿机械厂的不断发展，全国各地有很多建设者源源不断地加入淮南矿机厂，我父亲肖绪良也是其中的一员。我父亲 1956 年从黑龙江鸡西煤炭学校毕业后，被分配到淮南煤矿机械厂从事技术工作，在工具车间一线从事模具制造，一直到 1994 年退休，像张跃明一样，在淮南矿机厂工作了一辈子。而我的叔叔、姑姑后来也相继从山东老家过来成为矿机厂的一员，他们都在淮南落地生根，子女也都成了淮南矿机人。记得小时候住的楼栋里，有来自山东、河北、上海、黑龙江、浙江等天南海北各地的邻居，不论他们的故籍在哪里，最后他们都成了地地道道的淮南矿机人。

我从张勇杰保存的资料中看到一沓张跃明老人家的证书和照片：1954 年 8 月 15 日填写的职工履历表，1956 年获得厂生产能手的荣誉证书，1975 年获得中共淮南市委颁发的立功证书，1981 年获得淮南市立功证书，1986 年与奥地利专家的合影，1992 年获煤炭工业部颁发的荣誉证书，1994 年度厂标兵的照片……这些宝贵的资料记录了张跃明在淮南煤矿机械厂的工作经历，也间接反映了淮南煤矿机械厂发展壮大的历程。

淮南煤矿机械厂始建于 1931 年，原名"淮南煤矿局修理厂"，最早位于九龙岗东矿南侧，隶属国民政府建设委员会淮南煤矿局。一开始只能生产提升罐笼、人力翻斗车、矿车等矿井产品。日军占领淮南矿区期间改名为"淮南矿业所中央工场"，抗日战争胜利后转属宋子文的建设银公司，1946 年更名为"中央机厂"。1949 年 1 月淮南煤矿解放，华东财办派员接收了淮南煤矿。为适应淮南西部地区煤炭资源开发的需要，淮南煤矿公司决定扩大机厂规模，易地在蔡家岗重建新厂。1950 年 7 月，"中央机厂"改名为"淮南矿务局总机厂"。1951 年 3 月，新厂从九龙岗搬迁至蔡家岗，当时厂里共有 104 台机器设备，动力设备总功率近 500 千瓦，职工人数 360 多人，这个规模在当时已经算是比较大的机械制造企业了。

新中国成立之初，我国机械制造工业十分落后，煤矿机械制造业几乎是空白，燃料工业部煤矿管理总局选定的专业制造厂在全国只有两家，即河北张家口和黑龙江鸡西的煤矿机械制造厂，这两家机械厂当时的生产规模相对较小。为加快建立我国自己的煤矿机械制造工业体系，燃料工业部煤矿管理总局决定在偏南方省区再增加一家煤矿机械厂。经过苏联专家多方考察比较，1951 年 6 月 1 日，燃料工业部煤炭管理局将"淮南矿务局总机厂"定为专业煤机制造厂，将厂名更改为"蔡家岗矿山机械制造厂"，隶属关系由淮南矿务局划出，直属燃料工业部煤矿总局领导。至此，我国第三家煤机制造专业厂正式诞生。

从这个时期开始，淮南矿机厂进入飞速发展阶段。时值我国国民经济第一个五年计划，新中国轰轰烈烈地开展社会主义建设，国家集中力量优先布局能源、原材料、机械工业等基础工业，全方位创建自己的工业体系。淮南依托丰富的煤炭资源被列入国家重点能源基地，从 1952 年开始，淮南西部谢一矿、谢二矿、谢三矿、李一矿、李二矿、毕家岗矿、李嘴孜煤矿、孔集矿相继开工兴建，到 1964 年，淮南矿区新增矿井 7 座，设计能力达到年 855 万吨。伴随着淮南煤矿的大发展，淮南煤炭机械制造业同步发展壮大。1953 年，燃料工业部煤矿管理总局决定再次扩大蔡家岗矿山机械厂的生产规模，到 1957 年扩建完工时，共完成投资 531 万元，完成产值 1938 万元，产量 4660 吨，远超原有计划。国民经济第一个五年计划时期是淮南煤矿机械厂由修理厂向制造厂成长的重要时期，管理系统化、生产专业化在这一时期得到初步建立。

热火朝天的激情岁月

从 1958 年到 1960 年，厂里行政隶属关系先是下放给地方，后又收回煤炭工业部，厂名正式变更为"淮南煤矿机械厂"。这期间，厂子再次进行大规模扩建，成为既有煤炭机械制造又有钢铁生产的联合企业，企业职工 5400 多人，规模首次跃居全国煤机厂首位。至此，淮南煤矿机械厂已经成长为我国煤炭制造业的国之重器。淮南煤矿机械厂的发展得到党和国家领导人的高度关注。党和国家领导人在 1960 年两次到厂视察工作，全厂职工备受鼓舞。

从这个时期开始，淮南煤矿机械厂接连攻克多项技术难关，不断研发出多项机械产品。1962 年，试制成功摩擦式金属支柱；1965 年试制成功了吊挂式带式输送机、钢丝绳带式输送机、液压绞车、大断面耙斗装岩机等 12 项新产品，是该厂历史上新产品研制数量最多的一年。其中长 2600 米的钢丝绳带式输送机和液压绞车均为国内首次制造的煤矿机械关键设备，淮南矿机厂也自此成为国内煤机企业中最早生产系列煤矿带式输送机的厂家。

1975 年 5 月，钢铁分厂由淮南煤矿机械厂划出，成立独立的淮南市钢铁厂。1978 年，淮南煤矿机械厂在产品开发上取得重大突破，6 月国内第一台 EL-90 型大断面半煤岩巷道掘进机试制成功，开创了半煤岩巷道掘进机国产化的历史。该厂先期开发的 SJ-80 型伸缩带式输送机、SP0-1000 型钢丝绳带式输送机、摩擦式金属支柱同获全国科学大会奖。

从 20 世纪 50 年代初到 70 年代末，是淮南煤矿机械厂高速发展阶段。这个时期，国家全力构建工业化体系。普通劳动者翻身做了国家的主人，新旧社会的对比激发起劳动者们无穷的生产干劲。虽然生产条件简陋、生活勉强温饱，但是企业职工有一种强烈的国家主人翁意识。毛泽东思想武装起来的工人师傅尤其有种参加革命先锋队的自豪感，讲吃苦比奉献，讲风格比干劲，恨不得一天当作两天干。我记得矿机厂大门口两侧是一排宣传橱窗，劳动模范、生产标兵的照片张贴在红彤彤的光荣榜上，时时激发着工人师傅的生产干劲。

那是一个热火朝天大建设的年代，无数普普通通劳动者为淮南煤矿机械厂的建设奉献了青春和年华，涌现

淮南煤矿机械厂于 20 世纪 70 年代生产的国内第一台 EL-90 型掘进机

出一批工人先进模范，庞明义就是其中的模范代表。庞明义，山东人，共产党员，从 1953 年到 1980 年的 27 年中，他不断开动脑筋，实现技术革新 200 多项，有的项目提高工效在千倍以上。他连年超额完成生产任务，仅 1956 年到 1962 年的 7 年间，就完成了相当于 19 年的工作量。庞明义先后光荣出席省社会主义建设积极分子大会、全国煤矿先进生产者会议，1958 年在省工交系统社会主义建设积极分子代表大会上被评为省级劳动模范，1959 年当选为第二届全国人民代表大会代表，1964 年当选为第三届全国人民代表大会代表。翻开淮南煤矿机械厂的厂史档案，里面记载了一连串光荣的名字，仅省级以上劳动模范就有 8 位：庞明义、付德轩、曹友林、王生兰、程佑君、郑泽林、鲍传芝、李守国。这些劳动模范常年奋战在车间一线，吃苦耐劳，勤学苦干，在平凡的岗位上做出了不平凡的事迹，为企业的发展贡献了自己全部的聪明才智。

煤矿机械属于装备制造业，是国家工业基础产业，与国家的战略发展紧密相连。20 世纪 60 年代中期至 70 年代初期，国家大规模开展三线建设。淮南煤矿机械厂作为煤矿机械的龙头老大，承担了煤炭工业部"三线"建厂任务，包建了位于宁夏石嘴山市的西北煤矿机械二厂和江西分宜煤矿电机厂，援建了郑州、徐州、云南、北京等煤矿机械厂，以及合肥皖安机械厂、淮南机床厂，并在人员技术等方面支持、扶持了省内外几十家地方工业企业。淮南煤矿机械厂先后抽调 7000 多名人员支援兄弟厂，帮助培养了大批技术操作和设备维护人员，为奠定西部工业基础做出了重要贡献。

这 7000 多名援建者里就有我的姑姑。我的姑姑是名妇产科医生，一直在淮南钢厂医院工作。为了支援三线建设，她全家去了江西电机厂，在江西工作了 10 来年，80 年代才调回淮南钢厂。我还记得有位叔叔是我父亲的同学，他们全家去了更远的云南山区，那里生活条件更为艰苦，山区缺盐少油。有次他出差回淮南，顺便买了很多肥猪肉在我家炼猪油，给我留下很深的印象。就是身边这些普普通通的劳动者积极响应国家的号召，在国家需要他们的时候，义无反顾地站出来履行时代使命。共和国的这段岁月，虽艰难困苦，却荣耀辉煌，被赋予新中国主人地位的普通劳动者，爆发出惊人的能量，忘我地奉献工作，为奠定新中国的工业基础奉献了自己的力量。

国企主人翁的黄金时代

　　淮南煤矿机械厂位于淮南市西部蔡家岗，周边被大型煤炭矿井包围。蔡新路是连贯淮南东西的主干道，淮南矿机厂就坐落在蔡新路以东，厂区就在蔡新路和铁道线之间，全厂占地面积约 76 万平方米。沿着蔡新路从南向北分布着机厂医院、电影院、大食堂、理发店、职工大澡堂等生活配套设施。厂区对面是职工单身公寓、机厂招待所、机厂幼儿园以及机厂子弟学校。蔡新路两边，交错分布着好几片职工家属区，和谢一矿、谢三矿、淮南钢厂的家属区毗邻，不同生活区的人有着明显的身份界限感，身为矿机人，有股国企大厂人的优越感，一直被旁边矿区的人所羡慕。

　　作为国企大厂的淮南矿机厂有自己的粮站、副食品商店、澡堂、理发室，此外还有电影院、图书馆、招待所等，生活服务设施一应俱全。近万名职工及其家属，几万人组成了一个小社会，职工子弟从出生到上学、工作，所有的生活服务几乎在厂区都能得到满足。在计划经济时代，国有企业的职能不但要搞好生产，还要搞好工厂职工的生活福利，企业办社会是计划经济时代特有的现象。

　　从我懵懂记事起，我就被送入厂办幼儿园，幼儿园的阿姨基本都是职工家

淮南煤矿机械厂科技大楼

属,每月入托费用很少,伙食却很好,我到现在还记得每天下午会发一个小点心加餐,有时是饼干,有时是水果。下午放学,父母加班常常来不及接我,我就由幼儿园老师带回家属区交给邻居看管。矿机厂有自己的子弟学校,矿机子弟可以从小学上到高中直至技工学校,然后分配到厂里当工人,很多矿机子弟就是这样按部就班地生活工作,当时以为生活会一直这样下去。

随着淮南煤矿机械厂的不断发展壮大,职工生活条件也逐年得到改善提高。20世纪50年代张跃明刚到厂时,16个人只能挤在十几平方米的平房里,到1991年建厂60年时,厂区生活建筑面积达到24.2万平方米,光是家属区就有新工村、新建村、新乐村、新华二村等几个片区。从我小学到高中阶段,我家在这几个村里来回搬了3次,厂里分的房子一次比一次大,设施一次比一次完善。70年代我上小学的时候住的是上下两层楼的排房,家中没有自来水、卫生间,洗衣、上厕所都要去外面,很不方便。80年代是生活水平提高最快的时期,那时我上初中,家里换了两室一厅的楼房,室内有了成套的卫生设施。1982年12月,厂里为职工家庭免费接入闭路电视,厂里自办电视节目,成为淮南市第一家有闭路电视系统的企业。每到晚上,总有周边邻村的孩子想方设法跑到熟人家里蹭电视,记得看的第一部外国电视连续剧《姿三四郎》就是厂电视台播放的,我还清晰地记得当第一眼看见外面的世界时我受到的巨大的震撼。1984年我高二的时候,又搬了一次家,从新华二村搬到新工村,房子面积又大了一些,全厂职工用上了厂里自己生产的管道煤气,彻底告别了拉煤泥打炭饼的日子,仿佛生活一下子进入现代工业文明时代。那时候,父母工资不断增长,家里物质条件也不断改善,大家日子蒸蒸日上,对未来充满了希望。

我作为矿机厂的子弟,亲身感受到那段岁月的热气腾腾,也在厂子的庇护下度过了无忧无虑的青少年时光。那时候,工厂永远是日夜繁忙的景象,上下班的时间,厂门口都是急匆匆骑车的工人,车间里机床轰鸣,机油的气味飘散在车间每个角落。厂区外面的大食堂人声鼎沸、灯火通明,下班的师傅永远都有热乎乎、香喷喷的饭菜。厂里经常开展职工技能大赛,能工巧匠层出不穷。除了生产之外,厂里还关心职工文化生活,工会时常组织职工开展各种文体活动。在体育活动方面，经常组织职工开展乒乓球、篮球、足球、羽毛球、围棋、象棋、拔河、跳绳、环厂长跑、钓鱼等比赛活动。文艺方面，曾多次主办大型文艺专场演出，演出节目获得省市多项大奖。厂里还办有文学社团，自办文学刊物《溪流》，自 1988 年到 1995 年共出刊 20 余期，深受广大职工的喜爱。偌大的工厂，人才辈出，吹拉弹唱、棋牌球艺，什么样的人才都能找到。而在我们家，最大的文娱活动就是看电影，几乎每一部新影片都不落下，全家老小一起去看电影的情景成为我一生温暖的回忆。那时的工厂像一个温暖的大家庭，职工都能享受到大家庭的温暖和呵护。那时的情景永远刻在记忆中难以磨灭，我小时候的理想就是在厂里做一个女工程师，我愿意生活永远都这样岁月静好。

回想那时的生活，最大的感受就是有种笃定的安全感。职工对工厂有着一种强烈的归属感，职工是工厂的主人，工厂是工人集体的大家庭。对于职工来说，工厂就代表公家，就是国家的代表，厂里职工沐浴着社会主义的光辉，享受着社会主义大家庭的温暖和安定。

回望这段历史的时候，我发现那时候的工人师傅有着一种全新的精神面貌，那是一种主人翁的风貌，怀有强烈的集体主义精神，甘于牺牲、乐于奉献、勤学苦干、以厂为家，千万的普通劳动者普遍怀有理想主义的情怀，整个国家都呈现出蓬勃向上的朝气和活力。那个时期，虽然物质匮乏，但新生的共和国推翻了旧世界的秩序建立新的社会制度，消灭剥削、扫除黄赌毒、解放妇女、男女平等，新中国重新焕发出青春的光芒。社会风清气正，工人阶级享有工作、上学、医疗等基本保障，在财富分配上没有巨大差距，人与人之间互相平等，虽然物质远没有现在丰富，但是人的精神相对安稳富足。

那时国有企业职工实现了幼有所学、壮有所业、老有所养、病有所医，职工生活踏实安心。如今我们党再次提出推进全民共同富裕的目标，回想 30 年前的生活经历，感觉计划经济时代企业办社会模式也是当年探索共同富裕的一种模式。

涅槃重生的艰难时期

20 世纪 80 年代改革开放之后，淮南煤矿机械厂顺应时代发展再次迎来飞跃。1983 年 9 月，煤炭工业部将淮南煤矿机械厂升格为地市级企业，同年 10 月，国家经委批准淮南煤矿机械厂与奥地利阿尔卑尼公司合作生产煤矿掘进机，对于淮南煤矿机械厂来说这是个标志性的关键项目，最终成为淮南煤矿机械厂的扛鼎之作。1989 年 10 月，中奥合作生产 AM-50 型掘进机项目国产化验收通过，产品达到 80 年代国际同类机型的先进水平，1990 年获得国家质量"金奖"。同年 10 月 20 日，时任淮南矿机厂党委书记兼厂长曹传江前往北京人民大会堂接受党和国家领导人颁发的奖章。1992 年 11 月，AM-50 型掘进机再次荣获国家科技进步二等奖。到 1991 年，淮南煤矿机械厂经过几度扩建和技术改造，已经发展成为拥有万名职工，固定资产 1.6 亿元，年产值 2 亿元的大型煤矿机械制造厂，国家二级企业。至此，淮南煤矿机械厂迎来了它的巅峰时刻。

然而淮南煤矿机械厂的辉煌并没有持续多久，从 1993 年开始，受煤炭机械市场萎缩的影响，淮南煤矿机械厂连续出现了长达十多年的亏损，到 1997 年跌进谷底。2002 年 8 月 9 日，淮南煤矿机械厂进行破产兼并重组。2007 年 5 月 18 日，中国建材集团蚌埠玻璃工业设计研究院与安徽省国资委签订协议，收购重组淮南煤矿机械厂，机械厂更名为"凯盛重工有限公司"，公司整体搬至淮南经济技术开发区。

短短几段文字，浓缩了 20 多年的时光，一代矿机人承受了时代改革的阵痛，他们都是我身边熟悉的人，我能近距离地感受到他们的苦痛。他们中有我至亲的家人，有我幼时的玩伴，还有我身边熟悉的邻居。我的弟弟在 1996 年下岗，身体不好就业困难，成了全家接济的对象。堂姐堂弟坚持到矿机厂破产重组，收入勉强维持生计。同学、邻居外出打工的更是不计其数。曾经骄傲的淮南矿机人，过去一直生活在计划经济的温室中，在心理上完全没有做好准备的情况下，一下子被抛到风雨交加的市场竞争中，除了经济上的困窘，还有社会地位上的巨大落差，身心经受了巨大的锤炼，各种滋味他们比别人有更深的体会。其中一些佼佼者很快适应了新的时代，重新开创了一片天地。

20 多年过去了，苦也好、痛也好，时间抹平了一切。回头看，淮南煤矿机械厂是怎么走到这一步的呢？这是一个宏大的问题，个中缘由显然不是我个人能够解释的。听过很多职工的看法，站在各自的角度各有各的说法。淮南矿机厂的衰落固然有国家从计划经济到市场经济转轨的宏观背景，但不可否认的是也有企业墨守成规、不思进取，不能适应时代变化的因素。计划经济时期的国有企业，职工生活固然很安逸，但是也存在重复建设、职工冗余、效率低下的顽疾。计划经济时代的企业办社会，职工福利待遇虽然不错，但也给企业发展带来了沉重的包袱。淮南煤矿机械厂面临的问题几乎是当时所有国有企业的问题，不改革就不能解放生产力，就不能建立现代企业制度。而改革，势必会裁员减负，触动很大一部分职工利益，一部分工人要到社会上重新自谋生路，重新适应残酷的竞争，这个过程是极其艰难的。如今回看淮南煤矿机械厂的命运，实则和国家的命运紧紧连接在一起，职工个人的境遇更是和国家、和企业的命运紧紧连接在一起。说到底，企业兴盛职工才能富裕，国家富强国民才能安康幸福。

淮南煤矿机械厂从 20 世纪 90 年代开始走下坡路之后也曾尝试各种办法开展自救，无奈船大难掉头，始终没能扭转企业衰落破产的命运。2007 年，经过重组改制变身为"凯盛重工集团"之后，又经过 15 年的发展，已经成为集科技开发、项目设计、制造安装、计量检测为一体的国家大型煤矿、建材机械制造企业，实现了产业升级、结构调整和技术改造。公司产品覆盖煤矿、建材、电力、化工、冶金、市政工程等行业。多种产品为国内首创并获国家、省部级质量奖和科技进步奖，是国家认定的高新技术企业，安徽省煤炭机械制造基地骨干企业。2021 年 5 月，安徽省首台本土制造的盾构机"凯盛一号"在凯盛重工有限公司下线，填补了安徽省重大装备制造业在该领域的空白，同时将形成产业化、规模化发展格局，带动相关制造业和配套产业的发展，提高安徽省装备制造业的整体水平。

曾经轰轰烈烈的淮南煤矿机械厂，如今只剩下一栋科技楼静静矗立在蔡新路旁边，见证了淮南煤矿机械厂的鼎盛，也历经了淮南矿机厂的起伏。淮南煤矿机械厂在近百年的时间里，曾隶属不同的上级单位，数次易名，经历了初创、壮大、辉煌、衰落、重组的全过程，完整走过一个轮回。新中国成立初到20世纪90年代初期，是淮南煤矿机械厂发展最快的时期，在国家鼎力支持下，依靠工人师傅的艰苦奋斗，在短短40多年时间里赶上了西方煤炭机械装备的先进水平，这也是中国追赶西方工业化历程的一个缩影。如今，凯盛重工继续秉承淮南煤矿机械厂的使命，肩负大国重器的重任，以打造中国高端装备为目标，续写国之重器的百年华章！

我有幸作为矿机子弟，赶上了淮南煤矿机械厂历史上最好的一段时光。目睹这一个轮回，不禁感慨唏嘘。岁序常易，华章日新，一个时代过去了，但新时代已经翻开了新的一页！今年，是淮南建市70周年。荣耀与光荣属于过去，如今唯有勇于面向前方，找准目标，埋头苦干，奋力突破，才能找回属于淮南的灿烂辉煌！

作者系市纪委监委驻组织部纪检组四级调研员、安徽省作协会员、淮南市作协副秘书长

永远不灭的光

——淮南田家庵发电厂发展实录

营士田

1952 年 6 月，安徽省正式设立直辖淮南市，距今已整整 70 年。从新中国成立之初的满目疮痍，到建市之时的腾飞发展，再到当下的繁荣兴旺，少不了无数奋斗在城市建设一线的先辈，是他们，用穷尽一生的努力绘就了如今美好的城市画卷。其中，淮南电力的卓越贡献是浓墨重彩的一笔，也是淮南工业立市这一正确决策最有力的佐证。

丰富的煤炭资源，天然的地理优势，在种种条件的加持下，淮南从建市开始，就走上煤电发展的路子。"煤不好时电来补""电不好时煤来贴"，由于煤电之间的优势互补、风险对冲效应，淮南煤矿人始终没有停止对电的追寻，心里始终都有一个电力情结。也正因为这一点，"电力梦"在一代又一代淮南煤矿人身上传递延续。淮南也不负众望，成为国务院批复确定的华东地区以煤炭、电力为主的能源生产基地、安徽北部重要的中心城市和国家重

1949 年初，在中共电厂党小组领导下，田家庵发电厂工人成立"武装护厂队"，开展护厂斗争

要的能源基地，更是孕育了有着"安徽电力摇篮"美称的淮南田家庵发电厂。

我作为土生土长的淮南人，家离田家庵发电厂不远，父亲也曾在电厂工作，因此，我对淮南电厂有着一种割舍不掉的特殊感情。恰逢建市70周年，有机会得以重新梳理淮南田家庵发电厂的发展历史，重温那些年里的难忘时刻，也期盼用自己的笔去书写淮南电力事业的辉煌过往，以此纪念那个早已远去的年代。为了写好这篇文章，我找到很多关于淮南田家庵发电厂的历史资料，也去了田家庵电厂历史展览馆参观，并有幸采访了曾任淮南发电总厂书记和厂长的廖光圣老先生。老爷子今年已80多岁，虽年事已高，但仍然精神矍铄，听闻我的来意后，更是全力配合。

峥嵘岁月谱写红色序曲

说起淮南田家庵发电厂，廖老的思绪便如开了闸的水坝一发不可收拾。作为奋斗了一辈子的事业，廖老算是跟电厂结了缘，挂了钩。不用回忆，不用酝酿，关于淮南田家庵发电厂的一切，仿佛都烙印在他骨子里，一个简单的话题开头，故事便开始了。

从他的描述中，我也慢慢了解了关于淮南田家庵发电厂的很多情况……淮南田家庵发电厂原名淮南电厂，始建于1941年10月，最开始由侵华日军建造，其目的就是方便疯狂掠夺和开采淮南当地丰富的煤炭资源。那年日本人在淮南南岸下窑（今田家庵）安装了一台美制2000千瓦汽轮发电机，取名"下窑发电所"，这也是田家庵发电厂的前身。1942年，日本人为扩大规模，在下窑发电所内建造了第二发电所，并安装了两台1600千瓦的机组。

1945年8月15日，抗日战争胜利，日本技术人员和职工被遣返回国。那时，下窑发电所的总装机容量为5200千瓦。同年12月，矿路公司接手了下窑发电所，并更名为矿路公司淮南电厂，规模进一步扩大。

1947年9月4日，淮南电厂正式成立，首任厂长单基乾。当时的中共地下党员龙涌利用电厂人事调整的机会，也在这时从煤矿局进入电厂工作，担任记工员。此后，他便开始在工人中秘密进行共产党思想政策的宣传，提高电厂工人的政治觉悟。1948 年成立了中共淮南电厂党小组。1948 年 12 月，在淮海战役的隆隆炮声中，电厂党小组发动工人积极分子 80 余人，组成了武装护厂队。彼时的国民党已全然不顾人民利益，试图用投放炸弹的方式来摧毁发电厂。用廖老的话来说，当时的形势真是万分火急，而电厂工人们面对死亡威胁，没有胆怯退缩，坚决不离开工厂，勇敢地与国民党当局展开英勇的斗争。他们甚至冒着生命危险，一次次抢修被炸坏的设备，日夜坚守在厂区，这才解决了基本的安全供发电问题。也正是有了他们的坚持，最终淮南电厂才被和平解放，这所历经战乱的发电厂被完整保留下来，开始为新中国的发展贡献力量。

新中国成立后，淮南电厂发电设备百孔千疮。1950 年，为确保这座煤电发电厂的正常运转，也为了淮南电力系统的进一步发展，淮南电厂划归国家电力部门管理。同年 6 月召开的中共七届三中全会上，确立了党在国民经济恢复时期的中心任务，把党的工作重心转向经济建设。在党的领导下，淮南电厂举全厂之力对两台机组进行恢复性大修，这是电厂工人自建厂以来自己修复的第一套设备，意义十分重大。

1951 年进厂的廖老正好赶上了当时技术革新的大浪潮，"新中国成立前，我们的发电设备那都是所谓的'洋机组'，当时的外国专家们都不让我们碰"。也正是为了破除西方的技术封锁，凭着一股子不认输的骨气，工人们都是铆足了劲，要给外国的专家看看中国人的本事，这才有了后面一系列重大技术革新成果的运用。就像廖老说的一样，他们不懈的努力不仅解决了当时面临的电力安全生产难题，更为国内电力行业推广运用提供了可复制的范例。曾任淮南电厂修配分场主任、材料科长、副厂长的邓嘉，便是一个鲜活的例子。1950 年，厂里设备大翻修，在无备品的艰难情况下，他苦心专研，用自身过硬的技术，成功解决了美国发电机组汽轮机因叶片严重锈蚀而影响发电的问题，更是自行加工了技术指标合格的汽轮机叶片，为新中国建设做出了重要贡献，一举荣获"全国燃料工业部劳动模范"称号。诸如此类的例子还有很多。

1951 年，在建党 30 周年的大喜日子，安徽省第一条 35 千伏输电线路——淮南田家庵至合肥的输电线路工程正式动工，由此掀开了安徽省电力跨区域输送的历史篇章。同年 10 月，全厂职工向毛主席致信报喜，各新闻媒体争相报道，使淮南的名字在当时更加响亮，淮南田家庵发电厂也为全国人民知晓。

奋斗之歌描绘壮丽蓝图

1953 年，随着国家战略方针的部署安排，国家各方面的建设都在有力推进，呈现出繁荣景象。而电力作为工业发展的基础，随着社会的发展，供需矛盾逐渐变得紧张。为满足生产建设用电的需要，我国在捷克斯洛伐克专家的技术援助下，共同合作完成了第一台 TQC 型空冷 6000 千瓦汽轮机发电机组的研制。该发电机组设计电压 6300 伏，转速为 3000 转 / 分钟，开中国制造汽轮发电机组的先河，同时改变了之前电力生产完全依赖进口国外发电机组的历史。为把国产第一台 6000 千瓦发电机组建设好、运行好，也为了更好地开发淮南煤炭资源，国家经过慎重考虑和选择，决定把这台发电机组安装在当时处于国内电力生产领先地位，有着 10 多年丰富电力生产经验的淮南田家庵发电厂，并于 1956 年 4 月 26 日正式建成投入运行。因为在它的前端有一只小白鸽的形象，所以田电职工更是亲切地称呼它为小白鸽"001"号。

作为直接参与淮南电力两个"国产第一"组建和投产的电力人，廖老全程目睹了这一切。当时虽然廖老进厂仅仅 4 年，但经过厂里的培养，技术过硬的他已任淮南电厂汽机分场副主任。在电力部及省市各级领导、新华社及其他媒体到场的盛大投产典礼

我国自行设计制造的第一台 TQC 型空冷 6000 千瓦汽轮机发电机组

上，廖老作为全厂员工的代表，光荣地登上主席台，接过启动机组的钥匙，并做了表态发言。机组更是在他手中发出正式运转的第一声轰鸣。

彼时的田家庵发电厂，不光自身整体发展水平高，而且对电力人才的培养也走在全国前列。尤其是成立了修订现场运行规程研究班后，得益于一大批厂内分场技术员和有经验的老工人丰富的实战经验，以及扎实的技术水平，他们先后修订并完成了 77 种规程、标准、制度和规章，其中国产 6000 千瓦机组运行操作规程成为全国的样本，并逐渐成为全国电力系统代训单位，此后向全国输送技术、管理干部 1000 多人，仅 1958—1959 年，就为国际国内 30 个单位代训 503 人，成绩斐然。历时两年半的第一期扩建工程也完成了安装，至此，淮南田家庵发电厂的装机容量达到 3.1 万千瓦，成为安徽最大的火力发电厂。

其后，淮南田家庵发电厂的发展势头更是引起不少国家领导人的关注。1958 年，淮南电厂正式更名为"淮南发电厂"。同年 10 月 17 日，刘少奇同志亲自莅临视察。那台编号为"001"的国产第一台 6000 千瓦发电机组，是刘少奇同志在电厂视察的重中之重，他语重心长地叮嘱电厂工人们："要用好、管好国产发电设备，积累更多的生产建设经验，发展祖国的电力事业。"这一光荣时刻也被摄影机永远记录下来，并珍藏在淮南田家庵发电厂的历史展览馆里，供后人瞻仰。

廖老当时因为忙于其他工作，没能赶上和刘少奇同志见上一面。讲到这里，80 多岁的老爷子还是忍不住面露遗憾。不过妻子程燕曦却是幸运的，当时有幸和国家领导人见了面。程燕曦老奶奶听到这里，忍不住笑了出来，回忆起当时的场景。当时，刘少奇一行来到机组前时，担任机组司机的程燕曦正好轮值。知道国家领导人来到电厂，还要来看机组，她就一边观察着机组的仪表盘，一边仔细打量这一行人。电厂机组的女司机不多，看到在这值班的竟然是一位女同志，陪同视察的刘少奇夫人王光美很高兴地走到程燕曦面前，亲切地打着招呼并和程燕曦握了手。这段经历也成为廖老夫妇一生中非常珍贵的一段记忆。

此后淮南电厂开始了电力发展的新阶段、新征程和新篇章。自从国产第一台 6000 千瓦发电机组顺利投产运行后，电力工业部和第一机械工业部便联合组成了国产 6000 千瓦汽轮发电机组鉴定会，对这套发电设备进行设计、制造、运行等方面的技术鉴定。廖老说，当时所采用的一些技术分析和方法都非常先进，留下来的技术档案至今还为后人所引用，由此培养出的一代代技术力量也成为后来的洛河电厂和平圩电厂的技术中坚。

1958 年我国实施第二个五年计划，以国产第一台 6000 千瓦发电机组运行投产为契机，淮南发电厂同步进行了二、三期扩建工程。1958 年 4 月开工建设二期三台国产 2.5 万千瓦机组，同年 9 月三期一台 1.2 万千瓦机组也开工建设。1960 年二、三期共四台机组先后竣工，发电装机容量达到 11.7 万千瓦，一跃成为华东地区调峰调频的骨干主力电厂。从此，淮南电力走上了一条不断发展和壮大之路。

自强之翼迎击时代浪潮

"如今的淮南只是一个普通的四五线城市，可在若干年前，也是国内数一数二的能源之城，'电力发展看淮南'这句赞誉一点都不夸张。"廖老的话也让我慢慢了解了这句话背后的故事。

名声在外的淮南发电厂，赶上了发展的好时机，三期建设结束后，淮南发电厂的发展态势就已经有一飞冲天之象。不久，淮南发电厂四期扩建项目便马不停蹄地启动了。随后两台 12 万千瓦超高压氢冷发电机组建成功，并正式投产。1976 年至 1977 年，田电五期开始筹划，扩建的两台国产 12.5 万千瓦双水内冷汽轮发电机组也先后竣工投产。至此，五期扩建项目完成后，淮南发电厂已经拥有 5 种类型的发电机 12 台、锅炉 10 台，装机总容量达到 60.1 万千瓦，成为华东地区大型火力发电厂。

时间进入 20 世纪 80 年代，发电厂体量的不断扩大，人数规模的激增，还有厂房设备的紧缺，都预示着淮南发电厂的变革已是箭在弦上，不得不发。于是，为顺应时代发展的浪潮，淮南洛河发电厂和平圩发电厂于 1982 年至 1984 年先后建成投产，田电一厂变三厂，并抽调了大量的技术工人和管理干部，为这两个特大型火力发电厂顺利建成投产提供了强有力的人员保障和技术支持。时任淮南发电总厂书记和厂长的廖老则为三个厂提供了前期大量技术和管理上的支持，这样的工作一干便是几十年。而原淮南发电厂也于1982年8月更名为"淮南发电总厂"，1983年5月再次更名为"淮南田家庵发电厂"。至此，淮南火电装机总量突破1400万千瓦，"火电三峡"的能源基地称号享誉国际。淮南电力再次用自己的创举刷新了人们对它的认知，交上了一份让人民满意的答卷。

1992年，国务院生产办批准"以大代小"拆除中压站11.1万千瓦机组，国产第一台6000千瓦机组运行37年后退出了历史舞台。随后，为紧跟发展需要，淮南发电厂于1996年和2005年分别扩建了两台30万的千瓦机组，并相继投入商业运营。借助于技术革新，田电装机总容量达到了以前难以想象的111.5万千瓦，淮南发电厂也跨入"百万大厂"行列，实现了几代田电人建设百万大厂的夙愿。

"技术革新了，制度也要革新。过去垄断式的发展模式不利于激励各方积极性，也已经不适应当下的社会体制，改制迫在眉睫。"1999年，安徽省推进"网厂分离"电力体制改革，淮南发电厂也是积极响应。很快，"淮南田家庵发电厂"改制为"安徽电力股份有限公司淮南田家庵发电厂"，注册资本5.35亿元。2002年国务院实施电力体制改革，"中国大唐集团有限公司"应运而生，安徽电力股份有限公司淮南田家庵发电厂进入"中国大唐"的发展时代。随后又在2013年完成均股改制，大唐安徽发电有限公司与淮南矿业（集团）有限责任公司各占比50%，从此淮南发电厂走上了公司发展的新道路。

创新之姿打造火红奇迹

2006年，国家开始实施"十一五"规划，为了响应中央经济工作会议"节能减排，上大压下"的精神，淮南发电厂主动关停了总容量51.5万千瓦的4台机组。"老厂不老，老厂不小。"秉承着这样的观念，在热电联产1—4号机组关停后，淮南发电厂积极寻求新形势下的多元发展，提出由单一发电型向热电联产型转变的工作目标，2007年成立了中润热力公司。和以往的传统业务不同，公司主要经营淮南田家庵区、大通区、山南新区、经济技术开发区的集中供热以及开展热力工程设计、安装、检修等相关业务，并顺利接管了原田南热电供热区域，开始正常化供热，实现了热电联产转型。

同时，淮南发电厂积极实施"走出去"的发展战略，12年里，先后实施了印度VC暨GCW电站、马来西亚沐胶电站、土耳其SILOPI电站和安庆生物质能电站、马鞍山当涂发电有限公司等机组的调试和运行维护，并建立了印尼芝拉扎电站和吉利普多电站两个稳定的海外项目基地。其中印尼芝拉扎电站，在田厂保运人员的精心维护下，从一个年利用小时在行业排名倒数的发电站，一跃成为印尼所有发电机组利用小时排名第五、中国产机组排名第一的标杆电站，续签下10年的长期运营维修合同，深受业主的好评。

2021年，廖老在田家庵发电厂建厂80周年之际写了一首诗："老树新花八十春，浴火重生砥砺行。高龄同行皆过世，独有下窑今尚存。磨剑十载未言苦，问路三番马不停。但等新址登高皇，淮南电厂复原名。"近年来，田家庵发电厂坚持绿色发展理念，持续推进设备改造项目。经过各项改造，在烟气、二氧化硫、氮氧化物的排放量上取得了显著成效，过去高高的烟囱里冒出来的黑烟早已变白，时不时飘落的煤灰也都消失不见。

作为电厂旁长大的孩子，我深刻感受到了电厂的巨变。田家庵发电厂是淮南的骄傲，是安徽电力的摇篮，是一块用煤的黑、心的红衍生出来的活生生的电力化石。而这个活化石如今不仅仍在，而且愈加鲜活。今年是淮南市建市70周年，许多以往存在的企业或落寞或沉寂，淮南发电厂却一直与时代同行，这离不开一代又一代像廖老这样的电力人的辛勤付出，是他们数十年如一日的坚守，才有了今天绽放在淮河岸边的火电奇迹！

作者系安徽工贸职业技术学院教师、安徽省作协会员

淮南铁路与时代同行

段昌富

　　1952 年 6 月 2 日，淮南市由县级市改设为地级市。这一天清晨，淮南铁路大八（大通—八公山）支线八公山车站站长邢培春早早就到了车站。他首先来到值班室，查看了夜班的值班日志，与准备交班的夜班车站值班员、调度员相互交流一下有关行车情况，然后来到月台上，不时地看向铁路南面。南北方向并排躺着的三股铁轨静静地卧在那里。车站月台、货场和附近农村沈巷孜房顶冒着炊烟的茅草屋，在清晨的微风中显得有些冷清。

　　老邢今天心里显然有事，因为他的妻子带着四个孩子今天要乘票车从九龙岗搬迁过来。一大家子团聚当然是好事，但妻子此时身怀六甲，临近产期，又带着几个孩子，生活用品也要多少随身带一些。而自己作为站长，工作太忙又走不开。他们母子五人，不，母子六人，怎么能让自己放心呢？

　　邢培春，1913 年生，江苏睢宁人。淮南解放前夕在九龙岗铁路上工作，一直干到运转车长，经九龙岗铁路地下党负责人张振江介绍加入中国共产党，为保护淮南铁路和机车免遭国民党的破坏，为淮南的解放做出了贡献。大八支线建成后，他担任了八公山车站首任站长。

繁忙的八公山车站

　　大八支线是在当时华东军政委员会副主席、财经委员会主任曾山的直接关心下修建的。1949 年 1 月，淮南解放，为了尽快把淮南煤炭，特别是八公山矿（1952 年 8 月更名为"新庄孜矿"）煤炭运往外地，曾山亲自到淮南了

1981 年邢培春在八公山

解情况，决定立即修建一条大通至八公山的铁路，与淮南铁路连接。4月，铁路建设工程开始动工，12月28日，大八支线建成通车，全长22.53公里，总投资400余万元。

大八铁路的建成通车，是淮南解放以后取得的一项重要建设成果。它不仅保证了当时淮南煤炭的及时外运，有力地支援了南京、上海等南方大城市的工业和民用煤炭需要，还为后来西部矿区的煤炭开发创造了条件，对淮南市的城市建设产生了长期而重要的影响。

大八支线最初是作为运煤专用线使用的，开始日运煤1500吨，后来运输量逐渐增长。后来又增加了客运业务，纳入铁路部门整体规划。邢培春于1951年1月从九龙岗被上级派到八公山车站任站长兼值班员。

八公山车站是南北走向的，有三股道，东面是货运月台和仓库，西面是客运月台，南面是给水所和水楼，有一条通往八公山电厂（后来的淮南肥皂厂位置）的专用线，还有维护铁路的工区。北面有进八公山矿的专用线。候车室约300平方米，候车室南面是列检所和食堂，北面是售票处和客运室，再往北依次是值班室、行李房、装卸班、电力所，院子里一座独立的青砖瓦房是站长室，旁边还有技术室、财务室以及单身宿舍。车站有100多人，分甲、乙、丙三班。候车室门口有一个广场，广场外有一条车站路，路边有饭店、旅馆、商店。车站最北面有一个篮球场。

"呼哧……呼哧……"远处，蒸汽火车头吐着发亮的火星，沉重地喘着气，像一头疲惫不堪的老牛，拖着七八节车厢驶了过来。"噗——"火车进了站，一边喘着气一边慢慢停了下来。邢站长赶紧迎了上去，把家人接了下来。暂时没有地方可住，老邢已提前在沈巷孜租了农房，不过没有电和自来水。

老邢把家人暂时安顿在这里，住到这里不久，妻子生下第五个孩子。当时火车站设施简陋，为了保证安全正点完成运输任务，老邢的压力很大。好在那时职工都不怕苦不怕累，在老邢任站长期间没发生过一起行车和人身安全事故，运输量也不断增长。所以老邢给这个孩子起名"安全"，在孩子身上记录下自己的工作成绩。笔者在采访邢培春儿子邢安全时，他就是这样跟我解释自己名字的来历的。

八公山车站是当时淮南铁路系统最繁忙的车站之一，负责西部几个矿煤炭和矿材的运输，每天还有数趟客车，运送上千人。车站每天白天都是一派忙碌景象，汽笛声声，调车作业的机车来回穿梭，大批的木材、钢材、石料、竹笆被运进矿里，堆高的煤炭列车开出，有时需要两台机车才能牵引。货场大批粮食在装运，候车室和广场上人头攒动。车站运输任务繁忙，人手不够，老邢就让妻子组织职工家属支援，帮助装车卸车或参与辅助后勤等工作，以保证铁路运输正常。1954 年那年，夏天发大水，冬天下大雪，妻子带领职工家属抗洪、扫雪，装车、卸车，还帮助解决职工家庭生活困难问题。由于成绩突出，老邢的妻子受到铁路局表彰，并参加济南铁路局（淮南铁路在 1959 年之前隶属济南铁路局管辖）家属工作组，赴青岛、济南、徐州等地指导家属工作。

延伸的大张线

邢安全，是邢培春站长的第三个儿子，与地级淮南市同龄。1952 年，母亲带着邢安全的哥哥和姐姐们从九龙岗搬到八公山，不久后就生下邢安全。邢安全在八公山车站度过了整个童年时代，也见证了大八线的延伸建设。

随着车站职工的增多和家属的到来，车站在北头和南头先后盖了几十户职工宿舍，邢站长都分给职工了。那时的宿舍都不到 20 平方米，还都是平房。

车站南头有一幢木头房，当时是路矿建设人员的办公室和卧室，他们撤走后，老邢一大家人才搬进了木头房，面积不到 40 平方米，两间大房，还有两间很小的房间。墙壁是木板拼装的，保温不太好。老邢的第三个女儿，也就是第六个孩子就是在这里出生的。1963 年，建筑段在原址重建成砖瓦房，两间小的改为一间。大家在后院又盖了一间厨房，老邢做了个大浴盆，夏天可以洗澡。到了 1973 年又重建，和其他住户并成一栋，后面的一间小房子也就不存在了。

邢安全说，他就是在八公山火车站长大的。小时候经常和小伙伴们一起沿着铁路线奔跑，踩着砾石发出的"哗啦哗啦"响声；迈着一下走两格枕木的步子去上学，有时觉得走两格不过瘾，就直接踩在铁轨上走，看谁走得稳当、走得远；在扳道房看扳道员扳道岔变轨，看火车轮"隆隆"地通过变道驶到另一条线路上；在火车站票房的候车长椅上趴着赶写作业，在火车每天"哐当哐当"的催眠曲中渐渐入睡。

淮南解放后，煤矿大面积大规模地建设开采，谢一、谢二、谢三、李一、李二等矿相继建成，这些煤矿生产的煤炭都是通过大八支线源源不断地运往华东各省市。1958 年毕家岗矿投产，1960 年李嘴孜矿投产，1964 年孔集矿投产，这

八公山车站

3 个矿都在大八支线的西北方向。从这些煤矿建设之日起，淮南矿务局就开始修建从八公山延伸到各矿的支线，以便利煤炭的运输。1966 年，八公山—毕家岗—张楼全线通车，交付铁路部门，毕家岗、张楼两站也开始营业。从大通到张楼，全长 31 公里，大八支线遂改称大张支线（大通—八公山—张楼），纳入全国联运，淮南的铁路得到了快速发展。毕家岗、张楼站通车后，八公山站降为旅客乘降所，专门办理客运业务。毕家岗站货运业务负责新庄孜、毕家岗、李嘴孜和孔集几个矿的煤炭和张楼、八公山货物线以及皖淮机械厂的货物运输。从水家湖方向来的火车，当时可以经大通去往张楼，还可以经大通去往田家庵、洛河。从里程长短来看，大田线（大通—田家庵）反而越来越像是水张线（水家湖—大通—张楼）的支线了。水张线贯穿全市东西部地区，除了货运，还有客运，市内有九龙岗、大通、洞山（现名"淮南站"）、黑泥洼（现名"淮南西站"）、望峰岗、李郢孜、蔡家岗、八公山、毕家岗、张楼 10 个火车站。

　　邢安全说，大张铁路承担了很大一部分的市内公交运输任务，每天早上从西部地区到东部上学、上班、看病、走亲访友的人，很多都是坐火车，因为当时矿工医院、学校都在东部，而九龙岗、大通是老居民区，许多人家还在那儿。火车到李郢孜基本上乘客就上满了，晚上又都乘火车返回西部，所以大张线就是淮南的地铁。他小时候最喜欢父母亲带着他们到九龙岗走亲戚。

八公山车站站牌

他们小孩子最喜欢坐火车，虽然那时的客车是绿皮硬座车，有时甚至是临时加开的闷罐车，但都丝毫没有减少他们的兴奋之情。每次小伙伴到他家来玩时，他也都大方地请他们看铁路，看飞跑的运煤车和绿皮票车，一起大声地数着有多少节车厢。车厢一多，数着数着就数岔了，于是大声吵着都说自己数得对。

邢安全说，后来他的父亲在繁忙的工作中因劳累过度而罹患疾病，不得已放下手中工作前去休养治病，身体好了之后被上级调回九龙岗，担任一些行政领导职务。但他和八公山车站的感情太深了，在 1976 年离休前几年，他自己强烈要求调回八公山车站。他做客运员，每天都在车站，不分上下班，为旅客指路带路，帮助旅客解决各种难题，这样一直干到离休。离休后定居在老龙眼。铁路工作无论在当时还是现在，都是比较好的工作，但父亲对家人管教非常严厉，他们兄妹六人，最后只有两人在铁路部门工作。他自己也未能在铁路上工作，很是遗憾，但对淮南铁路始终怀有深厚的感情。

与我们的城市同名的淮南铁路

从里程长短来看，大田线像是水张线的支线。但实际上水张线实实在在是淮南线的支线，淮南铁路的起始站就是田家庵。邢安全小时候经常听父亲说淮南铁路的修建与淮南的煤炭有密切的联系。

1909 年，萧县人段书云、蒙城人牛维梁、怀远人林文瑞等人在倪家圩子等地集资办矿，成立大通煤矿有限公司。1911 年，修建了大通—田家庵的简易铁路，用骡马拉着"歪歪车"在轨道上滑行，把大通矿的煤运到田家庵煤场，然后从码头走水路运销沿淮各地。这是淮南最早的非正规铁路。

1930年3月，国民政府建设委员会在九龙岗成立淮南煤矿局。为使煤炭外运通畅，建矿时就开始修建从矿区到洛河镇的运输公路、洛河堆煤场及码头。后来又修筑东、西两个矿井之间以及九龙岗—洛河长约12公里的轻便铁路，因轨距1米被称为"米轨"。用小火车头拉着七八节小翻车，一趟运煤不足百吨，煤炭运至洛河码头，再由水路运销沿淮各地。这条窄轨铁路是淮南第一条正规铁路。1933年又修建了九龙岗—大通—田家庵的窄轨铁路，并修建了田家庵火车站，这样，淮南就逐渐形成了以九龙岗为中心的铁路网。

由于窄轨铁路沿线地势低洼，一遇阴雨，地基下沉无法通车，运输能力严重不足，1933 年 12 月，建设委员会以"淮南煤矿专用线"的名义筹建淮南铁路（田家庵—裕溪口），并于 1934 年 2 月成立淮南铁路工程处，聘请程士范担任总工程师负责修筑。

工程分期进行。第一期矿合段（九龙岗—水家湖—合肥）1934 年 3 月开工，12 月通车。第二期合巢段（合肥—巢县）1934 年 8 月开工，通淮段（九龙岗—大通—田家庵）11 月开工，1935 年 6 月通车。第三期巢江段（巢县—裕溪口）1935 年 2 月开工，12 月通车。1936 年 6 月 5 日举行淮南线全线通车典礼，淮南铁路局也随之成立，九龙岗遂成为淮南铁路的中心枢纽。

淮南铁路局也从淮南煤矿局划分出来，成为整个淮南铁路的管理机关。淮南铁路是当时安徽省内第一条铁路，始于淮河南岸的田家庵，终至长江北岸的裕溪口，全长 300 公里，预算投资 850 万元，实际投资 650 万元，平均每公里造价 2.8 万元，较预算节省 1.2 万元。工程分期修筑，边修筑边营运，并合理使用国外的旧钢轨，降低造价，创造了修建速度最快、造价最低、收回成本最快的三项世界纪录。当时，太平洋国际学会及国内外报刊给予了高度赞扬，说淮南铁路是"当时世界上造价最低、建造速度最快的铁路之一"。淮南铁路的成功建设，要归功于总工程师程士范的科学运作和有效管理，可以说他是继詹天佑之后，中国铁路史上值得永久纪念的一位科学家。

淮南铁路的建成通车，在淮河与长江两条黄金水道之间开辟了快速通道。第一，解决了淮南煤炭的外运通道问题。1936 年，淮南（九龙岗）和大通两矿对外发煤 66 万多吨，比前一年增长近一倍。第二，淮南煤炭在市场上更具竞争力，与其他铁路相比，"除正太路因大量运煤，盈利为全国铁路之冠，次即为淮南铁路"。第三，推动了合肥商业城市规模的扩大、芜湖港口贸易的繁荣及沿路城镇经济的发展。第四，田家庵的水陆码头和商埠地位得到巩固，成为仅次于蚌埠的沿淮重镇。笔者在《淮南市志》查阅到："（20 世纪）30 年代初，田家庵已发展成为淮河流域一座有影响的商埠，大通、九龙岗因煤矿的开发，形成工矿镇，商业初具雏形。30 年代中期，淮南铁路建成通车，田家庵作为煤炭输出港口的地位进一步加强，遂成了田家庵、大通、九龙岗'淮南三镇'。"当时很多外地人前来淮南讨生活，邢安全的父亲邢培春也就在这个时候和几个同乡来到淮南煤矿，因为他上过私塾识一些字，所以在铁路上当连接员，那时称"钩夫"，算是技术活。

1937年7月，淮南煤矿局改制成立淮南矿路股份有限公司，由官办煤矿变为官僚资本经营。总公司下设淮南煤矿局、淮南铁路局等机构。

1938年6月4日，侵华日军第三师团（又称"古屋师团"）占领淮南矿区和铁路，当时的淮南铁路已被国民政府下令炸毁。为了掠夺淮南煤炭资源，1939年4月，日军成立"日华合办淮南煤矿股份有限公司"，1940年修复淮南铁路后勉强通车，但铁路经常遭到新四军等抗日武装的袭击和破坏。日军于是从1941年开始拆除水裕段（水家湖—裕溪口）铁路，新修水蚌段（水家湖—蚌埠）铁路，与津浦铁路（天津—浦口，京沪线的前身）接轨。水蚌段铁路全长61公里，于当年底建成通车，煤炭外运问题才得以缓解，但铁路线还是经常遭到抗日武装的袭扰。

1945年8月抗战胜利后，1946年3月底国民政府完成淮南煤矿、铁路、电厂等各项接收工作，并开始修复工作。1947年12月成立新的"淮南矿路股份有限公司"。淮南九龙岗设有煤矿局、铁路局等机构。1946年6月，遭破坏的水蚌段铁路被修复。1948年10月，水合段（水家湖—合肥）铁路也被修复。这样，水合段、水蚌段、水田段（水家湖—田家庵）三线贯通，淮南的煤炭经水家湖中转与津浦线发展起联运。新中国成立不久，县级淮南市成立，淮南铁路成为中国铁路史上唯一一条与城市同名的铁路。

邢安全说，他的父亲邢培春在日军占领淮南煤矿后，就跑回了老家睢宁。抗战胜利后再次回到淮南煤矿，仍然在铁路上工作，一直干到运转车长。受到九龙岗铁路地下党负责人张振江的影响和介绍，邢培春加入中国共产党。九龙岗铁路地下党组织受中共蚌埠工委领导，直接领导人是韩光辉。入党后，邢培春他们在铁路员工中开展革命活动。新中国成立前夕，做通了九龙岗火车站站长吴云鹏的工作，组织广大铁路职工站岗巡逻，最后没有让国民党军队炸毁铁路和机车的阴谋得逞，为淮南的解放做出了贡献。

新中国成立后淮南铁路的飞速发展

1949 年 1 月 18 日，淮南矿区和平解放，淮南煤矿、铁路和电厂安全回到人民手中。2 月，以淮南煤矿为中心，由凤台县淮河以南、寿县东淝河以东、怀远县上窑以西各划一部分地区，成立淮南煤矿特别行政区，这是淮南市最早的行政建制。这样，以"淮南三镇"为主体的独立行政区开始出现。4 月改设淮南矿区，1950 年 9 月改设县级淮南市。1952 年 6 月改设为省辖地级市。

铁路是国民经济的大动脉。为了加强集中统一管理与指挥，淮南铁路局与淮南煤矿局于新中国成立后分开，并入全国铁路网，由铁道部统一管理。1949 年年底，淮南铁路局撤销，济南铁路局蚌埠铁路分局成立，管辖蚌埠至裕溪口的淮南铁路及大八支线；蚌埠铁路分局批准建立了九龙岗党总支，领导当时淮南地区各铁路单位。1957 年，九龙岗设立中心站，管理淮南市内各火车站。1959 年，蚌埠铁路分局升格为铁路局，改隶属上海铁路总局。九龙岗成立铁路办事处，除管辖市内铁路外，还管辖九龙岗至姜桥一段铁路，总长 98 公里，19 个车站，以及九龙岗车辆段、机务折返段、乘务驻在所等铁路单位。1958 年，安徽省为了发展地方铁路，在九龙岗筹建了铸轨厂。此时，淮南市铁路以九龙岗为中心，形成了生产管理部门齐全，拥有 4000 余名职工的大企业，年货物发送量近千万吨，旅客发送量近百万人，有力地保证了淮南煤矿的生产和调运。随着 1962 年的国民经济调整，在黑泥洼地区施工的编组站工程下马，九龙岗铸轨厂也停办。1963 年上海铁路总局改为铁路局，蚌埠铁路局又改为铁路分局，属上海铁路局管辖，主管淮南铁路的九龙岗办事处撤销，改设九龙岗地区党委，为蚌埠铁路分局党委的派出机构，统一协调淮南市内各铁路单位的工作。

邢安全小时候听父亲说过，淮南矿区刚解放，九龙岗机修厂就立即投入九龙岗至裕溪口的铁路修复会战，到 9 月完成修复，淮南铁路全线遂恢复运营，淮南煤炭又通抵长江口岸，由水路运至南京、上海等地了。同时用 8 个月的时间，抢修了大八支线。淮南矿务局派出众多的技术人员和工人测量线路、铺垫路基、铺设铁轨以及信号站线，那个热火朝天的建设场面，在邢安全的记忆中至今还非常清楚。

邢安全说，那个时候，从水家湖向南可以去往合肥、裕溪口，向东北可以去往蚌埠，向西北经大通可以去往田家庵，去往张楼。虽然这些线路都是单线，但从蚌埠经水家湖到合肥再到裕溪口的通道更为重要，毕竟蚌埠那头是接在京沪线上，所以铁路部门将淮南线的起点从田家庵改为蚌埠，于是淮南线成为蚌埠经由水家湖、合肥至裕溪口，而不经过淮南，淮南境内的水张线只能作为淮南线的支线了。

1957 年，淮南线进行全面技术改造，用 50 千克 / 米的重型轨更换了各种型号的轻轨，用大功率前进型、建设型国产机车取代了原来的小功率机车。1959 年 9 月，新建芜湖至裕溪口铁路轮渡，淮南线与宁芜线（南京—芜湖）相连接。70 年代，通讯、信号、闭塞设备进行了技术改造，实现了半自动闭塞。还加强了运输组织工作，使用了载重 60 吨的大型车辆，组织煤炭专列，使运输效率得到提高。1978 年 3 月阜淮线（阜阳—淮南西—淮南）潘洞段（潘集—淮南西—洞山）首先开工，同时也修建淮南站。淮南站的前身是建于1944 年的洞山站，新站址向东移 180 米，建成后改名为淮南站。同年 9 月阜潘段（阜阳—潘集）开工。1987 年初阜淮线建成全线通车。1992 年阜淮线复线建成通车。阜淮线全长 130 公里，在阜阳境内与青阜铁路（青龙山—阜阳）相接，再向北经符夹线（符离集—青龙山—夹河寨）与陇海线（兰州—夹河寨—连云港）、京沪线（北京—符离集—上海）相接，是华东铁路第二通道的重要组成部分。淮南市境内设有张集、桂集、凤台、潘集西、潘集、廖家湾、淮南西、淮南 8 个车站。

1989 年底，淮南—合肥段复线完工通车。1994 年，合肥—裕溪口段复线建成，至此，淮南至裕溪口复线全线通车。如果加上阜淮线复线，阜阳—淮南西—淮南—水家湖—合肥—裕溪口都建成了复线。阜淮线、淮南线贯穿整个淮南，只有淮张（淮南西—张楼）、淮田（淮南—田家庵）两条是单线铁路，市内各煤矿、电厂等大型企业，也都有专用线同有关车站相连，从而形成了纵横交织的铁路网。市内铁路总长 431 公里，沿线镶嵌着 16 个火车站，这还不包括淮田线上的田家庵站、大张线上的泉山站、后来划归淮南的孔店站等，创下了一座城市中铁路车站数量最多的"吉尼斯世界纪录"，这为大力发展城市轻轨交通，加快资源型城市转型，走可持续发展道路奠定了坚实的基础。

邢安全说，蚌埠虽然在京沪线上，但 1986 年 1 月建成通车的蚌淮新线（蚌埠—淮南）仍是单线，淮南铁路的地位有所下降，所以铁路部门把淮南线的起点再次改回淮南，这样淮南线再次变为淮南—水家湖—合肥—裕溪口—芜湖。

淮南线正线长280公里，纵贯江淮，北接阜淮线，中连水蚌线，南与宁芜、芜铜线（芜湖—铜陵）、皖赣线（芜湖—鹰潭）相接，将皖北皖南连成一片，是华东铁路第二通道的干线，对减轻京沪线的运输压力，改善华东腹地的交通运输发挥了积极作用。水家湖—蚌埠段成了水蚌支线，成为第一、二通道的连接线路了。 水张线仍是第二通道的组成部分，淮南西至张楼的断头铁路（1987年1月改称"淮张线"）也是单线，1998年10月客运停运后就成了煤运专线。

1987年初，阜淮线建成通车，淮南站交付使用，淮南西编组站也投入使用，九龙岗站的客运业务全部交由淮南站，九龙岗站列车技术作业转移到淮南西站，运输站段也陆续外迁。2005年3月，撤销铁路分局，实行铁路局直接管理站段的体制，原隶属蚌埠铁路分局的淮南西站直属于上海铁路局。2017年11月，上海铁路局更名为"中国铁路上海局集团有限公司"，淮南西站改称"中国铁路上海局集团有限公司淮南西站"，为直属一等站，管辖淮南境内所有的二、三、四等火车站的业务，市区的淮南东、淮南、淮南南等车站和水家湖、寿县、凤台南、颍上北、颍上等车站也都是它的下属车站。

进入 21 世纪，随着城市产业结构调整，淮南的煤炭逐步去产能化，淮张线沿线的煤矿纷纷关停，铁路货运也逐渐停运，这条曾经见证淮南西部煤矿兴旺史的铁路，失去了过去的热闹繁忙，孤零零地遗留在那儿。

邢安全说，在他父亲1993年去世之前，自己陪着父亲曾回到八公山车站故地重游了一番。那时八公山车站还有4对客运列车，开往蚌埠、合肥各1对，水家湖2对，但旅客发送量已逐年呈下降趋势。1998年2月，八公山站的客运业务撤销。到10月时，淮张线的客运全部停运，改为货运，原站址作毕家岗站货物转运线，直到现在偶尔还转运一两趟货物。2019年，邢安全搬迁到合肥居住。离开淮南前夕，他也到八公山车站转了转。铁轨锈迹斑斑，扳道房早已坍塌，周围地方被附近住家的人圈成一个小园子，种了一些花花草草。八公山火车站的票房也已破败不堪。邢安全走在铁路枕木上，想起的是这条铁路昔日的繁华与辉煌，以及带给自己快乐的童年时光。

进入新世纪，国家不断加大铁路交通基础建设，淮南的铁路建设迎来了跨越式发展的新时期。2009年10月，阜淮线电气化改造开工。2010年1月，淮南线淮合段（淮南—合肥）电气化改造开工。2014年，合芜段（合肥—芜湖）实施电气化改造。2016年底，阜淮线、淮南线全线电气化扩能改造完成。2017年11月，淮南站改造工程开工。2019年11月改造后的淮南站客容量从800人扩容到2000人。

淮南进入高铁时代

2012年10月，合蚌高铁（合肥—淮南—蚌埠）建成通车，与京沪高铁接轨。合蚌高铁是京福高铁（北京—蚌埠—淮南—合肥—福州）的组成部分，淮南境内设淮南东站，并入全国高铁线路网，淮南由此进入高铁时代。2019年12月，商杭高铁（商丘—合肥—杭州）商合段（商丘—淮南—合肥）建成通车（2020年6月商杭高铁全线通车），商杭高铁商合段是京九高铁（北京—商丘—淮南—合肥—九龙）的组成部分，淮南境内设寿县、凤台南、淮南南3个高铁站，极大提升了淮南的区位优势。

一座城市，一条铁路，有许许多多的故事正在发生着。只要是向前发展着，前进的路上就一定会看到新的风景。邢安全说，商杭高铁通车后，他从合肥回淮南探亲每次都乘坐高铁。坐在平稳的车厢中，望着车窗外的景色闪电般地往后飞跑时，他都是感慨万千。绿皮车见证了淮南的铁路发展史，见证了淮南市计划经济时代社会经济的发展历程，而高铁则见证着淮南奋力跑出的"中国速度"，见证着淮南市进入高速高质量发展的新时代。

2022年是淮南建市70周年。70年来，淮南铁路亲历了从闷罐车、绿皮车到"一道红"、蓝皮车，再到"子弹头"，从蒸汽机车到内燃机车、电力机车，再到"和谐号""复兴号"动车组，从纸制车票到电子票，从"单一化"窗口买票到互联网 12306、手机 APP、自动售票机买票，从人工检票到自助验证刷脸乘车，从简陋低矮的站台到时尚美观的站台，从"铁路线"到"铁路网"这样的巨变。

作者系淮南十三中督导室主任、中学高级教师、八公山区政协常委、安徽省作协会员、八公山区作协副主席

拼搏奋进的荣光

——安徽造纸厂和我

陆莎薇

　　淮南于 1952 年 6 月成为省辖地级市，在这一年的 10 月，坐落在淮南市田家庵区淮河南岸的安徽造纸厂也破土兴建，经过近两年轰轰烈烈的建设周期，于 1954 年 4 月 16 日正式投入生产。此后工厂砥砺前行，一路拼搏，进入大生产、大发展、大开拓、大创新的奋进年代。

　　安徽造纸厂是我参加工作的第一个单位。1991 年，我从安徽造纸厂职业高中毕业后，就被分配到厂里工作。我的青春年华，我的激情澎湃，我的初恋故事，我的同事情谊，都曾经在宽阔笔直的厂区大道上、机器轰鸣的车间里、芬芳四溢的厂区花园内上演过。

激情岁月里的青春脚步

　　20 世纪八九十年代，人们出行使用的交通工具大多是公交车，或是自行车，我在安徽造纸厂上班时，便是骑自行车往返的，那时我家住在陈洞路上的朝阳村，从家到厂里大约需要半个小时行程。每天早晨 7 点钟，迎着初升的太阳，一路向东骑行，晨风拂过青春的脸庞，吹动飘飘的衣衫，我感到无比惬意与舒畅。在长达 9 年的寒来暑往中，那条通往工厂的路上，留下了我青春岁月的脚步。

　　我进厂上班要经过两道大门，第一道是厂前区大门，大门朝正南方向，宽 20 米左右，可同时容纳五六辆汽车并排行驶。前区大门是一座高大宏伟的牌楼式建筑，两个长方体门垛高高竖立，门垛上面的门顶是一块巨大的长方形石板，石板上立有正方形牌匾，牌匾上镶嵌着"安徽造纸厂"五个苍劲有力的红色大字，至今已屹立 70 年之久，但依然能看见当年工厂的雄风。

安徽造纸厂工厂大门旧影

进入厂前区大门后，大道西侧是食堂、幼儿园、图书室等区域，东侧是女职工宿舍、厂俱乐部、家属浴室、车库等区域。第二道大门与第一道大门之间相隔百余米。第二道大门内是厂部办公楼和生产区域，一条南北走向的中央大道把工厂分成东西两个片区，工厂所辖的 13 个生产车间和辅助车间、42 个科室和部门分别排列在大道两侧，大道中段有两面形象展示墙，光洁的墙面用瓷砖烧制而成，墙上绘制着"黄山""天都峰"两个产品品牌的商标，这两个商标是厂里除了"奔马""云门峰""海星""元元"等商标外经常使用的注册商标，以上商标分别有 5 个获省优、8 个获部优和"国家优质产品"称号。职工进入生产区域时，都要从展示墙下经过，彩色的画面映衬着一张张意气风发、充满自信的脸庞。

中央大道从厂前区大门一直伸展到淮河岸边，全长共有 1.5 千米，大道两边种植着高大茂密的香樟树，淡淡的清香令人神清气爽。据说这些香樟树当年被引入淮南时是非常稀少的树种，树木高大不好搬运，而且在气温低的情况下难以存活。厂原党委副书记崔纯暇对这些香樟树的栽培、灌溉和养护倾注了大量的心血，付出了辛勤的劳动，才得以形成今天绿树成荫、香气袭人的香樟大道。目前这些树的树龄早已超过 50 年，成为安徽造纸厂一道亮丽的风景。

在厂区中央有一条 950 米长的铁路专用线，这条线路与淮南田家庵火车站相连接，对企业的陆路运输发挥了重要作用。中央大道的末端连接着淮河大堤，堤坝边有一个年吞吐量 6 万吨的专用码头，码头停泊着工厂的运输船队，船队拥有 1 艘拖轮、8 艘驳船，专门负责沿淮地区芦苇基地的苇荻和稻麦草等生产原料和产品的水路运输。

安徽造纸厂之所以建在淮南市田家庵区，是当时经由国家轻工部主持，华东工业部和皖北行署工业处组成立联合调查组，进行实地调查勘测的结果。调查认为淮南作为能源城市，煤炭储备丰富，有充足的火力发电资源，淮南发电厂的发电量能充足供给安徽造纸厂发展所需电力。而皖北地区又是华东主要产麻区，所产麻类植物是生产卷烟纸的主要原料之一，淮河从淮南市区穿城而过，麻类产品由淮河航道顺流而下，水路运输极为方便，再加上淮南境内铁路线四通八达，故而把厂址选在田家庵下郢村，毗邻田家庵发电厂东边。

当年，安徽造纸厂每天上下班高峰期，都会形成一幅紧张繁忙而又美丽壮观的流动画面。年轻帅气的保卫科厂警英姿挺拔地站立在大门两侧，厂广播室的大喇叭里，播音员用清脆圆润的嗓音播放着工厂新闻：厂领导下达的指令、每日的生产动态、各车间涌现的好人好事等等。接班的工人一个个精神抖擞，男职工斗志昂扬，女职工英姿飒爽。他们或步行，或骑自行车，在厂门口会合后，又分散到各车间、科室。大道两旁苍翠茂盛的香樟树，摇曳碧绿的树叶，迎接上班的职工投入新一天的战斗。

工厂实行"四班三运转"制，工人的工作时间为 8 小时，造纸机日夜旋转永不停歇，大吊车不知疲倦地挥舞手臂忙碌运载。到了夜晚，厂区灯火通明，如同白昼，在这里没有白天黑夜的区别，听到的只有机器轰鸣，看到的是工人忙碌的身影，还有车间墙壁上张贴的产量指标上升的数字。

我刚进厂时，被分配到安徽造纸厂南鹏造纸有限公司铜版纸车间工作，该公司是厂里和香港深业地产发展有限公司合资成立的新公司，引进了国外的先进设备生产铜版纸、文化纸和包装纸，职工队伍年轻化、知识化、专业化，公司前景美好。在进行岗前培训时，我经常看到一些外国技术人员和中方技术人员共同调试机器，车间的工作人员一部分是从全厂各部门、各车间精心挑选的技术骨干和业务能手，一部分是像我这样刚从学校毕业的青春力量。

在车间迎接新员工的大会上，时任铜版纸车间的党支部书记过勇麟带着无比自豪的神情介绍说："我们厂是我国第一个五年计划期间重点建设项目之一，是苏联援建我国156个重要工业基础项目之一，年卷烟纸产量占全国卷烟纸总产量的七分之一，名列国内五大卷烟纸生产厂之一，企业的发展有着广阔的前途……"过书记的介绍使员工们群情振奋，大家都热血沸腾，刚参加工作就进入令人羡慕的大型国有企业，身穿崭新的工作服，置身于高大明亮的车间，操作着现代化的机器，该是何等幸运和荣耀！我也暗下决心，一定要兢兢业业工作，苦学专业技能，为企业多做贡献。

为了让新人快速成长，适应岗位需求，厂里给每个新人都分配一位师傅传帮带，这些师傅有着专业的知识和丰富的经验。我刚进厂时，被安排给一个叫张丽娟的女师傅做徒弟。张师傅18岁进厂当工人，做我师傅时已有20年的工龄，她的父亲也是安徽造纸厂的老工人，参加过厂子的初期建设。张师傅工作认真负责，业务精湛娴熟，多次荣获"三八红旗手"称号。初见张师傅时，她站在高高的操作台上，目不转睛地盯着庞大的设备，适时按动手中的电钮，造纸机时而飞速旋转，时而匀速运行，张师傅指挥若定，工作时的样子真像一个指挥着千军万马的将军。

她对我这个徒弟要求很严格，经常告诉我"安全生产大于天""产品质量就是手中的饭碗"这些道理，每天除了带着我擦拭仪表操作盘，教我如何操作机器外，还教我怎样处理机器故障，如何排查安全隐患等。在她的精心指导下，我很快掌握了工作流程，并能得心应手地操作机台了。

造纸厂的工作岗位众多，选纸工是相当考验人的体力、眼力和手感的，选纸工的职责是检查纸张质量，通过眼观手触查找纸张毛病，把好纸张的合格关。这项工作看似简单，实则责任重大。选纸工都是由女同志担任的，因为她们心细认真。一摞摞纸被抱到工作台上后，女工们半俯着身体一张一张翻阅，残缺的、有污点的、厚薄不均匀的残次品被一一剔出，只有通过质量检查的纸张才能被包装好送入仓库。

我有不少同学是选纸工，她们灵巧敏捷，一分钟就能完成 600 张铜版纸的挑选，一秒钟就能完成纸张克数的辨别。正是她们精心的挑选，尽职尽责的工作，才使得安徽造纸厂生产出来的纸张赢得用户认可，经得住市场的检验。

1986 年 2 月 4 日的《经济日报》，刊登了 1985 年第三季度国家对主要工业产品质量的监督抽查结果，厂里被抽查的凸版纸各项指标均符合要求。1986 年 10 月 7 日《经济日报》安徽版又报道"安徽造纸厂历次检查全部合格"的新闻，报道中写道："安徽造纸厂产品质量过硬，自去年三季度以来经国家和省、市三级 8 次抽查 18 个产品，各项技术指标全部合格，合格率百分之百。"这些喜人的成果，也正是像张师傅和我的选纸工同学这样奋战在工厂各个岗位的所有安徽造纸人创造的业绩。

厂里为了推动生产发展，促进各项经济指标实现，在各阶段都会组织热火朝天的劳动竞赛，"元月开门红""二月欢庆杯""六月双过半""七月战高温""四季度大战 100 天"等主题劳动竞赛如火如荼地持续开展，各车间、各岗位结合工作实际，找差距、补短板、追进度、破纪录，你追我赶，掀起劳动竞赛的高潮。尤其是每年春节期间举办的"欢庆杯"生产运动会，更是在跨年声中拉开序幕。全厂共分六个赛区，秉承"优质、低耗、安全、增效"的生产理念，从除夕零点开始，连续大干 15 天，以百分制方法考核成绩。从1992 年起共举办八届，全体干部职工上下总动员，大干快上多贡献，创造出了刷新历史指标的好成绩。工人们个个关心生产，下班以后都会相互询问："今天出了多少吨纸？刷新纪录了没有？"因为纸张的产量和个人的荣誉、收入直接挂钩。

在劳动竞赛和生产运动会上获得名次的班组和个人会受到表彰和嘉奖，不仅有精神上的鼓励，还有物质上的奖励。每个车间大门口的宣传栏里，张贴着获奖人员的照片，他们胸戴大红花，脸上露出开心灿烂的笑容。到了发工资的日子，工资表上奖金栏中的数字更是让人欣喜不已。

我刚参加工作时，对厂里的一切都感到新鲜，除了 8 小时积极投入工作外，还经常和同事们相约去厂区的各个地方走走看看。厂区规模在淮南市是数一数二的，来到河下码头时，能看见一艘艘装载货物的船停泊在岸边，码头附近的草料场，一堆堆草料如小山般高耸入云，运输线上，原料被源源不断输送到生产车间的流水线上。那时候，由于生产的发展和产品结构的改变，厂里使用的主要生产原料由麻类转为麦、稻草、芦苇、荻柴等，在寿县瓦埠湖、孟家湖，凤台西淝河、焦岗湖等地还建了五个芦苇、荻柴基地，以满足对生产原料的需要。当经过铁路专用线时，又看见一辆辆装载着成品纸张的火车驶向远方。听老职工说，这些卷烟纸和各种文化用纸，销售于国内28个省市自治区；书写纸、拷贝纸远销马来西亚、埃及、伊朗、印度、巴基斯坦、美国等国家和中国香港地区。有时候下班以后，我会走进厂区小花园，花园内花木繁茂，芳草如茵，还有荷塘、凉亭、曲桥、游鱼等，忙碌了一天的工作后，在小花园里徜徉休憩，闻闻花香，看看园景，疲劳顿消。

2022年夏天，我冒着酷暑，踏着追寻旧梦的脚步，回到了阔别20年之久的安徽造纸厂，探访我青春的驻足地，打捞岁月深处的故事。皖纸公司留守处办公室主任李俊峰风趣地对我说："你这是回娘家来了!"是的，这里就是我的"娘家"，是我人生道路上的第一块里程碑。"近乡情更怯"，当我走在电厂路的时候，心头早已百感交集，思绪万千，尤其是驻足在工厂大门口时，看着20年前我无数次走过的中央大道。时光如白驹过隙，此时，我中年的脚步又和年轻时的脚步重叠在一起，每一个走过的步伐都急匆匆，但也留下了印痕。

漫步在中央大道上，我脑海里回放着当年工作时的一幕幕情景，经过第四造纸车间时，又看见了车间门头上有一组用水泥砌成的"1980.4.16"的数字，这组不寻常的数字记录了这个车间的投产日期，如今经历了 40 多年的风吹雨打，字迹依然清晰可见。安徽造纸厂，从建厂以来共经历了五期扩建，第四造纸车间是凸版纸扩建工程所建的车间，当时车间有两台造纸机投入生产，其中一台日产25吨的2362长网多缸造纸机（系工业部援朝样机）试车生产，这台造纸机为援助朝鲜民主主义人民共和国的建设，提供了生产和技术数据。1982年9月，厂工程师张芝栋、陈士廉赴朝鲜帮助安装调试造纸机，次年圆满完成任务，谱写了安徽造纸厂人支援邻国的友谊篇章。

李俊峰主任是从基层走上领导岗位的，他不仅对安徽造纸厂了如指掌，而且对造纸生产工艺流程也十分熟悉。他告诉我，分切加工是造纸生产的最后一道工序，厂里曾经采用的前立式分切机，不仅工作强度大，而且常常在分切盘纸时出现质量问题。当时引进一台分盘式分切机需4万美元，后来厂里依靠自己的技术优势，组织人员进行测绘制图攻关，抢先研制成功，不仅为国家节省了大量外汇，而且为其他纸厂提供了改造分切机的条件，可使分切加工质量得到全面提高。当时兄弟卷烟厂获悉我厂研制成功的消息，纷纷要求发一部分研制成功的纸张，供他们试着生产，李俊峰还被厂里派往新疆造纸厂支援兄弟单位。

安徽造纸厂设置的生产车间有一造、二造、三造、四造、铜版纸车间，这些车间分别承担着不同的造纸任务。厂里还有制浆、化浆、热电、化工、碱回收等车间，每个车间也承担不同的任务和生产流程。原料、切料、蒸煮、制浆、造纸、卷

碱回收车间燃烧炉　　　　　精浆机

供销运输　　　　　化工车间电解槽

安徽造纸厂旧影组图

取、切选、包装，岗位工人各司其职，协力合作，雪白的纸张经过一系列工艺流程，如瀑布般从造纸机里倾吐流出，纸卷堆积如山，吊车上下吊载，运输车辆来来往往，一派热火朝天的景象。每一名职工都像安徽造纸厂这台庞大机器上的螺丝钉，被紧紧地拧在各自的岗位上，保证了机器的正常运转，且日日夜夜鸣唱着奋进之歌。

承载企业创造的辉煌和荣光

早在建厂初期，安徽造纸厂就被誉为"淮河岸边一枝花"。1958 年以前，直属于国家轻工业部造纸局管辖，1959 年划归到安徽省轻工业厅，1969 年划归淮南市管理。

在厂部的荣誉墙上，挂有许多金色的牌匾，这些牌匾是建厂以来所获得的荣誉：1965 年，被国务院命名为"先进企业"，被安徽省命名为"安徽工业战线上的一面旗帜"；1977 年，被安徽省评定为"大庆式企业"。80 年代到 90 年代，厂里曾享有省、市"企业整顿先进单位""文明单位""设备管理先进企业"等诸多荣誉，4 次获得"全国优秀企业"称号。1988 年 12 月 25日《人民日报》头版刊登题为《把生产经营难点作为精神文明建设重点——安徽造纸厂思想工作做到点子上》的文章，《人民日报》能够在这样显著的位置刊登大篇幅的文章，表明当时企业的思想政治工作在全行业中的领先地位。1989 年，国务院企业管理指导委员会审定安徽造纸厂为"国家大型二级企业"。

我在安徽造纸厂工作了 9 年，耳濡目染，也知道工厂以往创造了不少荣光，然而那时毕竟年轻，只亲身经历了一小部分。为了更详尽透彻地了解情况，写好这篇文章，我专门借了一本《安徽造纸厂志》。翻阅厚厚的厂志，透过字里行间，我进一步知晓了那个留下我生命印迹的地方所创造出的辉煌和成就。这本厂志是 1988 年根据省轻工厅《轻工志》编纂委员会和《淮南市志》编纂委员会要求编写修订的，记载了安徽造纸厂从 1951 年到 1987 年间的历史，记录的工厂获得过国家、省、市以上荣誉的条目就有 114 条，厂里的产品、科技成果，车间、科室、班组、工会系统、共青团系统以及个人获得市级以上的荣誉更是不计其数，这些被印在书册里的荣誉和辉煌，都是安徽造纸厂几代人无私奉献、不懈努力创造出来的，当时就给像我这样刚进厂的年轻人，带来巨大的鼓舞，给予正确的引领。

安徽造纸厂是所有在厂里工作过的造纸人的精神家园，也是值得留恋的地方。厂原党委书记韩武斌从而立之年到不惑之年在那里工作和生活过，如今他已退休，离厂已40年之久，但他对以往岁月的怀念依然，对工厂炽热的情感未减。他在文章《回望安徽造纸厂》里写道：那是一座令人自豪的工厂，1954年国产第一台宽幅卷烟纸正式开机试运转，结果一次试车成功，随后开机就出纸，出纸就达到合格标准，得到了轻工部的高度称赞，大大振奋了全厂上下的信心，激发了造纸人的豪情。

拂去历史的尘埃，当我再次翻阅《安徽造纸厂志》时，看到有这样一段文字：在1954年4月16日隆重举行的安徽造纸厂开机典礼大会上，时任中央人民政府轻工业部造纸管理局局长赵濯华参加了大会，为开机投产剪彩，并对厂开机生产表示热烈祝贺。他在讲话中指出："安徽造纸厂胜利建成，标志着我国造纸工业的发展……"时任中共淮南市委书记李任之、淮南市人民政府市长杜少安、造纸专家陈晓岚也参加大会并讲话。

1954年距离现在已经有68年，时代的巨轮破浪前行，当年安徽造纸厂顺利投产的画面，也许只有少数人目睹过，但仍可以想象，那具有划时代意义的场面，轰动了淮南，轰动了安徽，乃至轰动了整个中国造纸行业。我国自行设计、自行制造、自行安装和建设的第一台机宽3.1米的长网多缸造纸机开始运行，填补了安徽省机械长网造纸的空白，为发展卷烟生产做出了贡献。这台年生产能力为2434吨的造纸机，当年共生产卷烟纸873吨、打字纸275吨、包装纸13吨。安徽造纸厂的建成投产，为淮南建立完整的工业体系和国民经济体系，做出了巨大的贡献。

安徽造纸厂自建成以来，受到党和国家领导人及省、市党政领导的特别关怀和关注，他们分别多次来厂视察，并指导工作，给全体职工以极大的鼓舞和激励。

融入企业文化的绚丽风采

我在安徽造纸厂工作期间，因为兴趣爱好，经常参加厂里举办的各项文化娱乐活动。坐落于厂大门口的职工俱乐部是举办大型文娱活动的地方。俱乐部大门两侧分别竖立着一尊人物雕像，左侧是一位玉树临风的男青年手抚吉他，右侧是一位身姿优雅的女青年怀抱手风琴，男女青年形象栩栩如生，他们手中的乐器似乎时时发出悦耳动听的声音，顷刻将人带入优美恬静的意境。

俱乐部占地面积1980平方米，设有1703个座位，装有隔音、暖气、冷风等设备，配备了两台电影放映机。这里也是每年举行职工代表大会的地方，厂里经常给职工放映电影，著名的黄梅戏表演艺术家严凤英、王少舫等，还来厂为职工演出黄梅戏《天仙配》《女驸马》等。每逢节假日或厂里的重要日子，俱乐部里热闹非凡，演出精彩的文艺节目。演员们都是各个车间有文艺才能和表演特长的职工，唱歌、弹琴、相声、小品、朗诵，各类节目丰富多彩，台上的演员载歌载舞，台下的观众大饱眼福。有一些文艺骨干，因为表演突出，被选拔到省、市电视台参加演出，并获得奖项。

记得 1992 年 1 月 20 日至 25 日，厂里举办了首届文化艺术节，当时有5000多名职工参加，来自基层各单位的 300 多名业余演员献出三台综

安徽造纸厂铁路专用线

合性演出节目和一台青年歌手大赛、一台交际舞大奖赛，同时举办了书画、摄影、盆景展和棋牌赛等活动。那一年，我和车间的文艺委员合作，在舞台上朗诵了一首原创诗歌《奋飞吧！南鹏》，诗歌是以我所工作的南鹏公司为题材而写作的，我俩上台表演的画面被拍成照片，贴在车间的宣传栏上，这些灿烂的企业文化的花絮，至今仍然点缀在我青春的记忆里。

1997年，安徽造纸厂在职职工人数近6000人，年轻职工占了很大一部分。厂里每到周末都在俱乐部里举办交谊舞会，给青年人提供了休闲娱乐的场所，舞蹈爱好者在舞池里翩翩起舞，联络感情，增进友谊，锻炼身体。我有不少同学就是参加交谊舞会时结识了爱情伴侣，建立了安徽造纸厂的双职工家庭。

时光有影，岁月有痕，安徽造纸厂在我的人生书册里，留下了散发芬芳的墨痕。厂里先后编写了《走向文明》《情与理的力量》两本书，还创建了《皖纸报》。这份报纸每期出刊，我都爱不释手地阅读。因为我从学生时代就酷爱文学，爱好写作，进入工厂后，《皖纸报》的副刊成为我的写作阵地，每当看见自己的作品被印成铅字，总不由得喜上眉梢。

记得有一次，厂报举办文学征文活动。结合现实生活，抒发造纸人的豪情，我写了一首新诗，经评委评定，获得了诗歌类二等奖（一等奖空缺）。那首小诗的标题叫《纸的脚印》：

攥紧中国从蔡伦到现在的历史，
攥紧历史从竹简到纸的过去，
一种现实开始生长，
并日渐茁壮。

跋涉人类文明的长河，
寻找古老文字的延续，
搅拌自然酿成的乳汁，
蘸天地之灵气，

铺一条进入文明的轨迹。

蜿蜒崎岖的纸的幽径，

嵌深深脚印，

像传统风俗画一般，

洒满造纸人一路汗水和艰辛……

站在新世纪的风景线上，

牵喷薄而出的雪浪瀑布，

让人类纯真洁白的情愫，

编出历史的五色彩链。

拥有四大发明的国度，

崭新的造纸术，

记载沉甸甸的回忆，

也记载对未来的憧憬与渴望。

这首诗见报以后，我把样报粘贴保存在我的剪报册里，字字行行都记载着那时的我，激情洋溢，诗情萌动，也书写着我青春的记忆。也就是从那时起，我的写作热情更加高涨，业余时间坚持写作，在未来的日子里，又分别在《新安晚报》《合肥晚报》《淮南日报》《淮河早报》《淮南文艺》等省、市级报纸杂志上发表作品。《皖纸报》是我走上文学创作之路的起点，这份厂报的鼓励与栽培，让我对文学钟爱一生。

共享企业职工福利的厚惠

安徽造纸厂在发展过程中，根据有利生产、方便生活的特点，实行"大而全"的企业办社会模式，职工生活福利、社会保障、文化娱乐等社会职能包罗万象，企业如同一个小型社会，涵盖了厂幼儿园、职工子弟学校、职工医院、职工食堂、职工宿舍、职工澡堂、职工理发室、职工文化楼等各类部门，厂里的职工享有教育、医疗、休闲、娱乐等各种福利。

我高中时就读的安徽造纸厂职工子弟学校，成立于1954年7月，校址最初在厂家属区，有学生54名，教师2名。后来随着工厂的发展，职工越来越多，职工子弟也在不断增多，学校经历几次搬迁。到了1978年，企业又在厂区外的水厂路上购置土地，新建了两座建筑总面积3000平方米的教学大楼。学校共有31间教室，设有小学部、初中部和高中部，学校设备完善，师资力量雄厚。我在这个学校读书时，是为数不多的外单位职工子弟，班级里大部分同学的父母都在安徽造纸厂工作，有的在车间造纸机上看仪表，有的是厂部办公室行政人员，有的是厂医院医生，有的在厂食堂做厨师。这些职工子弟常带着一种优越感和自豪感，因为他们从学校一毕业，就可以顺利被分配到厂里工作。

幼儿园与工厂的第二道大门只有一墙之隔，每天早上许多职工先把孩子送到幼儿园上学后，再进厂上班，非常方便。厂幼儿园设置有小班、中班、大班和学前班，教师都经过专门的幼儿教资培训。幼儿园铺建了1000平方米的水泥操场，操场上设有旋转式飞机、滑滑梯、秋千、轮船、篮球架等游戏设施，供孩子们进行各种文体活动。幼儿园内还有营养室、保健室、餐厅等部门。营养室里配备了电炉、电锅等炊具。保健室里配备了保健和预防疾病的器械和药物。餐厅每日进行消毒，一次可容纳70名儿童就餐。齐全的设备，优秀的教职员工，使职工没有后顾之忧，能安心投入工作。

我在安徽造纸厂上班的时候，每年都到职工医院参加单位组织的体检。厂职工医院的前身是保健室，成立于1953年，成立之初只有3名医护人员，到了1980年，医护和管理人员增加至65人。职工医院也由原址搬迁新建院址，在家属宿舍区建华村西南角的一座三层楼房，有房屋50间，院内设有内科、外科、口腔科、放射科、计划免疫科、手术室等科室，医疗设备在原有的基础上增加了电疗机、离心机、心电图机等当时先进的医疗设备。那时我们在单位职工医院就诊只收挂号费，药费全免，职工家属生病就诊，享受医药费半价的待遇。

安徽造纸厂的职工食堂规模很大，一次能容纳400人就餐，每天吃饭时间，食堂里人头攒动，饭香扑鼻。食堂的菜品种类齐全，荤素兼有，早餐有包子、油条、豆浆等，午餐有鸡、鸭、猪肉、鱼、蛋和素菜等，多种多样。我在上班的时候，经常到职工食堂就餐，食堂里的很多食材，都由厂办的养鸡场、养猪场、酒厂等副业单位提供。逢年过节，每个职工都能分到猪肉、鸡、烟、酒等物资。一家几口人都是单位的职工，分到的东西吃不完就送给亲戚。在职工食堂的南边还有一个150平方米的小食堂，这是方便外来人员就餐的，因为那时候来厂联系工作、订货的客户络绎不绝，小食堂专为外来人员提供餐饮，方便客人。

安徽造纸厂不仅让在职职工享受福利，而且离退休人员同样享受实惠，"人退心不凉"是厂离退休支部对离退休人员的服务宗旨。为了丰富离退休人员退休生活，厂里专设了阅览室、游艺室，阅览室订阅了近百种报纸杂志，游艺室里有麻将、扑克、象棋、桌球等，各室均配有桌、椅、沙发、茶水。每天下午，这些地方坐满了离退休职工，他们有的阅读报纸，有的下棋聊天，其乐融融。

时光更替，物换星移，时代的洪流裹挟着许多不可预知的因素。安徽造纸厂虽然于2002年实行了政策性破产，但半个世纪以来，它所创造的成就和辉煌，在淮南，在安徽，乃至在中国的工业发展史上，都留下了浓墨重彩的一笔，它书写的传奇故事，一直留有历史的温度。那里的一砖一石、一草一木，都镌刻在我生命的记忆里，永远不会消逝。

作者系淮南市经信局工作人员、安徽省作协会员、淮南市作协副秘书长

缸窑流金

——上窑缸厂的故事

李传胜

1952 年夏，新中国成立近 3 年后，淮南市成为省辖市，这是划时代的崭新起点。这一年，陶瓷重镇上窑实现了里程碑式跨越。

从这年开始，沉寂萧条许久的上窑陶瓷产业迎来了千载难遇的发展良机。这一年，上窑陶坊重新开始凿土、制泥、拉坯，古镇窑场再度储备茅草、松枝、石炭，为复燃窑火精心准备。这一年，吃窑饭的"泥腿子"们憋足劲，从氏族巷院、四乡八村奔来，拥上山岗、河湾、料场、码头，采釉泥、凿陶土、砍柴草、掘煤炭、平地面、整货场。上窑，从此由单窑数人的小规模劳作，扩大到好几条龙窑同时烧制、近百名青壮劳力热火朝天的共同生产。

淮南市政协委员 —— 杨锦堂

人民开始当家做主的解放初期，百废待兴、百业待举。当时老官山（俗称"老鸹山"）南麓仅有大老虎窑、小老虎窑的杨家窑时燃时熄，尚在惨淡经营，其他十余家窑场则一片沉寂，没有一星烟火热度。

1952 年的火热夏日，上窑开启了古镇窑业的浴火重光，以陶瓷窑、石灰窑、小煤窑等"三窑"为支柱的上窑古镇蓄势待发，十三条龙窑窑主、窑工们早已有些迫不及待了。上级主管部门及时向开明的大老虎窑窑主杨锦堂等宣讲党和政府公私合营的好政策，压舱石一般稳住了窑主们的心。之后不

新中国成立前上窑古镇的三座龙窑

久，杨锦堂便热心召集堂侄杨华藻（小老虎窑窑主）、孙家窑窑主孙道兵和他家年轻陶工窑工王长金，以及鲍家窑窑主、陈家窑窑主、沈家窑窑主、李家窑窑主等齐聚老街上现已歇业的自家茶馆，规划商讨窑场可预见的辉煌明天。

在当地政府的引领和帮助下，经过近两年筹备，各窑户均积极响应政府互助合作的号召，他们在杨锦堂的带领下，组织起来走上了集体化道路。

1954 年 4 月，阳光明媚的春天里，拥有在册职工 200 余人的"公私合营上窑缸厂"正式成立。杨锦堂不仅用自家老虎窑作为资产入股，又拿出经营窑场数十载积攒的一坛子洋钱，作为扩大生产的启动资金。人民政府在龙窑南面的平坦地带规划建设新厂房、改造革新老窑炉。公私合营结束了千余年的家庭手工作坊生产，进入统一标准、规范操作的现代企业发展时期。上窑缸厂统一生产经营，供销两旺的热火景象成为常态。这是龙窑金缸、子孙缸开天辟地的大喜事，窑镇窑人欢庆，窑山窑水欢庆。从这一年开始，上窑正式进入缸窑流金的全新时期，杨锦堂作为私方代表被任命为负责生产的副厂长，参与管理决策。

杨锦堂为人厚道，人脉很广，他曾是古镇窑火烧得最旺的窑主，更是家乡顶级窑师。在窑场摸爬滚打几十年，早就练得一身真功夫，他只消往观火孔瞄一眼，窑温高低几许、火候到位与否、产品成色如何、具体出窑时日，一切均了然于胸。从那时起，杨锦堂就被淮南工商界选为第一届市政协委员，并连任六届委员，代表淮南工商界参政议政，直至离世前夕。我在儿时经常与小伙伴到缸厂玩耍，还时常耳闻目睹长辈们跷起大拇指赞叹："有杨锦堂坐镇，上窑缸厂产品就质量稳定，生意兴隆。"我们上窑人都深深知晓，这样的独门绝技不是凭空得来的。因为常年观火，他的一只眼睛几近失明。他超乎常人的艰辛努力和巨大牺牲值得上窑儿女永远铭记，"杨锦堂观火—— 一目了然"也成了当地俗语。

值得一提的是，杨锦堂的儿孙也大都把缸厂作为奉献自身光和热的沃土。三个儿子杨华兵、杨华伦、杨华龙都是在此工作直到光荣退休。长子杨华兵早年考入黄埔军校，抗战时任国民党军某部营长。内战爆发后，他不愿将枪口对准骨肉同胞，便解甲归田回到家乡，在自家窑场干活。公私合营淮南市上窑缸厂成立后，他始终在第一线默默干着杂活。次子杨华伦则是厂内基建的骨干。三子杨华龙，由于工作出色，在 80 年代早期被委任为副厂长。

全国劳模 —— 王长金

常言道："一个好汉三个帮，一个篱笆三个桩。"杨锦堂和其他窑主尽心竭力协助政府委派的公方代表（厂长）搞好生产经营，自然得到几位出色窑师、窑工的大力支持。王长金就是其中不可或缺的卓越陶工、传奇窑工。

杨锦堂家道殷实，从小就在自家窑场、陶坊玩耍，最忙时和祖父、父亲、伙计们都吃住在那里，成人后自然而然地薪火传承。与上窑通称"杨十一"（堂兄弟排名）的杨锦堂家庭背景有很大不同，王长金则是赤贫出身，晚清时期，祖父拖家带口从几十里外的河西王咀子逃荒到上窑，数十年来，王家一直靠在古镇打短工、卖苦力养家糊口，生活穷苦，难以为继。

王长金兄弟三人，他是老大。他 16 岁便开始在私人窑主孙道兵的窑场学徒拉坯做缸，整天和泥坯打交道，练就一手做缸的好手艺。他待人和气，一说话就爱笑，人们都夸这个小伙子忠厚老实。1954 年公私合营上窑缸厂成立后，王长金制坯、做缸的积极性大为高涨。30 多岁的他，中等身材，膀宽腰圆，浑身好像有股使不完的劲。老官山麓南坡上六条龙窑轮番装窑、烧窑、出窑，场面蔚为大观，古镇迎来了历史上难得的缸窑流金的红火兴旺。可是，很快出现了一个难题：燃料跟不上了。柴草没有了，就改烧松枝。但不久，松枝供应又发生困难。厂部领导及时派王长金等骨干去外地研习新型窑炉技术。悟性极高的他一回来就和工友在龙窑前平坦的地方，建造起了单个炉膛的团窑，燃料也改成烟煤掺少量矸石、黄土。四座团窑投入使用后，产品还是供不应求，又是王长金带领同事新建了几座效率更高的多孔炉门的倒焰窑。后来，随着陶缸造型改进，龙窑逐渐停烧。

"烧炭倒不怕供应不上，淮南有的是大煤矿，可是这样光烧干炭，浪费实在太大！"肯动脑筋、善于思考的王长金根据平日里的仔细观察，用心思索，大胆地向厂部提出建议，废弃烧窑用干炭的方法，改用湿炭烧窑的技术创新，得到了厂部领导的认可和支持。许多职工却对王长金的这一设想持怀疑态度，认为现在用干炭掺矸石、黄土烧窑已经不错了，如果将炭掺水，与矸石、黄土一块烧窑，烧出的缸质量出现问题怎么办？一窑缸造成的经济损失谁来负责？王长金拍着自己的胸膛说："我家虽穷，但还有一头毛驴，如果试验失败，我心甘情愿将小毛驴赔给厂里驮泥。"

王长金提出将水掺进干炭烧窑是有可靠依据的，因为当地种烟人家炕烟时，都是用稀炭往炉膛里的炉钉上擩，炕烟能用稀炭，烧缸为何不可以？实践检验中，他将原来用麻骨锥（陶棒）支起的炉膛扒掉，换成一米多长生铁铸成的炉钉。由于干炭掺水添加碎矸石、黄土拌匀擩进炉膛，燃烧的火苗特别旺，加上炉钉间有空隙，吸风力极强，蹿出的火苗很快烧遍窑内各个角落，大大缩短了熏窑时间，后期投用的辅助柴草也更少了。由于火力顶得上，窑内烧出的产品一级品率从70%上升至85%以上，倒窑、黄缸的现象也没有了。王长金通过科学实验，开了改进烧窑技术的先河，受到领导及同志们的赞扬与信赖。

淮南建筑公司需要一对1米多粗、2米高的特大型缸做装涂料喷高层楼房用。缸厂从古至今，从私人窑场到合营窑厂，窑工们做出的最大陶缸才1米出头，谁来完成这项艰巨任务呢？大伙都不敢接此从未干过的活计。做缸二三十年的王长金主动请缨领下这项工程。只见他站在绑牢的脚手架上，将胳膊上的泥条，用手一圈又一圈地把缸坯一点一点盘高，终于将2米高、1米多粗的两口大缸做成。烧窑的窑门太矮，工友们又一起动手扒掉窑门，八个人抬着超大缸坯稳妥地挪进窑内，放入窑室中心，然后重新砌好窑门。一周后出窑，两口大缸远看金灿灿，近瞧黄亮亮，一敲响当当，用户单位满意地说："缸的成色、造型、质量都呱呱叫！无可挑剔！"

生产实践中，他与技术攻关小组的同志一道将原来导窑烟烟囱直接往空中排，改为烟先从下面走，然后再通过管道往上面排。这项技改，使每孔窑可节约煤炭1吨，同时产品合格率、优品率更上一层楼。

王长金成为缸厂的生产骨干，他和工友们一次次攻克工作中遇到的技术难关，自己也由一名制坯工人，被上级聘任为上窑缸厂技术副厂长。

1956年劳动节期间，出色的窑工、陶工代表王长金同志，光荣地出席了全国劳动模范（全国先进生产者）代表大会，受到毛主席、周总理等党和国家领导人的亲切接见，并参加了在天安门广场举行的盛大群众游行活动。等王长金返回淮南途经上窑老官山时，上窑小学、上窑缸厂及当地群众千余人站在大山口路两旁，热烈欢迎身穿中山装、胸佩大红花的王长金从北京载誉归来。

闯火铁人——王年和

王年和是王长金长子。当全国劳动模范王长金的感人事迹在古镇广为传颂，并成为家乡人学习的优秀典型时，年岁幼小却开始懂事的王年和一方面为父亲感到骄傲自豪，一方面暗下决心："长大后一定要成为爸爸那样的人！"这一誓言，成为他后来人生履历中的重要印痕。

王年和出生于新中国成立初期的1950年，左手患先天性残疾，童年、少年时期，经常拎着瓦罐到缸厂的陶坊里、窑炉前，给因忙碌赶不回家的父亲送饭。王年和在一天天成长，窑火流金的缸厂也在一天天发展。送饭的10余年间，他目睹了老官山西南坡下，一栋栋规模化厂房从开始建设到投入使用：简易屋顶、四面通风的钢架结构存储陶土的库房堆得满满当当，红砖红瓦的机械化轧泥机房昼夜轰鸣，灰砖灰瓦的1到5号陶缸作坊在拉坯成

王年和（后排中）25 岁入党时与厂领导及青年骨干合影

型，暖烘烘的石墙草顶的炕房在炙热烘烤，半砖半石垒砌、半瓦半草铺就的带廊檐办公室里挂满了锦旗、奖状。

后来因此处陶土资源濒临枯竭，加之淮蚌公路（今 206 国道淮蚌段）通车，上窑缸厂发展重心开始向南迁移，更大规模的厂房、更新型的窑炉开始建设：单孔直焰的大型团窑，4 个、6 个、8 个火眼（炉门）的倒焰窑和以机械顶杆为动力的推板窑相继建成启用。二三层楼高的大型轧泥机吐着齐腰粗的泥龙。好几幢 500 平方米、1000 平方米、2000 平方米的半机械化宽敞明亮的制陶作坊里摆满了陶坯，好似威武雄壮的兵马俑列阵接受检阅。辘轳原理构造的卷扬提土机、旋转式轧釉球磨机忙碌不停。锅炉房一天 24 小时不间断供热送气。河下运缸上船的架车队，跑公路运进煤、运出陶的汽车队……王年和对上窑缸厂充满了憧憬。

1966 年，王年和只有 16 岁，因中学停学，颇显青涩的他到上窑缸厂报到，作为临时性家属工干些辅助性的活。1969 年，经过 3 年磨砺，虚龄 20 岁的王年和正式成为上窑缸厂的一名工人。劳模父亲和他的想法一致：要去就去最艰苦的地方，要干就干最需要人手的工种。他先是闷头下沉到老泥窝，手工刨凿做缸所用的陶土（老泥）原料。工作起来，任劳任怨、废寝忘食，几年下来，深得工友们的真心信赖。

1972 年，作为获得安徽省优胜红旗单位的上窑缸厂开始兴建古镇历史上的第一座隧道窑。次年，长达 63 米的隧道窑建成投产，此时与该窑相关的工种急缺人手。年轻的王年和自告奋勇地向厂部申请："我去！"装窑、烧窑、出窑是隧道窑前三个出大体力的活计，不仅苦、脏、累、险，而且还有对技术含量的要求。工作中，他总是重活、脏活跑在前，处处以身作则，出色完成厂里的各项任务，大家都交口称赞他是"拼命三郎"。有些工友不理解地问询："我们躲隧道窑都躲不及，你还往前冲？你爸是副厂长，想干哪样轻巧活干不上？"面对大家的疑惑，他只是淡淡一笑。

隧道窑投产后，经过几年摸索实践，存在半成品预热时间短、坯体水分排不完、产品易造成裂底断沿的问题。王年和与老师傅、技术人员经过反复思索，一致认定是窑炉长度不够所致。通过测算，将63米隧道窑加长至79米，改造之后的产品质量显著提高。

隧道窑所在的烧成车间实行三班倒工作制度，有部分同事家住周边农村，一到午秋二季的农忙时节，大家便抢时间收割庄稼，不能正常出勤。这就需要其他职工顶上去。有一次，王年和连班好几天，最终病倒了，高烧近40摄氏度，家人流着泪为他送药送饭。他一直带病坚持7天都没休息，实在困极累极了，就坐在窑壁旁喘口气，打个盹，醒来后，又强打精神与大伙一道干活。有一回刚合上眼皮，手里烟头将新棉袄袖口燃着了，他这才一个激灵被烫醒。

当年有时会出现倒窑（缸）事故，常给企业带来不小损失。有一次又倒窑了，窑内红通通的，为了摸清倒窑原因，王年和将一床破棉被浸水后抱出，展开顶在头上，强忍高温一头钻进去，终于在临近事故点查清症结所在。刚蹚出炉膛隧道，他热晕倒了。工友们赶快把他移到通风处，用凉水降温时，心疼地发现他的眉毛、睫毛都被烤煳、炕焦了，水往脸上轻轻一掸，眉毛、睫毛瞬间随水淌在地上。

又有一次，他沿窑道往里蹚，窑车上一口刚出火口的陶缸不慎倒塌，将他右腿胫骨划开一道四指多长的深口子，鲜血直流，被工友搀扶到医院缝了10多针。他人躺在病床上，心里却想着窑上，伤未痊愈就急匆匆赶回厂里。

王年和工作兢兢业业、认真负责、大公无私，感动了缸厂内外很多人，大家纷纷竖起大拇指说："王进喜是大庆铁人，上窑拼命三郎王年和，就是我们缸厂的闯火铁人！"

1975 年，25 岁的王年和光荣加入中国共产党，上窑缸厂专门为他举行了隆重的入党宣誓仪式，地点就选在上窑人心中神圣的缸厂大礼堂。一个先进红旗工厂为一个优秀青工如此特别安排，在古镇历史上还是第一次。

由于王年和同志工作出色，不久就被提拔为烧成车间主任。1978 年 6 月 8 日，国家轻工业部授予他"先进生产者"的光荣称号，他和来自全国同系统的其他先进者一起佩戴奖章，在人民大会堂受到时任国务院副总理陈慕华等领导人的亲切接见，并合影留念。

王年和载誉归来，上窑公社和上窑缸厂的两支锣鼓队敲锣打鼓将他迎到窑河闸。他捧回的荣誉奖章、奖状，让一拨又一拨的亲戚、朋友、同事，羡慕地拥到他居住的由旧陶坊改成的工房里好奇观看。其中，荣誉奖状上有华国锋主席 1977 年 4 月 20 日的题词："我们一定要高举毛主席树立的大庆红旗。"大庆油田王铁人和上窑缸厂王铁人的精神，多少年来一直鼓舞着上窑缸厂的干部职工。

王年和不仅有铁人般的坚韧毅力、拼命三郎般的果敢冲劲，而且品德高尚，从不捞公家油水。一次中午出窑后他回家吃饭，一副线织的白手套放在大桌上，他爱人发现后说："手套怪新的，留在家里用吧！你下午再从仓库里领一副得了。""公归公、私归私，把公家的物品变成私人的东西，要是那样，我还算什么共产党员！"

此后，王年和从缸厂的烧成车间主任被提拔到原料分厂担任支部书记。不管职务有何变化，他对工作还是那样满腔热情、积极投入。王年和常年超负荷工作，身体透支严重，积劳成疾，不幸于 2000 年患肺癌去世，年仅 50 岁。他患病住院期间，时任淮南市市长杨爱光与市总工会负责同志前往医院探望。上窑缸厂广大职工一致说："王年和是为我们缸厂累倒的，他是新时代的王进喜，永远值得大家怀念和学习！"

生命赞歌 —— 林公俭

上窑人特别是上窑缸厂人，在为王年和不幸病逝深感痛惜时，还会不由自主地想起临危救童、壮烈牺牲的英雄——林公俭烈士。

自童年记事起，几乎每年清明时节，我都会跟随长辈或翻山越岭沿着草径、或踏着蜿蜒崎岖的土路，来到小黄山南坡林公俭长眠之地扫墓。我记得从小学一年级开始，我们上窑缸厂子弟小学的老师会选择在清明前夕，带领全体学生，高举鲜红的少先队队旗，浩浩荡荡地前往林公俭烈士墓前祭奠。每次祭扫，大队辅导员都会诵读林公俭的英勇事迹，带领学生庄严宣誓。大家每一次聆听都心潮澎湃，每一回宣誓都热血沸腾。林公俭英勇献身50多年来，他的感人事迹不仅没有随着时光流逝被家乡淡忘，反而在新时代的澎湃大潮中，愈加彰显跨越时空的强大动力。

林公俭，上窑镇马岗村人。1940年其母亲还在跑反途中，在定远北炉桥的三里岗生下林公俭，他的乳名就叫"三里岗"，林公俭在饥饿苦难中度过了童年。1949年，上窑解放，全家人回到家乡，党和政府分了土地，又盖了新房，一家人过上了做梦都不敢想的好日子。这些在他幼小的心灵中深深地扎了根，他发誓要听共产党、毛主席的话，发誓要让大家的日子过得更好。就在那时，父亲给他起了大名"林公俭"。

招工进入上窑缸厂之前，林公俭已经有过数次见义勇为、保护集体财产的行为。14岁，冒险救了溺水的同龄人林立亮；15岁，脱下上衣包住队里一头刚产下的小牛犊，冒雨跑了几里山路，把小牛犊安全送进牛圈里，自己却冻得瑟瑟发抖；16岁，主动跟着成年人一起下到三尺深的水里抢麦收。

1958年，18岁的林公俭被招进上窑缸厂，第二年就加入共青团，当年还被评为市"青年红旗突击手"。20岁时，他加入共产党，当年被评为市"工交战线先进工作者"。25岁被评为"五好工人"。

在上窑缸厂工作初期，林公俭常常一人干两人的活。刚进厂学制冷热风陶管，他如饥似渴地学习业务，当月就超额完成生产任务。那时，他得知山釉供应困难，就主动提出帮助两位年过半百的制釉师傅，每晚上山运一趟山釉。山釉产在姜家大山半坡上，道路崎岖，全靠牲畜驮运。林公俭白天完成岗位任务，晚上还要走30多里山路运山釉，一干就是一年多，从来没叫过一声苦。

20 世纪 60 年代初，金缸销量大增，制釉供应不上，林公俭又主动研究提高工效的制釉新法，经过不断总结、反复试验，采取山釉、湾釉一起滤，攻克两釉配用比例难题，创新了山釉、湾釉混合滤制，工效足足提高一倍。采用混合釉试烧的金缸出窑那一天，窑前围了很多领导和工友，当看到金黄透亮、晶润美观的金缸出窑时，全场一片欢腾。

在上窑缸厂工作几年间，林公俭为国家"厉行节约"做出了好榜样。厂里规定每年发一套工作服，他却四年后才领第二套，工作服总是补丁摞补丁。听说生产车间缺切泥的钢丝条，市场又缺货，他下班后就到废物堆翻找了四根可替代的旧钢丝，解了燃眉之急。驮釉筐磨损快、更新快，林公俭牺牲星期天休息时间，上山修石榴树枝，一举两得，用修下来的枝条编驮釉筐，几年下来，为厂里节约了不小的开支。

历史定格在 1965 年 5 月 26 日。这一天，林公俭和往常一样挑水滤釉。只见他将一桶桶井水从东大井提上来，挑到几十米外的釉池，倒入、搅拌、过滤，衣衫早已汗透，却顾不得休息，继续挑水滤釉。

"轰隆隆……"这从未有过的异响震动着东小山和老官山之间的斜坡土路。他突然看到东坡上熟悉的运陶土三套马车飞驰而下。不对头！马车速度太快了。原来是马车闸板螺丝脱落，刹车失灵，车撞马惊，只听赶车人大喊："拦住，拦住！"林公俭向前一看，惊呆了！马车急冲的轰鸣声、马蹄急促的踏地声和赶车人惊慌失措的喊叫声，都没有惊动前面路上一群玩耍的孩子。

救孩子要紧！林公俭没有片刻犹豫，把扁担、水桶一扔，飞步迎着惊马冲了上去，他用拼死的冲击力猛推驾辕马，竟然使惊马向南偏离了原本路线。马车从路中间 7 个孩子的南边冲下去，在靠着路南边围墙前停下来了，被吓蒙的 7 个孩子呆住了。

而林公俭则被车撞马踏在地，身上阵阵剧痛，周边工友被这瞬间的惊险和林公俭的壮举惊住了。这时，大家才呼啦一声围了过来，只见林公俭口吐鲜血，脸色苍白，吃力地问："孩子……脱险了没有？"当工友告诉他孩子们没事时，林公俭的脸上露出了欣慰的笑容，随即昏了过去。他被及时送至

上窑缸厂主厂房旧址鸟瞰

市人民医院进行紧急抢救。终因伤势过重，未能挽回年轻宝贵的生命。

噩耗传来，缸厂和古镇沉浸在悲痛之中，人们挥泪相告，纷纷集聚再去看看林公俭。1965 年 6 月 27 日，中共淮南市委追认林公俭为"模范共产党员"。同年 9 月，国家二轻部追认林公俭为"模范职工"，号召全国轻工战线职工学习林公俭同志的英勇事迹。上窑缸厂在第一时间组织全厂职工开展学习林公俭活动，为铭记、学习林公俭事迹，上窑缸厂更名为"淮南公俭缸厂"，开设了"林公俭英勇事迹陈列室"。

数十年间，古镇人民，尤其是上窑缸厂干部职工和他们的子弟，一直在深深缅怀林公俭烈士。他当年救下的 7 名儿童现在也已成为祖父祖母。2015 年 5 月 26 日，是林公俭牺牲 50 周年纪念日。这一天，市、区、镇、村的许多人，烈士子孙、当年被救者，以及家乡学校师生一起来到他的墓前祭奠。他生前的工友在向新一代的学生讲述英雄事迹，新时代的少先队队员在集体宣誓，50 年前被救儿童在感伤落泪，家乡各界人士在深切缅怀。

2022 年是淮南建市 70 周年，上窑缸厂见证了几代窑人不忘初心、砥砺前行的梦想，历经公私合营上窑缸厂、淮南市上窑缸厂、淮南公俭缸厂、国营淮南市上窑缸厂、淮南古上窑陶瓷厂、淮南市上窑陶瓷厂之名的衍变，这里留下的窑火炽燃、缸窑流金的故事，永远是上窑一首首不可磨灭的英雄史诗，一曲曲震古烁今的生命赞歌，一篇篇荡气回肠的壮丽篇章，一部部感天动地的经纬著作。

作者系安徽淮化集团职工、安徽省作协会员

金梭银梭织出美好生活

　——记淮南提花巾被厂

廖　丽

　　要想进一步了解淮南提花巾被厂的历史沿革及概况，现任淮南天鹅染织总厂领导周传银厂长毫不含糊地说，必须从 1952 年淮南建市谈起。

　　今年夏天，我计划谋篇写纺织经纬企业文章，走进曾经在淮南轻工界具有一定地位的企业——淮南天鹅染织总厂，同周厂长进行一次回忆与探讨。周厂长说，若要说起总厂当年在淮南的影响力，提花巾被厂绝对是绕不过去的坎！

"四家半"的来龙去脉

　　周厂长说，1952 年，也就是中华人民共和国在一穷二白、百废待兴的基础上成立的第三个年头，淮南建市了。当时的市区面积非常有限，只有东、西部之分。西部属蔡家岗地区，区域内除了中央机厂和省部属企业煤矿外，没有一家像样的轻工单位，市井的烟火气息全指望从旧社会过渡来的

1956 年在淮南西部建起的"四家半"工厂

个体户和流动商贩点燃。散乱、自由、无序的社会环境，制约了城市发展，撑不起地方经济崛起的天空。

时间来到1956年，中国共产党第八次全国代表大会在北京举行，大会提出了党和国家的主要任务是集中力量发展生产力。淮南根据中央的这一部署，由政府牵头将一些分散的小商户集中起来，形成规模，公私合营，促进就业，增加收入。于是蔡家岗的朱家洪、土坝子的陈广汉、谢家集的阮庆兵、山东人李树民，这四家在淮南西部多年从事弹棉花、网被套的个体经营户，外加一位踩缝纫机的陈兆昌师傅，每家经过资产评估，股金入股（1963年，政府通过努力将他们的股金退回），成立了一家工厂，属区手工业局领导，厂址划在谢家集。起名"弹花冰棒厂"，人称"四家半"工厂，这就是淮南提花巾被厂的前身。工厂除了继续经营弹棉花、网被套外，克服重重困难，硬是采用传统的手工筛选和毛驴拉磨方式，扩大生产，压豆芽、磨豆腐、做冰棒，红红火火地开启了淮南西部的轻工业雏形，为淮南经济日后的发展强盛打下了坚实基础。

周厂长说，他母亲就是"四家半"的职工，于20世纪80年代中期退休。他是接班顶替进厂的，关于"四家半"的历史钩沉，多数是从母亲那里得知的。

说着他递给我一张照片。

这是一张拍摄于20世纪80年代的老照片，虽然画面有些陈旧，但是图像清晰，人物鲜活。照片中"提花巾被厂"的竖匾、走车的大门、便捷的小门、"厂内严禁吸烟"的提示牌、依稀残留粉笔印痕的出通知写报表告知生产情况的黑板墙，在胶卷相机的镜头下，一目了然。

"时光荏苒如白驹过隙，往事依稀若素月流空"，照片带给我的回忆是金梭银梭的交织，是青春无限的绽放。当年我就是提花巾被厂的一员，在工厂璀璨之时，曾激情澎湃地做过奉献。

周厂长说，1958年，已拥有20来位工人的弹花冰棒厂在不断改进、不断提高生产时效的同时，又与淮南煤矿第二矿工医院合作，利用现有优势开发提花线毯和蚊帐业务。虽然织机都是人拉脚踩式的老掉牙的木机，线毯也是花色单调、纹饰简易的人工系穗的那种，但是产品一度供不应求，厂名也随

周传银厂长（中）与同事们在厂门口合影

即改为区综合厂。60 年代初受三年困难时期的影响，原材料紧缺，综合厂的棉纺织项目只好下马。

为了应对这一困难，1961 年 1 月，党的八届九中全会正式通过了《关于一九六一年国民经济计划控制数字的报告》。报告中首次对工农业各提出相应的"八字方针"，这是中国共产党开始全面建设社会主义国家提出的恢复与发展国民经济的方针。关于工业提出了"调整，巩固，充实，提高"八个字，主要起到指导调整国民经济各方面的比例关系，适当控制重工业，充实轻工业，提高产品质量，增加生产品种，统筹兼顾，稳定市场。这是计划经济的优势，全国一盘棋，各地的许多大型企业开始缩小开支，精简人员，让轻工单位看到了希望。

1969 年，我国人口陡增，国家制定了新的就业方针，希望人人都有事做、有饭吃，这样，快速发展劳动密集型企业变得刻不容缓。

这时的综合厂经过几年的摸爬滚打，从自身实际情况出发，挖掘潜能，改进产品，逐步壮大起来，原先简陋的厂房和设备已不能满足生产需求，技术要革新，环境要改观。此时西部早已被划为了两个区块：谢家集区和八公山区，谢家集区又叫红卫区。区领导根据综合厂向上级有关部门争取来的棉纺项目要求，把冰棒车间从综合厂中分离出去，专做冷饮，综合厂的厂址往南扩建，突出生产特性，做强产品功能。

自此，淮南西部的现代化轻工业建设开始崛起。

新建的厂房楼宇高大，设施先进，作业环境干净明亮。办公室、医务室、车间、仓库、食堂，一应俱全。配套的人马，配套的服务，自动化的纺织器械，严格的管理措施，提升了品质，扩大了规模，同时厂子更名为红卫棉织厂，专做棉纺织项目，地方国营性质，为淮南市轻工业局所辖。

到 70 年代中期，厂里已发展职工上百人，主打两种产品——细帆布和毛巾，产能、效益遥遥领先其他兄弟单位，盖了家属房，办了幼儿园，在淮南色织行业中极具影响力，在计划经济年代为国家、社会和人民做出了一定成就，代表了一个时代的辉煌、一种职业的灿烂。

今天，当我与周厂长面对面，回过头去重新审视这一历程，不禁感慨万千，曾经的人声鼎沸，震耳的机声隆隆，几代人的发展烙印，一个时代的符号，多少人的青春梦想和岁月追忆，其带动的就业、引领的经济，在淮南工业史上，留下了浓墨重彩的一笔。

我提经线生共鸣

如果不是想起来写经纬，我根本不会认真了解工作了一辈子的工厂的曾经；如果不是沉浸于经纬之间的交错，又怎能悟出世间何行不经纬？

自从干了纺织，这辈子注定与经纬结下缘分。

那么，怎样将纺织工艺上的这两条线捋个究竟，而又不失历史原貌？这并不是那么顺利的事情。

陈家勤主任是我的老同事、老领导，更是1960年就进厂的老职工，一生从事过豆制品、冰棒冷饮、弹棉花、织机维修等工作，后来在厂里担任车间主任，对提花巾被厂的变迁可谓了如指掌。当我电话联系到他，请他谈谈提花巾被厂时，他嘿嘿一笑，兴奋之情溢于言表：一言难尽，一言难尽啊！

顿时我们就产生了共鸣。

虽然我们大家都退休了，但是不管哪家工厂，像这样有着几十年工龄的老职工对工厂的情怀，都不是三言两语能说清楚的。

陈主任道："准确点说，淮南的轻纺工业在20世纪60年代后期才正式进入发展阶段。当初我们起步时，也是摸着石头过河，刚开始立项，淮南就有好几家单位都想做这项业务，困难多，竞争大，但没人能强过我们。一是我们的厂长丁元山，他来企业之前干过公安，做事雷厉风行，一直坚持不懈地带领大家多部门争取；二是我们厂本来就是弹棉花、网被套，做棉纺品出身，1958年至1959年期间又有过织提花线毯和蚊帐的基础，所以最后花落我处。"

我说："从此我们开始专业做纺织，并且做得很好。"

陈主任道："那当然。不过主要还是国家政策好，轻工业局给指标，将我们转为国有企业，用工制度、档案关系、劳保福利，一并移交市劳动局管理，体制上有了一定的保障，前景得到了进一步明确。在人员、设备、技术、资金等方面，政府也是全方位支持，给足了我们发展的空间，能做不好吗？那几年，我们的产能、利润不断翻新，职工生活丰富多彩，企业凝聚力增强，经济指标稳步上升。"

我说："但纺织工可不是随便拉个人过来就能顶岗的，记得我学徒有半年呢。"

陈主任道："是啊，别看纺织工艺就是两根线的事，其实说起来容易做起来难啊。这多亏了我们的销售科科长戴民金同志，当年他的业务足迹遍布全国各地，他在巢湖时认识了一位当地人，此人于旧中国时期工作在上海毛巾十二厂，精通纺织，技术过硬，后被迫政策性离岗，不得已回乡务农，名

毛巾车间主任陈家勤（前排中）与车间工人合影

叫班宝华。此后班师傅被戴科长请来，长期驻守我厂，不分昼夜，随叫随到，不辞辛劳，耐心指导，为我厂培养了大批优秀的纺织工人。所以，当班师傅上了年纪告老还乡时，全厂职工依依相送，恋恋不舍。"

关于这方面，我也联系到了曾经管理生产的刘学文副厂长。

刘厂长讲："从80年代我们扩大产品生产螺纹蚊帐、劳动布、薄帆布、格子布、斜纹布、毛巾、浴巾、沙发巾、毛巾被，上马了纺捻和染色设备，总体情况来看，班师傅功不可没。"

20世纪80年代，我参加了工作。1981年12月，当时我只有19岁，通过市劳动局统一招考，经过笔试、面试、培训，走进工厂跟师傅学习挡车织布。此时，仅我所在的织造车间就已经引进、改造和更新了近200台设备。纺织机械日新月异，各工序全部实现了自动、半自动化运转，厂里成立了织造、毛巾、浆纱、并线、轮机、机修、检验七大车间。另设有专为毛巾和色织布调色配料的实验室，专为毛巾设计花纹、绘制图案的设计室，专为提花毛巾定制、打造、修补花板的花板室。织造车间的布类多以供应橡胶厂生产劳保用品的白色细帆布为主，格子布和斜纹布在操作上有一定的难度，虽然量少，但是质优，所以几乎没有投放市场的机会，也就是说等不到打包出厂，就被经销商直接订购了。而毛巾类产品更是厂矿单位必不可少的劳动保护和群众居家生活用品，为了规避风险，毛巾车间率先采用订单模式规范生产，产品一度雄踞市场的垄断地位。

刘厂长说："自你们那批学员进厂后，企业加强了市场调研，根据市场行情，逐年调整产品结构，下马了部分不适应市场的产品，毛巾品种上增加了单双毛的提花毛巾和枕巾，开发了民用工矿用的印花和喷花等系列产品。工厂于80年代中期被划归市针织毛麻公司，在省和国家工商局注册了企业有史以来的两个产品商标，毛巾系列为'龙湖'牌，毛巾被系列为'舒逸'牌，其中'舒逸'牌毛巾被曾被评为省优质产品。企业名称从此更改为淮南提花巾被厂，隶属淮南纺织工业局。"

企业发展的根本方向，也遵循党和政府的政策布局要求。流通于那个年代的第三套人民币，因为五角纸币上印有纺织女工，而被称为"纺织五角"，毛主席提出的"妇女能顶半边天"的号召在这张五角纸币上得到充分体现。"纺织五角"的发行，表现了一个崭新时代的开启，凸显和强调了中国妇女在社会主义建设中的地位，也是对纺织业的认可和对众多从事纺织工作的妇女的一种肯定，更体现了中国人民对未来幸福生活的向往和追求。

纺织行业以女工为主，这源于行业和女性共同的特性，那便是一个纱细，一个心细，更是国家和人民尊重宪法、尊重人权，赋予女同志的特殊地位。

我们厂的织机，是当时全国最先进的柳州 1515 型织机，所织的品种、类型众多，实用性强，深受市场欢迎。改革开放后，国民经济突飞猛进，就业率高涨，迎来了市场既强烈又无情的千变万化，再热销的产品都免不了会有被"拍死"在沙滩上的风险。

1984 年至 1988 年，通过与国内同行间的交流学习，企业认识到了纵深发展的重要性，根据市场需求，布类产品只保留了供应橡胶厂生产煤矿劳保福利的细帆布，毛巾类产品扩大再生产，增加了出口产品浴巾和沙滩巾的份额。为抢占市场加快生产进度，加班加点成了我们一线工人的常态，厂部的招工频率也在不断增加，曾经我们用工紧缺，在凤台和寿县都进行过招聘。纺织是个技术活，刚出师的学员不具备独当一面的能力。生产调度会上，生产科就从我们织造车间抽调部分有一定工作经验和责任心的织布工到毛巾车间去学习织毛巾。我就从织造车间来到了毛巾车间，车间主任是陈家勤。

因为厂里的织机型号统一，织布和织毛巾的原理相通，经纬无异，像我这样有一定织布基础的挡车工不需要经过岗前培训，只要学会看懂花板、吊坠和提花工艺就行了。所以在师傅们的耐心指导和帮助下，我通过勤奋努力，虚心求教，很快就能上手了。一时间，我们的毛巾产量直线上升，产品畅销，就连因新学徒实习或机械故障造成的残次品，都有销售市场，引得田家庵、潘集和凤台也相继成立了毛巾厂，恳请我厂派去技术支援。

你续纬纱总关情

人类社会发展的历史就是一部不断创新的历史，改革的创新精神源自中国共产党的伟大革命实践。1978 年，党的十一届三中全会的召开，拉开了中国改革开放的大幕，我国由计划经济向市场经济的转变，给企业带来了无限生机。放眼当年的发展历程，亿万人民紧跟党中央，通过实践创新，突破发展瓶颈，勇于迎接前所未有的机遇和挑战，中国人民只用几十年时间就走完了发达国家几百年的工业化道路，令世界刮目相看。特别是国家把工作重心转移到了改变贫困走向温饱的道路上后，在城市劳动力过剩的情况下，为加大就业力度，淮南的煤矿、钢铁、纺织行业的建设之风迅猛刮起。位于蔡家岗中心地带的一家集体性质的小型印染厂，却因地域和环保受限，无法施展身手。

这一年，淮南的工业生产如火如荼，机械制造业遍地开花，为淮南跨入省重工业城市立下了汗马功劳。市体制改革办公室考虑到了有关企业的重组问题。据同在蔡家岗的国营单位红卫机械厂厂长张玉胜（后任天鹅染织总厂党支部书记）回忆，机械厂成立于1970 年，由区政府统一筹建，职工多是"老三届"下放回城的知青，具有一定的文化知识和较高的职业素养。当年，他们在一无厂房二无技术的基础上，硬是用自己的一双手，发扬艰苦奋斗、自力更生的精神，平整山坡，购买通用设备，自觉去央企煤矿机械厂培训，生产出了先进的小苗带土插秧机、蛙式打夯机等。机械厂历经红卫区、市生产二组、化工局、建材局管辖，因其拥有铣、磨和车床加工等高端技术，对纺织行业的发展可以起到推波助澜的作用，后经市政府决定将该厂划给纺织局，承接纺织单位的配件制造和维护工作。1989 年，为完善社会主义市场经济体制，市政府决定利用这个既有技术又有发展空间的企业，用印染厂兼并机械厂，命名"淮南第二印染厂"（简称"二印"），以一体推进的方式，开集体企业兼并国有企业的先河，也算是淮南市体制改革的一大创举。

而原先的印染小厂就是当时的一家街道作坊，勤劳的染织人发挥聪明才智，通过总结实践、刻苦钻研，摸索出一套从手工锅式到自动缸式转变的先进工艺，不但做出的布匹色泽均匀，平整无毛刺，且他们很早就掌握了在人们穿着的背心和裤头上，印染小型图案和艺术字的处理技术。别看"二印"是个集体单位，又带了个"二"字，可在机械厂强大的技术力量支撑下，如虎添翼，没几年就发展成为淮南纺织局所辖单位中效益最好的一家，生产上的一些技术问题，连东部国营单位第一印染厂，都来学习讨教。"二印"的第一任领导复员军人张五金厂长作风干练，目光深远，在淮南创下了一个奇迹，就是率先从意大利引进了两台先进的干洗设备，利用原印染厂旧址有利的地理位置翻盖商场，取了个吉祥有寓意的名字"白天鹅"，并在全市各区设置收集衣物的网点，名曰"白天鹅干洗中心"，配备专人、专车，专业开展干洗业务，风靡淮南乃至全省。

淮南是煤城，煤以黑为贵，西部更是煤的都会，商场在这儿以"白"为名，可谓寓意非凡，荟萃了西部人民对未来生活寄予的无限厚望。在与机械厂重组并有了较大发展空间后，张厂长带领"二印"人甩开膀子开始了创新革命。可是在市场经济初期，企业的集体性质使经营销售受制于许多条条框框，特别在走出国门打开国际市场方面，必须经外贸局协调才能进行交易，手续繁多，批复时间长。1994年，政府经过深思熟虑，利用提花巾被厂的国营身份再次兼并"二印"，予企业以解决生产经营道路上遇到的行政难题的能力，给"天鹅"插上腾飞的翅膀。

腾飞的天鹅

兼并后，企业更名为"淮南天鹅染织总厂"，下设巾被、印染、信天等三家分厂和一家干洗中心、一家综合商场，市属国有企业性质。又通过种种努力，企业直接从国家外贸局拿到自营进出口业务权，可以享受到许多国家退税退费政策，而在当时，淮南全市享受到这样待遇的企业只有两家，企业生产高峰时产值达到5000多万。就像当时流行的一首歌曲唱的那样，"太阳太阳像一把金梭，月亮月亮像一把银梭，交给你也交给我，看谁织出最美的生活"。

建立社会主义市场经济体制，是我们党的一个伟大创举；勤于探索，锐意进取，用自己勤劳的双手在改革的实践中创造更加幸福的生活，是企业必须具备的创新理念。天鹅染织总厂有目标有理想，又有政策的支持，很快就打开了东南亚市场，在当时中国改革开放的最前沿深圳设立了办事处。我们巾被分厂的毛巾系列产品和印染分厂的染色布被源源不断运往深圳，经香港转口销往东南亚。张五金厂长也因此获得国家纺织工业部颁发的劳动模范荣誉，党支部书记张玉胜亲自带队，敲锣打鼓地将他送上开往北京的列车。

此后，全厂上下鼓足干劲，在环保部门和银行的协调下，又投资 140 多万元上马了一套先进的污水处理设备，建起了污水池、氧化池、实验室，将生产车间漂染出来的污水废水经过沉淀、过滤、氧化、饱和等处理，达标排放，迎来了企业的高光时刻，带动就业上千余人，带来淮南西部的大力发展，市况改观，商铺林立，为淮南经济走出安徽迈向国际，做出了重要贡献。

厂部货车驾驶员乔树光师傅深有体会，工厂效益上去了，工人收入增加了，生活得到了改善，大家的精气神、积极性和自觉性也就上去了。现在经常在路上碰到乔师傅，当我们聊起过去的事情，他说，每天拉纱、拉布、拉染料、拉配件，整天时间几乎都在车上，忙得不可开交，也不觉得累。甚至有段时间厂里的货车不够用，外单位司机蜂拥而至，在厂门口排着长龙等着拉活。乔师傅说，他家邻居李多来是个体大货车司机，那些年一听说天鹅总厂要用车，浑身是劲，跑得比兔子还快，能吃睡在车上排一天队等活。货源充足又不差钱，司机何乐而不为？

文章写到这儿，千言万语难掩我思绪万千。一个个心灵手巧的大姑娘，一个个生龙活虎的小伙子，一张张熟悉而又亲切的面容，远去的机器轰鸣、车间红火的工作场面，每天骄人的生产报表，电影画面一样浮现于眼前……

当年，天鹅染织总厂创下的成果在淮南工业史上实属罕见。它是淮南轻纺工业的骄子，淮南纺织系统的风向标，淮南大发展的历史见证者，企业鼎盛时期，人送雅号"西部一盏灯"。

1995 年，在市场经济的强烈冲击下，毛巾被分厂勇敢迎接挑战，借助总厂平台，拓宽思路，通过多种尝试，开发了新产品平织断档和大提花断档毛巾。当时厂里组织了攻关小组，以陈家勤主任为首，分厂设计师许中青老师为骨干，还有副主任魏敬华，领着我和机修工万道先、温海潮、尹忠林等师傅，携手攻关。在许中青老师超前的设计理念支撑下，大家在干中摸索向前，在干中增长技艺与才能，发扬爱岗敬业和精益求精的工匠精神，很快就使这两种设计工艺先进、技术含量高的产品，领跑淮南轻纺界。而我们厂里的主打产品沙滩巾，更是一枝独秀，它以东方破晓时辽阔的海平面为背景图，饰以冉冉升起的红太阳和展翅翱翔的海鸥，集色彩妙趣、工艺精巧、文化内涵丰富于一身，成为沿海地区的紧俏商品。负责销售的陈怀龙厂长和当时担任经营科科长的周厂长为了产品销售和参加深圳国际贸易交流会，经常往返于淮南与深圳之间。那些年里，厂领导呕心沥血，职工们团结一致，为企业创造了一个又一个辉煌。

"江河万里总有源，树高千尺也有根。"淮南提花巾被厂，我的青春我的梦，你在我的人生中留下最有价值的一段时光，是我生命里永不褪色的记号。通过寻访、收集，我对纺织业从陌生到熟悉，经纬录于胸中，如果将企业前景发展看成是纺织工艺上的一缕经线，那么党的方针政策一定是组织大众织出宏伟蓝图的强健纬纱！

在1995年的年终生产总结会上，我凭着兢兢业业的工作态度、精湛的纺织技巧和良好的个人信誉，获得了工友们的认可，被厂里安排担任毛巾车间副主任，与魏主任并肩，成为陈主任最得力的助手。车间当时已经拥有130多名职工，48台机器24小时满负荷运转，我主管安全消防、统计会计、妇女工会等工作。那年我34岁，不久后又光荣地成为一名共产党员，从此开启了我人生中新的航向。

作者系淮南市谢家集区李郢孜镇河西社区工作人员、安徽省作协会员、谢家集区作协秘书长

父子同是安理人

——淮南煤矿工业专科学校发展壮大史

焦小梅

1952年6月，淮南成为省辖地级市。新中国建设时期急需能源，淮南这座城市地下蕴藏着丰富的煤炭资源，淮南的煤炭以及这片土地成为那个时代的"香饽饽"。

这座城市对煤炭行业人才的渴求，让淮南煤矿工业专科学校走进了淮南。专科学校针对煤矿行业的特点，培养煤矿急需的人才。淮南煤矿工业专科学校以她特有的"淮南速度"，成为淮南文化的名片，为淮南带来了活力，让淮南挺直了脊梁。

历史垂爱努力人

我接到淮南市作家协会主席金好的电话是在2022年3月31日下午。金主席说："今年是淮南市建市70周年，我们市作协将进行'回望1952，淮南从此崛起'的主题创作，你作为淮南市作家协会的一名成员，又毕业于安徽理工大学，由你来写安徽理工大学的前身——淮南煤矿工业专科学校1952年以来的这段历史，不知你可愿意接下这个

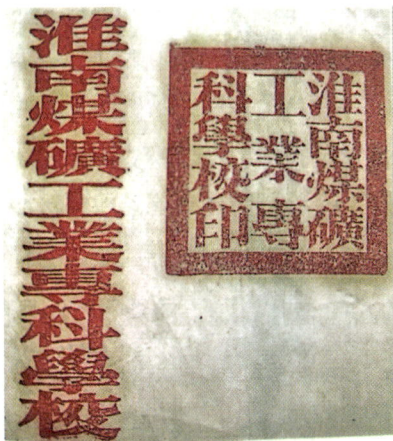

20世纪50年代的淮南煤矿工业专科学校印章

任务？"

我欣然接受。一方面，欣喜的是淮南市作协主席亲自约稿，说明这个任务很重要，为淮南市建市 70 周年而作很有现实意义。另一方面，我感受到了巨大的压力与挑战，因为 70 年了，能经历淮南煤矿工业专科学校 1952 年前后历史的前辈还健在的已经为数不多了，我仅仅是 2002 年进校读书的，如今已进入 2022 年，让我把 1952 年前后的淮南煤矿工业专科学校的历史写清楚，需要一番寻访。

所幸，经安徽理工大学测绘学院原院长严家平教授推荐，我电话采访到了孙文若教授和张怡宁教授夫妇。张怡宁教授一直在淮南煤炭工业专科学校教授力学；孙文若教授 1953 年毕业于淮南煤炭工业专科学校，留校工作，任土木学院院长多年，得到师生的普遍好评，美誉度很高。不过，因孙文若教授夫妇现居深圳，年事已高，不便接受采访，他推荐了他的同学——现任安徽理工大学校长袁亮的父亲袁大进。

袁亮，中国工程院院士，安徽理工大学校长，多么荣耀而杰出的科学家，我哪能轻易打扰？但是，淮南煤矿工业专科学校如此深厚的文化渊源不可能迹断湮灭，于是，我冒昧访问了安徽理工大学校长袁亮。

袁亮校长笑容满面，平易近人，亲切慈祥。他很高兴把 1952 年前后淮南煤矿工业专科学校的那段重要历史重新提起。他说，如果没有 1952 年前后的那段历史，安徽理工大学不可能有今天的辉煌。我们要感谢那一段艰苦的岁月，感谢那一代人的努力，才让今天的安徽理工大学成为淮南市的骄傲，成为安徽省高等教育学校中的一颗耀眼的明珠。

袁亮院士说："作为安徽理工大学的校友，很高兴看到你来把这段历史写出来，让世人了解。我父亲是当年淮南煤矿工业专科学校的学生，是亲历者、见证者。他目前身体尚好，我来安排你采访我的父亲。"

袁大进，高级工程师，1930 年出生，1950 年 9 月就读于淮南煤矿工业专科学校，1953 年 6 月毕业于淮南煤矿工业专科学校。

50 年后，2002 年，机缘巧合，我入安徽理工大学读书。由于时代的发展、市场的需要，这时候学校已经发展成为覆盖工学、理学、管理学、医学、文学、经济学 6 大学科门类，增设了机械、计算机、自动化、环境工程、人力资源、市场营销等专业的综合性大学。我学的是市场营销专业，辅修法学专业。

93 岁高龄的袁大进老人接受了我的采访。我跟他聊他们那时的学校，聊他们艰难的勤工俭学。

袁大进老人清晰地记得，1952 年 8 月 25 日，安徽省人民政府宣告成立。此时是淮南煤矿工业专科学校师生思想最为活跃的时期。由于教职工与学生人数暴增，基础设施与教学器械无法做到同步跟进，严重影响了在校师生们的正常教学秩序与基本生活。1950 年，该校曾向内地及香港高校招聘了 20 多位教授、讲师等，部分来自城市高校的老师及学生看不起煤矿专业，认为毕业后当"煤黑子"，工作艰苦，危险性高，看不起洞山这个小地方，一心向往大城市，漠视专科，认为本科打天下，抱怨"洞山是个鬼地方，有风没景怪荒凉，教授无名设备旧，世间哪有这学堂"。

那个年代，所有的学校财政也只能保工资，没有任何办公经费，全靠师生勤工俭学，开荒种粮种菜。是的，他们很困难，他们上课没有仪器，他们还缺课桌、缺教室、缺图书，他们种树、种菜，卖的钱补助点办公费。老师们带领着学生捡半截砖头盖教室、垒院墙，引领着学子创造奇迹，向着未来前进奔发。

为了祖国的煤炭建设，袁大进一毕业就服从国家分配下了井，分配到淮南矿务局大通煤矿。那时候新中国成立不久，煤矿条件差，矿井基础建设没有太多的成本投入，没有质量标准化，下井挖煤全靠爬掏肩挑，袁大进年轻的时候，下了井腰就没直起来过。但他亲眼见证了煤矿事业的进步与发展。和袁大进老人交谈后，我对淮南煤矿有了更深的理解，也对老一辈的淮南矿工产生了由衷的敬佩。

随着祖国的逐渐强大，矿井建设投入多了，煤矿井下条件跟着好了，井下使用的生产工具逐渐向机械化、现代化发展。袁大进在工作期间积极参与"五小"制作，曾多次创造发明专利，为淮南煤炭事业奋斗终生，直至退休。工作期间，他曾被淮南市评为"科技革新能手"，被煤炭部授予"高级工程师"。

看着 93 岁满头银发的袁大进老人，虽然已高龄，但他思维的枝叶依然滴青流翠，他激情的火焰仍旧喷薄迸发。而且，愈到晚年，其情愈殷，烈烈如火。

江淮大地启明星

1950 年 9 月，袁大进在淮南煤矿工业专科学校学习专业课。从 1952 年 6 月起，学校按照燃料工业部煤矿管理总局指示，正式开始实行学制和专业科组设置的变更和改革，原来招收高中毕业生进校需学习 3 年方能毕业，后缩短为 2 年即可毕业。为了适应煤炭生产对各种专业技术人才的需求，学校共设立了煤田地质、测量、井巷工程、采煤、洗选煤、矿山机械和煤矿机电 7 个专业，分别隶属地质、土木、采煤和机电四科。

1952 年暑假，学校按照新设置的专业和新学制招生；对已学习了 2 年以上各专业的老生作了相应调整，比原学时缩短半年时间，改为 2 年半毕业，个别相应专业班级作了合并。学习苏联学校 6 小时一贯制作息制度，规定每天上午连上 6 节课，开办本科试点。

袁大进进校后，1951 年 5 月，华东军政委员会教育部通知：中央人民政府教育部 4 月 17 日以"高一字第 355 号"批复"中国煤矿工业专科学校"改名为"淮南煤矿工业专科学校"，6 月 18 日启用新印。同年 10 月，中央燃料工业部煤矿管理总局通知：学校由淮南矿务局代管，淮南矿务局副局长王际岩暂代学校校长。1953 年 1 月，中央人民政府教育部任命王际岩为学校校长；2 月，中共安徽省委批准成立学校党委会，王际岩为书记，程西海为副书记。至此，淮南煤矿工业专科学校以崭新的面貌出现在江淮大地上，成为我国煤炭教育事业的一颗耀眼新星。

袁大进当时是学校的学霸，品学兼优，上千个学生中数他最用功，也博得了校长王际岩的欣赏。袁大进要是放学没课，就会到校长办公室请教一些采煤专业上的知识，王校长不但行政做得好，他对井下工作的研究也很精湛。

那一天，电闪雷鸣，袁大进去找王校长请教煤与瓦斯的问题。枯黄的秋风吹乱了正在视察学校建设的王校长的满头白发。王校长脸色有点儿苍白，他昨夜没有睡好，走起路来还用手在捶腰，看来他的腰病又发作了。袁大进当

位于原学院南路的淮南煤矿工业专科学校校区内于 20 世纪 50 年代建设的苏式红楼

即满眼泪花，感到王校长为这个学校付出了太多的辛劳。

世界上有两样东西是亘古不变的，一是高悬在我们头顶上的日月星辰，一是深藏在每个人心底的高贵信仰。王际岩校长不允许学校平庸，更不允许学校落后于全国的其他高校。有时家里人跟他说："别为难自己，活得像自己就行了。"可是每当夜深人静的时候，他又在思考着如何使学校办得更好的种种事情。

袁大进回忆说，从 1951 年至 1955 年，是淮南煤矿工业专科学校快速发展时期，学校在办学方向、管理体制、教学模式等方面做了大量基础性和开创性工作，取得了令人瞩目的成就。

招生工作成绩尤为显著。1951 年建校当年，学校招进专科新生 254 人、预科新生 224 人，在校学生达到 775 人，比 1950 年增加了 75.7%。1952 年，学校又开办了短期地质钻探、土木工程、工资薪酬等干训班。

加强师资队伍力量。为了适应教学需要，学校除了从南京金陵大学和无锡江南大学招聘教授外，还从矿务局机关、基层矿厂和兄弟院校选聘教师，在职称、薪酬、住房等方面予以优厚待遇。到 1952 年底，学校教师总数增加到 313 人，其中教授 32 人。到 1953 年，在校生总数达到 1400 多人。

注重基础设施建设。学校位于陈洞路（现淮河大道中段）东侧，从1951年至1954年，在占地600亩的校园里持续不断地开展了新校区基建，办公楼、教学楼、招待所、大会堂、餐厅、浴室、教职工住宅等相继建成，总面积达到4万多平方米，实习工厂面积达到5000多平方米。三栋苏式老红楼、一幢千人大礼堂、一座4层图书馆和一条树影斑驳的梧桐大道，都属于那个时代的标志性建筑和景观，淮南煤矿工业专科学校也从一所职业学校发展成真正的工业专科学校，袁大进见证了学校的这一时代巨变。

举步维艰力建校

袁大进在校期间，除了专业课外，也酷爱文学、历史。经常去学校阅览室阅读古今中外的文学、历史，也曾探访研究淮南煤矿工业专科学校的校史，如今他再次清晰地忆起学校建校的故事。

早在1946年，安徽省一些地方绅士和教育界有识之士怀着"工业救国""教育救国"的理想，积极奔走呼吁创建一所高等工业学府。1947年1月，安徽省国民政府决定在省立蚌埠工业职业学校基础上筹备安徽省立工业专科学校，并公布了学校筹备委员会名单，开安徽现代高等工科教育的先河。同年3月，筹备委员会举行第一次全体筹备委员大会，修正通过了《安徽省立工业专科学校筹备计划纲要》及有关建校文件，学校筹建办事处随即开展工作。

新校选址在何处，成为当时社会各界关注的热点。为慎重起见，筹备委员会在专程考察淮南地区的社会经济人文状况，尤其是考察淮南矿路公司后认为，学校"倘能邻近工业区域，使学生得以置身工业环境之中，逐日有所观察，尤称合适"。

1947年6月，安徽省国民政府同意学校由蚌埠黄庄迁往淮南洞山新址。安徽省立工业专科学校迁址淮南后，淮南矿路公司鼎力相助，无偿拨让洞山煤矿94间矿场房屋作为学校临时用房，捐助26000万元协助学校建设新校区。每年为学校补助讲座费3000万元，用于从南京、上海等地聘请客座教授授课酬金；每月补助职工用煤30吨、补助学校用电1500度。此时，学校虽属官办，名为省立，实则是官办民助，淮南矿路公司功不可没。

现在淮河能源控股集团的社保楼以及淮河能源集团大院，即是 1947 年下半年为迁来的安徽省立工业专科学校所建。使用不到 1 年，淮海战役打响，随着国民党军队的节节败退，战争硝烟弥漫到淮河两岸，学校遂提前放假。

1949 年 1 月 18 日，淮南煤矿和平解放。2 月 2 日，淮南煤矿特区人民政府正式接管安徽省立工业专科学校，批准成立由 15 人组成的复校委员会。3 月 28 日，学校正式组织师生返校复课，同时又新招一部分学生，年底在校生达到 320 人，教职员达到 38 人。

1950 年前后，学校几经易名，先后使用"淮南工业专门学校""淮南煤业专科学校""中国煤矿工业专科学校""淮南煤矿工业专科学校"等名称，隶属关系也是多次变更。

1950 年 1 月，安徽省立工业专科学校改名为淮南工业专门学校。因此它也是较早以"淮南"命名的高校之一。当年 10 月，学校再次更名为淮南煤业专科学校。一年内两次更改校名，这在高校的发展过程中还是不多见的。

1951 年 3 月 13 日，淮南煤业专科学校获批更名为中国煤矿工业专科学校，成为新晋的"国字号"高校。这件事放到现在来看更为难得，因为现在出现新的"国字号"高校的概率已大大降低。如果学校能保持这个校名，发展至今或许会成为省内与中国科学技术大学并列的"国字号"高校。

1951 年 4 月 17 日，中国煤矿工业专科学校又改名为淮南煤矿工业专科学校。此时距学校上次改名仅过去 34 天，因此"中国煤矿工业专科学校"也成为我国使用时间最短的"国字号"高校名称。

1951 年，皖北人民政府行政公署按照新中国成立初期的教育方针，取消旧政府的课程和教材，开设新的课程，建立民主管理制度，统一在学校设立教导处，废除一切体罚和变相体罚学生的制度。同时，对师生进行革命思想政治教育，学习苏联的先进经验，吸收旧式教育有用的经验。但此后，因结合实际情况不够，在教学过程中一度出现照搬照套苏联教育模式的现象。

同年，根据皖北人民政府行政公署工商处与国家燃料工业部、高等教育部的要求，学校暂借用一栋两层教学楼（现淮河能源控股集团社保楼）给安徽省淮南工业学校办公及住宿使用，使该校实际成为淮南煤矿工业专科学校的校中校。后来，国家院系调整，安徽省淮南工业学校交由燃料工业部水力发电建设总局领导，并全部迁往北京并入北京水力发电学校。至此，成立不到一年的安徽省淮南工业学校销声匿迹，隐入历史尘埃之中。

发展演变向未来

从1952年开始，淮南煤矿工业专科学校按照中共中央"以培养工业建设人才和师资为重点，发展专门学校，整顿和加强综合性大学"的方针，开展了院系调整工作，建立了政治辅导处，负责思想政治和人事管理工作。与此同时，学校调整充实了教务、总务、校长办公室、校务委员会和各教学科室力量，建立了办事制度。

1953年5月，中央人民政府高等教育部华东高等教育管理局要求，华东区高等工业专科学校的专业进行调整：矿山地面建筑及洗选煤二专修科停止招生，原有学生继续学习至毕业；煤田地质和勘探专修科暂停招生，原有学生继续学习至毕业；井巷专业暂停招生。

1953年7月至8月间，学校先后召开职工大会、师生员工代表大会，认真贯彻全国高等工业学校行政会议精神，确定了学校一切工作都要以教学为中心，强调学校一切工作都应围绕这一中心进行，并大力保证这一中心任务的完成。学校和校内各单位的一把手要亲自带头钻研教学业务，始终把教学工作紧紧抓在手上。以此为契机，学校按照苏联同类学校专业的教学计划、教学大纲和教材、教学方法、教学组织等，重点抓好制定和修订各专业教学计划工作，同时分批选派优秀学生赴苏留学。

从1954年起，学校遵照"整顿巩固，重点发展，提高质量，稳步前进"的文教方针，开始筹办本科。经国家高等教育部批准，1954年暑假，学校招收采煤、机电两个专业的四年制本科新生各50名，是全国最早开展煤炭本科人才培养的两所高校之一。

1955年2月，高等教育部和燃料工业部同意在合肥新址建校，淮南煤矿工业专科学校迁于省城合肥，改建为合肥矿业学院，隶属煤炭工业部。在淮南原校址成立淮南煤矿学校。1958年9月，合肥矿业学院改名扩建为合肥工业大学，从煤炭部划归教育部，后成为机械工业部直属院校。1960年10月，学校入选全国重点高等学校，成为当时全国32所重点高等学校之一。自此，学校在10年之内就完成了由淮南到合肥，由专科学校到学院再到大学再到全国重点高校的"三级跳"式的发展。

1971年，合肥工业大学采矿系和地质系煤田地质专业分出，迁回淮南，与淮南煤矿学校合并组建为淮南煤炭学院。

1981年，学校更名为淮南矿业学院。1993年华东煤炭医学专科学校并入。1997年，学校更名为淮南工业学院。2000年，淮南化学工程学校并入。

2002年，学校更名为安徽理工大学。2016年9月28日，占地近3200亩、省内高校单体最大校园的安徽理工大学新校区正式启用，学校跨进新征程。

2017年初，学校整体搬迁至山南新区，彻底结束了一校三地的局面，有利于学科及实验室的整合重组，打破了学校发展的资源制约，打开了持续发展的空间。

2020年，淮南市第一人民医院整建制划转，实现了"理工医融合、医教研协同"发展。

2022年，安徽省汽车工业学校整建制划转，安徽理工大学合肥校区落成，为学校发展注入了新鲜血液，增添了新生力量，为学校同心聚力谋突破、奋楫扬帆开新局提供了发展契机。

经过70多年的发展，如今的安徽理工大学，已经从专注发展与煤炭行业相关的学科专业，转变为以工科为主体，工、理、医、管、文、经、法、艺协调发展的办学体系。"历经沧桑而弦歌不辍，千锤百炼而斗志更坚"是安徽理工大学发展精神的最真实的写照。70多年来，安徽理工大学为国家能源尤其是煤炭行业培养了一大批高层次的技术和管理人才，现任安徽理工大学校长的袁亮院士就是杰出代表。

煤海舵手理工人

袁亮，袁大进的儿子，中国工程院院士，安徽理工大学现任校长。

在成长路上，一个人的选择看似偶然，往往又是必然。1978 年，恢复高考的第二年，人们的求知欲望空前高涨。就读于淮南一中的袁亮也在紧张备考着。临到考试这一天，他却患上了感冒，在昏昏沉沉的精神状态下走进了考场。高考"放榜"，袁亮被离家不远的淮南矿业学院录取。这所学校，正是安徽理工大学的前身。

袁亮刚进入大学校园的那年，改革大潮涌起，全国科学大会召开，科技的重要性日益突出，一切充满了生机与活力。教学严谨的老师们善于启发学生，课堂上提问多，角度也刁钻。坐在第一排的袁亮，回答问题时从不怯场，总是有条有理，引起老师们的注意。20 世纪 80 年代初，诗歌热席卷大学校园，好学的袁亮虽是"理工男"，但也是个"文艺青年"，爱好书法，喜爱哲学，经常阅读诗和散文，多次上台演讲，甚至还能拉一手不错的二胡。文字上的锤炼和语言表达的习练，为他后来凝练科学问题、总结实践经验打下了基础。各方面表现出色的袁亮，在大学毕业时受到"争抢"。

1982 年，袁亮从学校采矿系毕业时，教研室负责人找他谈话，希望他能留校任教。袁亮思考再三，选择了放弃。一些大城市的煤炭设计院也希望他去，袁亮同样没有答应，就连当时分配到原煤炭部机关工作的唯一名额，他也予以放弃。袁亮挑中的是淮南矿务局，也就是现在的淮河能源控股集团。因为不愿意待在机关，他直接要求下沉到基层，成为谢一矿的一名普通技术员。袁亮的母亲知道后很生气，觉得他是在胡闹，怎么说也无济于事。有人笑话袁亮，放着好好的机关工作不做跑去井下，是不是犯傻？

分配到谢一矿后，他走进淮南煤矿井下最深处。临近过年时，别的同事同学纷纷请假回家过年，唯有袁亮不为所动，跟着技术人员和工人在井下观察，甚至一锹一锹地挖煤，整个春节都没有回家。井下艰苦，常常累得连腰都直不起来，可他并没有畏难。让袁亮产生心理落差的是，井下的实情并不像课本上描绘的那样先进。目睹过瓦斯爆炸现场的袁亮，暗下决心，要想尽办法把隐匿在煤矿的"头号杀手"瓦斯拿下。这也激起了他的斗志，什么时候可以改变现状呢？

　　1993 年，袁亮升任淮南矿务局生产处总工程师。3 年后，36 岁的袁亮"临危受命"，被破格任命为淮南矿务局总工程师。袁亮利用 8 年时间，历经两千多个日日夜夜的研究、测试，创立了低透气性高瓦斯煤层瓦斯治理的煤与瓦斯共采理论，提出了低透气性高瓦斯煤层群卸压开采抽采瓦斯、煤与瓦斯共采技术路线，并在淮南矿区实验首获成功。淮南矿区一跃成为全国瓦斯治理先进单位。这一理论及其相关技术，被迅速推广至全国 14 个产煤省（区）200 余家重点煤矿企业，还被俄罗斯、印度、澳大利亚等世界主要产煤国家所引进采用。

　　解决了这一世界性难题后，袁亮并未松一口气，而是投入新的研究当中。为了让采上来的瓦斯变废为宝，袁亮带领团队通过反复实验，在国内首先破解了瓦斯全浓度利用难题，让瓦斯在爆炸浓度范围内直接燃烧，用于发电、余热制冷等，做到"吃干榨尽"。因采用这一具有自主知识产权的成套关键技术，国内 20 余家上市公司获益良多，中国也因此成为实现甲烷全浓度利用最好的国家。

　　袁亮制服了煤矿瓦斯，成为实现煤与瓦斯共采、将矿区瓦斯变害为宝的

安徽理工大学山南新区新校区

第一人，被称为"瓦斯斗士"。这样的称号，包含着人们对科学家智慧、勇气的赞许。也因为他姓袁，有人称他是煤炭安全领域的"袁隆平"，形容他以科学的力量降伏一只只"拦路虎"，破解一个个看似无解的难题，为煤海插上"定海神针"。2009 年，袁亮当选为中国工程院院士。

2014 年，袁亮提出，在矿区要实现智能开采，开发智能传感器，检测瓦斯和其他有害气体，对灾害风险进行判别。这一套技术在黄陵矿业一号井成功转化为现实，迄今国内近 1000 个矿井实现了智能开采，大量科技人员只需待在地面，地下主要是机器在操作，生产率大为提高。

潜心于煤炭安全生产、能源发展研究的袁亮，先是兼任中国矿业大学安全工程学院院长，后出任安徽理工大学副校长等职。2018 年 6 月，袁亮出任安徽理工大学校长。在大学毕业 35 年后，兜兜转转又回到了校园，"一路走来，尽管担任的角色有变化，但其实都没有变化"。袁亮说自己志在科研，前半辈子主要搞瓦斯治理，后半辈子聚焦于粉尘治理，解决粉尘职业病，推动矿山"空气革命"。

袁亮上任伊始，就要求全校赓续前辈科学家优良的传统与做法，传承学校红色血脉和重点大学的基因。之后，他为学校量身定制了"创建世界一流学科和国内一流特色高水平大学"的奋斗目标，提出要全面融入长三角一体化发展、融入合肥综合性国家科学中心、融入行业高质量发展、融入地方经济社会发展，倡导和践行"心中有学校、心中有老师、心中有学生"的办学理念，引导青年教师"进平台、进项目、进团队"，激励青年大学生"到西部去，到基层去，到祖国最需要的地方去"，积极推动学校办学从战略到策略、从理念到实践的系统性重塑，学校办学面貌在短短的 5 年内发生格局性变化，进入区域和行业高校第一方阵。

"煤海健儿之母，矿山英秀之林。"从 1952 年到 2022 年，淮南煤矿工业专科学校 70 年风风雨雨，披荆斩棘，凤凰涅槃，已经定格在历史长河的记忆之中，一去不复返。但是，像袁大进、袁亮这样的父子，是机缘，是热爱，更是煤炭工业史上的佳话，他们为共和国煤炭事业奉献了一生，为祖国能源工业做出了卓越贡献。

"长风浩荡启新程"，一代代平凡而又伟大的劳动者、建设者，他们可敬、可爱，永远值得我们赞美和歌颂！他们的精神是淮南这座城市历久弥新的印记和宝贵的财富，将激励着我们，自信自强、守正创新，踔厉奋发、勇毅前行，踊跃投身到伟大的新时代，投身到中国式现代化淮南新实践，奋力谱写现代化美好淮南建设新篇章！

作者系淮河能源控股集团工程院高级经济师、高级政工师、淮南市作协会员

于彼朝阳

——淮南人民体育场的火热岁月

陈　玲

　　《诗经·大雅·卷阿》曰："梧桐生矣，于彼朝阳。"又有云"梧桐茂兮，凤凰来栖"。1952 年，淮南人民体育场与地级淮南市同时诞生。70 年的时光，让一些东西远去乃至消失，但也会让一些记忆温暖而深情，继而历久弥新。现在，人民体育场几经蜕变，早已华丽转身，唯有当年与体育场建设同步栽植的一树树向阳梧桐葱茏依旧，它们坚守苍翠，"于彼朝阳"，继续遥视着淮南市人民体育事业的发展辉煌。

　　夏日清晨，沐着炎炎朝阳，我再一次漫步在田家庵老街里的淮滨路，去搜寻那影响了一代又一代人的城市记忆——淮南人民体育场。人们对它最习惯的称呼是淮南田家庵老体育场。沿着淮滨路中段前行，当年淮滨路中段南侧的老体育场，而今已新建为通达小区了，唯有路边高耸的一排排梧桐树犹在！一树树梧桐枝干粗壮苍劲，虬枝盘旋又错落有致，无不彰显着经久的历程与故事。炫目的阳光炙烤着柏油路面，还不到午间，路面便有点热气腾腾了，而一树树郁郁葱葱的梧桐树却在炎夏里静默安然，阳光透过婆娑的叶隙变得似乎轻柔起来，高大的梧桐树冠宛若一把把太阳伞遮天蔽日，正向草木、人群、大地甚至世界上一切具有生命力的生物展示自己旺盛的生命力。

　　卡尔维诺在其作品《看不见的城市》中说，"城市就像一块海绵，吸汲着这些不断涌流的记忆的潮水，并且随之不断膨胀"。每一座体育场馆，似乎都处在城市新兴的繁华区域，成为这座城市面向全国，乃至面向世界的窗口，它代表了一座城市发展的方向与焦点。尽管随着城市的发展，田家庵街里的老人民体育场已经不复存在了，但它以另一种形式和姿态与淮南相伴向前，从未离开过，仿若这样的海绵，更仿若路边葱茏的梧桐，吸汲承载了淮南市从蹒跚启程到昂首阔步潮水般奔涌的历程与记忆。

梧桐生矣

新中国成立初期，淮河岸边曾经的小渔村已经日益发展壮大了，在新中国诞生的礼炮声中更是生机盎然，尤其在淮南矿区蓬勃发展的带动下，建市条件日趋成熟。1952 年 6 月，正式建立省辖市——淮南市。1952 年 6 月 10 日，毛泽东主席在中华全国体育总会第二届代表大会上题词："发展体育运动，增强人民体质。"这一题词，对发展新中国体育事业，促进全民体质的提高，发挥了重要的指导作用。这一题词，又何尝不是当年淮南人民体育场诞生的起因！

20 世纪 50 年代初期，国家是百废待兴，刚刚建市的淮南市更是千头万绪。

1952 年建设的淮南人民体育场

可一个新兴的煤电能源城市，怎能没有体育？一个新兴的城市，又怎能不为增强人民体质着想！再艰难，也要发展体育，"敢教日月换新天"，"没有条件，创造条件也要上！"，这是属于那个时代的精神。"大鹏一日同风起，扶摇直上九万里"。于是，短短几个月时间，就在代表着淮南市政治经济文化中心的市政府附近，当时淮南最宽阔的两条四车道的马路淮滨路和田大路交会处西南角的淮滨路南侧路边，淮南市市政府投资5636万元，建成了淮南市历史上第一座大规模的综合体育场——淮南人民体育场！

当时的淮南人民体育场占地44202平方米，有6条400米煤渣灰标准跑道围绕的田径场，田径场上有坐北朝南的主席台，有篮球场、手球场、射击场，还有简易体操房、水泥地面溜冰场、乒乓球台、单杠、双杠……或许，在如今看来，淮南人民体育场的各类场地和设施并不完备，更非富丽堂皇，甚至可算是有些简单简陋。然而，在70年前的中国，尤其是对刚刚建立的一座省辖市来说，淮南人民体育场在全国都算是规模较大的体育场了。1952年，全国开建的较大规模的体育场也仅有省会城市的哈尔滨人民体育场、西安西北人民体育场等为数不多的大型体育场，就连我们安徽省省会合肥也是1953年才开始建大型体育场的。这令当时的淮南人拥有我们今天难以想象的骄傲与自豪！

于是，当"五星红旗迎风飘扬，胜利歌声多么响亮。歌唱我们亲爱的祖国，从今走向繁荣富强……"的歌声，在淮南人民体育场上空嘹亮响起时，当时的淮南市民无不兴奋地奔走呼号、欢呼雀跃。淮河路和淮滨路上五星闪耀，彩旗飘扬，路边青翠的梧桐更是迎风劲舞，无不在欢庆老百姓们自己的体育场的盛大落成。可以想象当时那种万人空巷的欢庆盛况。

凤凰来栖

50年代，尽管我国体育发展刚刚起步，但在毛泽东主席等党和国家老一辈革命家的号召和大力提倡下，体育事业的种子顽强地生根发芽，老一辈体育人以开拓者的精神，为我们开启了一个崭新的时代！

淮南人民体育场建成后，成为淮南人民体育锻炼的主要场所，更是淮南体育发展的起点。淮南市体委办公室就设在人民体育场北面临街的平房里。第一届全国运动会女子技巧单跳冠军丁照芳就是淮南人民体育场的骄傲。

丁照芳幼时就住在人民体育场附近，受在戏班工作的叔叔婶婶影响，她从小就跟着戏班演员们一起训练下腰、翻跟头。人民体育场的建成与开放，让戏班的演员们多了一个更广阔的免费训练场。只要体育场没有大型活动，一有机会，小照芳就随着戏班里的哥哥姐姐们到体育场去训练。由于父母早逝，与同龄孩子相比，瘦弱的小照芳从小就表现出与众不同的早慧坚强、坚忍执着。努力训练，练出好成绩，成了小照芳心里最大的目标。于是，小照芳成了体育场的小常客。每天清晨，无论阴晴，她总是早起，迎着丝丝晨曦，到体育场去跑步、踢腿、下腰、拉韧带……家庭变故、无师指导、一年四季的跌打滚爬，小照芳从不言弃，尽管常常是伤痕累累，但也练就了小照芳技巧体操的一些基本素质。

"没有翅膀的影子，但我已飞过"，训练的艰辛挡不住丁照芳破竹的锐气。丁照芳10岁的时候，人民体育场内新组建的淮南市业余体校，各个项目都在招选运动员的加入。常常来体育场训练的小常客丁照芳就因这样一个机遇，被选为技巧小运动员，跨进了体育的大门，并从此开始了她艰辛而又辉煌的体育生涯。也是从进入业余体校开始，有了正式的训练场，有了教练的指导和队友的相伴，人民体育场似乎成了小照芳的第二个家。小照芳的训练亦更加刻苦了。每天的训练场上都有她咬牙坚持、挥汗如雨的瘦小身影。1958年，为了迎接全国第一届运动会，安徽省体委组建省技巧队。丁照芳因为身体素质基础条件好、动作可塑性大，毫无悬念地被选拔进入了省体工大队的技巧队。在第一届全运会上，年仅12岁的丁照芳一战成名，一举夺得了技巧女子单跳冠军，是当年安徽省代表团里年龄最小的金牌选手。

淮南人民体育场里，那曾经刻苦训练的小小身影一跃成为全国冠军，喜讯传来，淮南沸腾了！淮滨路和淮河路上彩旗招展，横幅高悬，雄壮的《运动员进行曲》在人民体育场从早响到晚，处处是庆祝丁照芳夺冠的声音。"梧桐茂矣，凤凰来栖"，那一树树梧桐在丁照芳夺冠的喜悦里，似乎更加生机盎然。"栽下梧桐树，引来丁照芳"，小照芳成为淮南人心中最引以为骄傲自豪的小凤凰。

曾经采访过丁照芳的淮南市体育局原副调研员、淮南市体育总会原副主席兼秘书长陈多元老先生回忆说，丁照芳看起来特别阳光温暖，有着淮南人的爽朗与质朴。谈到当年在人民体育场里那一段艰辛的童年训练时光时，丁照芳笑着说，小时候苦日子过习惯了，附近能有个免费开放的大体育场，让她去锻炼，可以算是她童年最美好的事情之一了。训练的苦于她来讲根本不算什么。她始终相信，有奋斗有拼搏，才能有成绩！能进省队，参加全国比赛，又得冠军，那一枚冠军奖章就是至高的荣誉！

丁照芳的夺冠，也令淮南人民体育场声名大噪！一批批专业的、业余的运动员走进了人民体育场，加入了体育运动的行列。人民体育场里，年轻的、老年的……体育运动爱好者越来越多，人民体育场愈加热闹起来！人民体育场北门东侧沿街那一排平房是淮南市青少年业余体校，也一跃成为青少年们追崇的地方。当时的

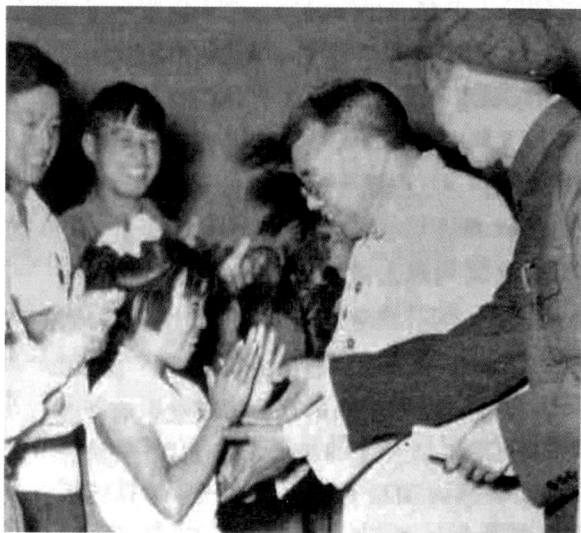

时任省委书记曾希圣接见夺冠后的丁照芳

体校里开设了体操、射击、无线电测向、中国式摔跤、田径等一些体育项目的课程，为我省乃至国家培养和输送了不少优秀的体育人才，也培养了一大批后来为我省和国家争得荣誉的优秀体育后备人才，尤其以技巧、手球、田径、篮球、体操、乒乓球、举重等项目为前茅。

手球名将常振智曾任淮南市体校校长，忆起当年在淮南人民体育场进行手球训练的岁月，年近90高龄的常振智老先生记忆犹新。老人回忆说，当年的训练场地，都是室外的运动操场，和现在的草坪草地没法比。那个年

月，哪个运动员训练起来都是憋着一股劲，一心想做到最好。一天到晚在室外训练，一个个都晒得黑黢黢的，没有哪个运动员不是一身伤，尤其是手球运动，有碰撞，有对抗，个子矮、体质体能弱的，根本没法进行手球运动。淮南手球运动从体育场初建时起步，从无到有，到全国驰名，到享誉中外，年迈的常振智老人一脸自豪。尤其是回忆到1960年7月25日下午那场中罗手球之战，耄耋之年的常振智依然兴奋不已。当时，常振智还是安徽省体工队手球队队员，恰逢罗马尼亚国家手球队来访。罗马尼亚手球队在中国有两场友谊赛，一场是与我国国家手球队八一队对决，一场就是和安徽手球队对决。比赛那天下午，北京体育馆观众席上座无虚席，一场扣人心弦的高水平国际手球赛震撼了全场，热烈的掌声和兴奋的喝彩声经久不息。经过60分钟激烈的比赛，安徽队以14比12战胜罗马尼亚国家队。一个省队赢了外国的国家队，多么令人振奋！ 比赛结束后，时任国务院副总理的陈毅同志亲切接见了双方运动员，并与他们一起合影留念。提起这一光辉时刻，常振智老人脸上流露出难以抑制的幸福与骄傲。

运动员退役后的常振智，义无反顾地选择走进淮南人民体育场内的市业余体校担任业务副校长，主抓手球运动。淮南手球也从此翻开了新的篇章，一直是一路奖牌，一路凯歌。

而今，早已退休的常振智老先生依然居住在已不复存在的老人民体育场附近，守望着那个令无数淮南人梦起的地方。老人民体育场虽然不在了，但淮滨路上那见证着老体育场一路辉煌如歌的一树树梧桐犹在。清晨或傍晚，常振智老人还常在路边的梧桐树下漫步或小憩，偶尔遇到老熟人了，还会一起回想，怀恋当年那火红年代的老体育场里一个个鲜活生动的体育故事。

梧桐茂矣

淮滨路上，梧桐树下，临街建筑已经不知被翻新重建了几次，淮南人民体育场也辗转新建于他处，而一树树苍翠的梧桐历经 70 年风雨洗礼愈加刚劲葱茏，每一树的浓密都仿佛在诉说着淮南人对人民体育场的记忆与怀念。历经沧桑，有人怀念，便是永生！

淮河水一路向东，田家庵港口是建市前后那些年的交通枢纽之一。许许多多从四面八方来淮工作生活的人，走出港口，走上田家庵主干道淮滨路，便可看见宽阔的淮南体育场上那高高悬挂的五星红旗。20 世纪 50 年代，淮南市的城市中心在田家庵，人口最密集的地区也是田家庵。淮南人民体育场就在市政府边最热闹繁华处，那高悬国旗的体育场，也可以说是当年淮南的地标性建筑。

当时，除了煤矿及附近的安徽造纸厂、田家庵电厂、淮南纺织厂等少数大型企业和部分学校外，集中性的群众健身场所特别少，人民体育场俨然成为广大市民日常健身、锻炼的重要场所。而人民体育场与老淮南师范学校和老新华书店为邻，附近有工人电影院、淮滨商场、淮南旅社、国光照相馆、亨得利钟表店，还有新建的田家庵小学、中学、幼儿园等等。于是，人民体育场也自然而然地成为当时淮南市民最喜欢去的文化娱乐和休闲中心。

那时的人民体育场虽说条件简陋，却是开放的、亲切的，周围既无高大的围墙围栏，也没有森严的保安或门卫，市民们自由地出入其间。那个年代，在体育场锻炼的人们热情高涨，足球、篮球、跑步等运动深受欢迎。当然，人们休闲遛弯、散步聊天等也可以长驱直入。淮南市地方志办公室原主任姚尚书先生深有感触地说，街里老人民体育场可以毫不夸张地说是当时全体淮南市民的会客厅和休闲地，人们可以出入自由，而不是锁在深闺，无人光顾，生动地诠释了人民体育场"人民"的深刻含义。

由于体育场隔壁、对面以及周边中小学和幼儿园云集，于是，每天学生们的欢闹声、读书声以及体育场内运动员们锻炼的口号声此起彼伏。每天清晨、傍晚，或周末，来自四面八方的人流，都汇集在淮河路或淮滨路上，从人民体育场经过或走进体育场，和那守卫体育场的高耸的梧桐一样满面春风，风雨无阻。

当时，还在体育场隔壁淮南师范学校读书的淮南市政协原副主席宁宜南先生，对当年的老淮南人民体育场记忆犹新。老先生回忆：1952年，17岁的他从阜阳来淮南师范上学，走出田家庵港口，一眼看到宽阔的淮河路中间的交通岗亭，倍感当时淮南的繁华。沿着淮滨路走过体育场，便走进了淮南师范学校。在与人民体育场比邻的淮南师范学校的两年学习生活，宁老见证了50年代人民体育场的热闹与非凡。每每想起老体育场，当年那激动人心的竞赛场面还历历在目，那欢声雷动的欢笑声仍不绝于耳。

宁老回忆说，当年的人民体育场既可用于开展群众体育活动，又可召开群众大型集会。那个年代，全市运动会、重大节日庆典活动、宣判公审大会等等，几乎淮南市所有重大的群众性集体活动，都在那儿举行。一年四季，人民体育场里活动不断，热闹不断。附近的学校常常因为觉得自身操场不够大，也会近水楼台借用体育场的大操场举办学校运动会。那时，仿佛不论离体育场是远是近，学生们都是排队走着去。淮滨路两边都是一队队举着旗唱着歌的学生，一个个兴高采烈，喜气洋洋，赶赴心目中的盛会。

每逢大型集会，工人和学生云集，按预先划分的片区或坐或站，满怀激情。在那个特别注重团体荣誉的年代里，集体合唱与赛歌特别盛行，《东方红》《社会主义好》《志愿军军歌》《咱们工人有力量》《我的祖国》《歌唱祖国》等一曲曲雄壮有力的歌声响彻云霄。一个个方队除了展现各自的实力外，还有较劲的成分，那种为集体而战、为祖国而歌的激情仿佛是达到了沸点。

当年，体育场里除了有集体组织的集会和运动比赛外，还有许许多多自发组织起来的篮球比赛、乒乓球比赛、足球比赛等等。周末，去体育场看球赛，在当时是特别惬意的享受。双方队员高矮胖瘦不一，没有队服，没有像样的篮球，连裁判也有可能是观众席上临时毛遂自荐跳出来的，但丝毫不会影响球赛的精彩，更不会影响观众的兴致。比赛一开始，球场旁边立刻活跃起来，一个个立即进入角色的观众，尽心竭力地为所有的运动员加油鼓劲，摇旗呐喊，啦啦队的加油声和呼喊声，一浪高过一浪，周围的一切似乎都能被啦啦队队员们的激情燃烧起来。

对于老淮南市民们来说，人民体育场还是和煦多情的。尤其是夏日，到体育场纳凉也是当年市民们最津津乐道的记忆。当年，没有电视、手机，没有电风扇、空调。夏日里，人们喜欢走进宽阔的体育场去纳凉。尤其是到了晚上，尽管没有明亮的灯光，但天空繁星点点，路边梧桐摇曳着轻风。男男女女、老老少少，摇着芭蕉扇或夹着席子走进体育场。玩斗牛、打野球、聊天叙话比比皆是。许多年轻人会在操场上选个合适的位置，铺上席子，在操场上露宿。在体育场露宿过夏夜，现在想来几乎是奇谈，在当年却是夏夜里体育场司空见惯的一种纳凉休息的方式。当然，也会有不少青年男女悄悄离开人们的视线，在漆黑的体育场里找个无人关注的地方牵手漫步，抒写那个年代刚刚开启的自由恋爱的故事。

老人民体育场在见证了一个又一个重大活动的同时，更是在那个文化生活还相对贫乏的年代，带给了淮南人无限的浪漫与美好。

于彼朝阳

体育场是一座城市的健康加油站，它的变迁见证着城市日新月异的蓬勃发展，更见证着老百姓精神文化生活的日益美好。

时光荏苒，岁月的脚步带走了一年又一年，老人民体育场的繁华已成历史。然而，随着时代的发展，我国的体育事业日新月异，淮南体育建设与发展亦如旭日朝阳生机勃勃。淮南人民体育场从田家庵街里老城区转到新建主城区，再转到山南高新技术产业开发区；人民中路体育场、广场路民生体育场、山南奥体中心……老人民体育场早已经一次次华丽转身，一个个现代化的体育场馆，一路辉煌如歌，闪亮耀眼。新建的山南奥体中心面积是当年人民体育场的近十倍，可以满足召开国内综合运动会及进行国际单项体育比赛的要求，同时也能满足大型文艺演出、集会、庆典、展览、休闲、群众健身、商服、餐饮、旅游等活动的要求，是一座现代化、生态化、人性化的综合型城市大型核心公共空间。

"阳春布德泽，万物生光辉。"与此同时，如今的淮南，体育运动场所、健身中心、文化公园、文化中心、休闲中心、舜耕山健身休闲环山路……遍地开花。群众体育活动亦开展得如火如荼，随处可见市民休闲运动、挥汗如雨的身影。去运动，去健身，已成为淮南人民一种新的时尚休闲方式。全民健身，也已成为幸福淮南的又一张新名片！淮南俨然迎来了热火朝天的全民健身新时代。

"利民之事，丝发必兴；厉民之事，毫末必去。"在淮南市教育体育局采访时，我了解到淮南体育在全国及以上赛事中屡获佳绩的同时，正在全面启动振兴"三大球"计划，大力发展足球、排球、篮球，努力培育"三大球"文化，营造良好的社会氛围，提升"三大球"的群众参与度。同时，淮南还正在打造全社会全民参与的"淮马"城市新名片。尤其是将积极促进青少年体育的蓬勃发展提到重要地位，力争到2025年建成国家级体育后备人才基地3个，省级单项体育后备人才基地8个，国家级、省级青少年体育俱乐部25所，国家级、省级体育传统学校、体育特色学校25所，市级体育传统学校和体育特色学校35所。一组组崭新的数据，揭开了淮南体育发展的新篇章。

日出东方，红旗漫卷；梧桐苍苍，于彼朝阳！从"发展体育运动，增强人民体质"，到"体育强则中国强，国运兴则体育兴""伟大事业孕育伟大精神，伟大精神引领伟大事业"，再到当下的"体育强国、健康中国"，和着新时代的节奏，新一代淮南人正聚合磅礴恢宏之力，跨越初心传承，与日同辉！

作者系淮南市田区第五幼儿园副园长、中学高级教师、安徽省作协会员、田家庵区作协副主席

大医精诚　仁爱之光

——淮南矿务局第一矿工医院发展历程

王庆绪

　　1952年，是新中国成立的第三年。此时，祖国各地欣欣向荣，建设热潮如火如荼，人民群众扬眉吐气，以万丈豪情投身到伟大的社会主义建设洪流之中，对伟大祖国的情感也达到千百年来从未有过的高度。6月，草木葳蕤，百花盛开，江淮大地到处生机勃勃，喜气洋洋，地级淮南市正式建立，淮南矿工总医院走上迅速发展的快车道。

淮南矿工总医院

　　淮南市因煤而建，而下井采煤在当时还是十分危险的工作。为了能让矿工病有所医，20世纪30年代，矿上在九龙岗南门口偏东北的地方（即今大公村内）建了个小诊所，三间简易砖瓦房，一间接诊，一间药房，一间放简单的设备和仪器。后来又将简易砖瓦房改成四合院建筑。改建后，医院设内、外两科，于1937年10月正式挂牌运营，命名为"淮南矿路公司医院"。1938年6月4日，日军由上窑西进，先后占领田家庵、大通、九龙岗三镇，由此开始了对淮南煤矿长达7年多的法西斯统治。日本人占领淮南煤矿和铁路后，继续开办矿路医院，但只给日军以及矿路公司高级职员看病。而矿工们一旦生病，就被扔到大病间，任其自生自灭，死了就抛尸大坑，后来形成白骨累累的"万人坑"。

　　1949年1月，淮南解放。2月，解放军接管"淮南矿路公司医院"，华东军管会直接任命王积惇代理医院院长。1951年，矿区党委正式任命其为院长。

王积惇做事沉稳，为人和蔼。其父王龙亭，原名王庆云，怀着"为天地立心、为生民立命"的思想，早年追随孙中山参加辛亥革命，发动江淮起义，成为淮上军总司令。北伐后，他退出官场，回家乡兴农，为地方做了许多公益事业。父亲的善行善举，对王积惇影响很大，无论行医从政，他都始终把人民利益放在首位。

王积惇从小学习努力、刻苦上进，以优异的成绩考入贵阳医学院。这是当时全国仅有的九所国立医学院之一。

1944年，王积惇从贵阳医学院毕业，旋即加入抗日队伍，应征到贵阳图云关路军医院当军医，后又被该医院派到美军第37野战医院工作。

抗战胜利后，王积惇到南京中央医院担任外科医生。在这所专家云集的医院里，王积惇接触到当时最先进的医疗技术、最严谨的医疗作风和最严格的管理训练，这为他日后在淮南开创医疗事业新局面打下坚实的基础。

1947年，王积惇怀着对家乡的无限思念与牵挂，毅然放弃了南京中央医院的优厚待遇，回到家乡淮南。1949年，他愉快地接受任命，担任矿路公司医院院长一职。

此时，整个医院在一个四合院里，30张病床，显得相当拥挤。设施也相当简陋，仅有一台日本人留下的旧X光机，无注射室。而且人才奇缺，只有11名医护人员。

王积惇向时任淮南矿区党委副书记、矿务局局长吴伯文建议，选址另建一所新医院，扩充设备，招募人才，让所有矿工受益。吴伯文当场表态赞同。

新医院选定的地址，就是今天的淮南东方肿瘤医院。占地面积约6万平方米，建筑面积7500多平方米，床位增加到250张。医院由程世荣设计，矿务局投资，华东建筑总公司承建，于1950年动工。

新医院建设的标准很高，许多建材用的都是进口货，比如水泥是美国货，盥洗盆、托盘、痰盂是日本货。地坪采用水磨石，而且做工十分讲究，70多年后的今天看起来仍然光彩熠熠。窗户门扇皆用原木料，大气工整。楼梯、扶手、吊灯等，每一处细节，看起来都像是艺术品。这些建筑后来成为一代代矿医人美好而恒久的记忆。

医院建好后，于 1951 年下半年改名为"淮南矿工总医院"，下辖 2 个分院、6 个诊所。随后，矿务局批文拨款 400 万元，用于购置医疗设备。时任矿委书记张恺帆说，一年多建了这样一所新医院，在安徽是一个奇迹。

1953 年淮南矿工总医院第一届先进工作者表彰大会合影

有了医院还要有人才。王积惇亲自辗转全国各大城市，招聘专家级领军人物，搭建强势科室。在王积惇的真诚感召下，一大批国内一流专家来到矿工总医院，比如内科的蔡醒华（后为解放军总医院内科主任，少将军衔）、黄明洲，外科的洪强，放射科的程世荣、孙居先，小儿科的殷慧生，妇产科的李芬，呼吸科的章学甫等。虽然这些专家有的后来离开了医院，但他们对矿工总医院做出的贡献是永不磨灭的，他们在矿医人心中永远是可亲可敬的鲜活形象。

随后，王积惇又积极活动，将医院周边包括九龙岗、大通以及长丰北部一带的乡村，都纳入医院的接诊范围，医院的覆盖面扩大了数倍。至 1951 年底，矿区 11 万多名职工和家属，淮南市 3 万人，还有附近区县的农民都纳入了新医院的服务范围。

1952 年 11 月，蔡家岗诊所划归总院领导，医院增设检验科、卫生科、开刀房、病历室和行政科。

此时，随着社会主义建设热潮的掀起，淮南的各项工作全面铺展开来。王积惇在党的领导下，全身心投入到医院建设与淮南医疗卫生事业发展上来。他要求医生遵循"医乃仁术、以德为本"的古训。同时，他自己也在院长办公桌上写下"正直善良、勤奋学习、好好工作"12 个字，作为他的座右铭。

管理医院，王积惇特别重视医务骨干的培养，每年他都要选送一批科室骨干到北京、上海、南京、天津等全国知名医院进修学习。最难能可贵的是，王积惇始终坚持在医疗临床实践第一线培养医疗人才，利用日常医疗工作，手把手传帮带，在手术中、查房中，结合病例实际开展研讨，努力提高医护人员的业务水平。

一次，王积惇发现一位胰腺炎病人体温忽高忽低，他给病人做了体检，把值班医生、护士叫到一起，提出一个问题："抗生素治疗炎症，为什么没有效果？"没有人能准确回答。王积惇根据几十年临床经验指出，这个病人的症状说明，胰腺炎已经发展到胰腺脓肿。按照他的诊断，立即给病人做了手术，果然排出了 200 毫升黄色浓稠的脓液。手术成功后，他没有沾沾自喜，而是建议外科医护人员讨论这个病例。通过讨论，大家认识到自己经验不足，对胰腺脓肿没有诊断出来。有这样的好院长带队，医院怎能不蒸蒸日上？

淮南矿务局第一矿工医院

后来，随着淮南西部陆续开矿，新的医院不断增加，淮南矿工总医院于 1969 年 7 月改名为"淮南矿务局第一矿工医院"，简称"矿一院"。

1971 年，医院成立肿瘤科。1973 年成立病理室。1977 年，医院设内、外、妇、儿、肺科，以及必要的检验、放射等医技科室。1976 年成立内窥镜室。

此时，医院小儿科远近闻名，周围十里八乡的乡亲在孩子生病时，首先就会到淮南矿工一院就诊。高峰时期，医院年接待小儿患者多达 65 万人次。三四百人的床位根本不够用，只能让多个小儿睡到一张床上。据现任医院党委书记方云亮回忆，最多时一张病床上曾睡过 4 个孩子。

1980 年，医院实行党委领导下的院长负责制。1982 年，召开首届职工代表大会，受唐山煤炭医学院的聘请，王积惇、黄明洲、程世荣、叶克强等被聘为教授，蒋联惠被聘为副教授。

1986 年，医院成立肿瘤外科，同年成立放疗室和同位素室。

1995 年 7 月，市里成立淮南煤矿肿瘤医院，挂牌在矿一院，肿瘤的放疗化疗，逐渐成为医院的重点。此时，矿一院实行一个机构两块牌子。

之后几年，是医院铸造辉煌的鼎盛时期：1995 年 9 月，医院被国家卫生部、联合国儿童基金会、世界卫生组织认定为爱婴医院。1997 年被评为安徽省执行物价、计量政策法规最佳单位。

1998 年，淮南矿务局改名为淮南矿业（集团）有限责任公司，医院把肿

1998 年医院专家合影

瘤科改为放疗和化疗两大块，同时精简了小儿科和传染科。同年底，精神卫生科开诊，还成立了淮南煤矿肿瘤研究所，淮南市抗癌协会。

1999年，医院在安徽省率先开展三维适形放疗和体内伽马刀治疗。

写到这里，不由得忆起与矿一院交往的一件事：

90年代中期，我的父亲已是75岁的高龄，偏偏这时得了肺结核。当时是大口大口地吐血，乡邻们吓坏了，赶忙带信于我。我见到父亲，消瘦，没精神，说话没气力，内心十分慌张，就找了乡邻用板车将父亲拉到矿一院。在医院挂了急诊号，医生问了一些情况，又拍了两张片子，便诊断为肺结核，就给父亲开了四种药：异烟肼、利福平、链霉素、吡嗪酰胺。回来后，我们按医嘱按时服药、复查，很快父亲便康复了。而我们一家人，由于防护隔离做得好，无一人被传染。从此，我们全家对矿一院充满了感激之情，也对医院的结核治疗水平更加钦佩。

安徽理工大学附属肿瘤医院

2004年，由于煤矿资源的日益枯竭，加上西部城区建设如火如荼，各种医疗资源扎堆进入淮南，竞争愈演愈烈，"淮南东方医院集团"也于此时成立。矿一院先知先觉，开始转型，一边加强肿瘤科建设，一边将肿瘤的放疗化疗拓展为医院重点，逐渐形成肿瘤、结核、精神卫生治疗三科鼎立的格局。

到了2006年，医院开展强调适形放疗，并成立了安徽省第一个肿瘤微创专科，为医院由矿区医院向肿瘤专科医院转型迈出了坚实的一步。同年，医院更名为"安徽理工大学附属肿瘤医院"。拥有床位710张，医护近500人。设有肿瘤化疗5个病区、放疗3个病区，还有肿瘤微创病区、肺癌病区、干细胞层流病房、肿瘤外科、妇瘤科等肿瘤科室。先后组建了肿瘤放射治疗中心、肿瘤微创治疗中心、肺癌诊治中心、干细胞移植中心、海扶刀治疗中心、双功能细胞治疗中心、肿瘤热疗中心、肿瘤介入治疗中心及中西医结合肿瘤治疗中心等多个肿瘤治疗中心。

此时，行进在经济发展快车道上的淮南，建设热潮一浪高过一浪，城区面貌日新月异。医院适时地加入"淮南东方医院集团"这个大家庭中，新建了两座巍峨雄伟的大楼，彻底改变了门诊、住院部拥挤的现象。同时，对一栋历史遗存的老楼实行精心细致的修护，修旧如旧，较好地保留了历史原貌。

现在进入医院，几棵具有几十年树龄的雪松，依然枝繁叶茂，似乎在诉说着昔日的辉煌和沧桑。

如今，医院已走过85年风雨历程。85年，在历史长河中只是一瞬，但对于一个高擎人道主义之光、救死扶伤的医院来说，是漫长而有价值的。从蹒跚起步，到少年持成，到羽翼丰满，每一个步伐都有跋涉的艰辛，每一个台阶都有攀登的奋勇。在不断发展壮大的过

修复的古楼与参天大树相映生辉

程中，医院终于在新时代的曙光中，找到、找准了适合自己的"大专科、大综合"发展模式，形成了肿瘤放射治疗、肿瘤微创治疗、肺癌特色诊治、干细胞移植、海扶刀治疗、双功能细胞治疗、肿瘤介入治疗及中西医结合肿瘤治疗等多种肿瘤治疗特色，并率先在全国开展"术前、术中、术后放疗技术""CT引导下瘤体内化疗"等先进治疗方案。

接诊病人的轻言软语，打针配药的温柔娴静，无影灯下的匆匆忙忙，术后护理的无微不至……都是医者仁心最可尊敬的品质。这些优良的医德医风，过去如此，未来也一定如此。

作者系淮南市大通区孔店中学教师、安徽省作协会员

情系花鼓灯

高树林

  凤台花鼓灯起步在 1951 年，理论探索及形成体系是在 1952 年，也就是地级淮南市成立之年，尽管当时凤台县还隶属阜阳专区。70 年后，2022 年 8 月 23 日，中国舞蹈家协会民族民间舞蹈专业委员会副主任兼秘书长赵士军携省舞协有关人员来凤台县，专题调研国家级非物质文化遗产花鼓灯的传承保护与发展。在随行中，赵主任问我怎么与花鼓灯结缘的，我笑着说因为我是土生土长的凤台人，小时候就住在影剧院旁边，听惯了喧闹的花鼓灯歌声，看了很多花鼓灯舞蹈表演节目。

  赵士军说，现在的凤台花鼓灯能作为国家级非物质文化遗产，不但是中国重要的文化艺术资源，在世界舞蹈艺术中也占有独特地位，周恩来曾把花鼓灯誉为"东方芭蕾"。他又接着说，凤台花鼓灯能够那么完美地传承与发展，得益于1952年，那些专业文艺工作者对凤台花鼓灯进行的考察、挖掘，使土生土长的民间草根花鼓灯艺术得到了政府的重视。

淮河边盛开的苦菜花

  安徽花鼓灯艺术流传于淮河沿岸20多个县、市，凤台县是发源地之一。凤台花鼓灯起源于宋、元时期，在一代又一代人悉心栽培下，逐步发育，苗壮成长，至清代中叶，已经从初期的原始萌芽阶段，发展为具有一定规模、趋于成熟、深受人民喜爱、流行甚广的民间艺术。凤台县花鼓灯老艺人田振起（生于1897年）生前回忆，在他拜师从艺之前，他的老师王老五早已是小有名气的花鼓灯艺人。另一位花鼓灯老艺人宋廷香（生于1905年）生前也曾说到，他的师父在光绪年间玩灯就深受观众欢迎。那时候花鼓灯、锣鼓、舞蹈和表演，都有了一定套路。

千百年来，花鼓灯的音乐、舞姿和韵律较为完整地保存了沿淮人民生活、劳动、情趣、性格、风俗、风情的记忆。流行于沿淮一带的花鼓歌这样唱道："沿淮十八岗，岗岗都是花鼓灯乡……"花鼓灯能巧妙地运用音乐、舞蹈、诗歌相结合的艺术形式，通过情节和人物来表现阶段性的社会生活和群体情绪，体现出民间舞蹈艺术的特性。新中国成立前，老艺人编出了这样的歌："昔年沿淮庄，十年九年荒；老财逼债狠，农民受饥荒，家家穷得叮当响。""花鼓一打咯噔噔，四面八方来玩灯；远的不过三五里，近的都是南北村；不擦粉，不点灯，逢年过节开开心，玩灯都是穷苦人。"花鼓灯的舞蹈艺术承载了不同时期淮河流域的历史和社会经济文化，存储了淮河人独特的文化观念、审美情趣、民风民俗的记忆，并以活态的形式传承至今，为广大人民群众喜闻乐见。花鼓灯就像那田间地头的苦菜花，小小的花朵儿开满地，到处都是朝气蓬勃的气息；那浓浓的香气，会让你体会到什么是苦后的收获、苦后的美丽！

一枝独秀绽奇葩

2012年9月，我带领凤台县花鼓灯艺术团参加了一场全国性的民间舞蹈大赛。在这次比赛中，演员们在整齐和谐的节律中，以铿锵优美的舞步，舒展灵活的动作，舞出了青春的活力，舞出了时代的风采，呈现出了一道亮丽的风景。那时，我深深地感受到了花鼓灯的魅力所在。

每当我看到一片叶子飘向天空，似乎看到了练功厅里那些孩子，轻巧地扭腰，飞转地翻腾，翩如兰翠，宛如游龙，那优美的舞姿，让人倾倒。

凤台花鼓灯为什么能独成体系？那些花鼓灯艺人由"光蛋猴"变成民间艺术家，并让花鼓灯登上了高雅的艺术殿堂，主要是因为花鼓灯艺术受到党和政府的关心与支持，广大花鼓灯艺人备受鼓舞和振奋。

1951 年，凤台县组建了以表演花鼓灯剧目为主的大众剧团，发展至今形成了凤台县推剧团。

1953 年，在第一届华东地区和第一届全国民间音乐舞蹈会演期间，中国新闻电影制片厂将凤台县艺人表演的传统花鼓灯剧目《小场》《大场》摄制成舞台艺术影片。老艺人田振起以其精湛的表演荣获个人一等奖，周扬同志称他是"花鼓灯表演艺术家"，安徽仅田振起一人获此殊荣。花鼓灯艺术开始走出淮河流域，走向全国，走向世界。

1955 年 1 月，凤台传统剧目《拾棉花》《抢板凳》参加安徽省工农青年业余文艺观摩会演，分别获节目奖和演出奖。

1957 年 1 月，花鼓灯歌舞节目《小圆房》在安徽省首届民间音乐舞蹈会演中获优秀创作奖和表演特等奖。同年 3 月又获得全国第二届民间音乐舞蹈优秀创作奖和表演一等奖。演员王考干、郭廷英受到周恩来、朱德、宋庆龄等党和国家领导人的亲切接见。

1959 年，大众剧团划分为推剧团和文工团。文工团以花鼓灯表演为主。至 1966 年初，文工团、推剧团创编了一大批花鼓灯节目，如《田头乐》《新媳妇抢场》《送粮路上》《抗洪庆丰收》《送红军》《采种》《田间卫士》《花鼓之乡》等。花鼓灯艺术呈现出从未有过的繁荣局面。

十一届三中全会后，党和国家给花鼓灯老艺人落实了政策，花鼓灯艺术也得到正名，走上健康发展、持续繁荣的道路。1984 年，中共凤台县委做出抢救花鼓灯艺术的决定，筹备成立了花鼓灯艺术培训班。1992 年成立了花鼓灯艺术学校。1994 年组建花鼓灯艺术团。1997 年教育主管部门批准成立了凤台县花鼓灯艺术职业中专学校。花鼓灯艺术人才的培训进入正规化阶段。

为保护地方特色文化，凤台县花鼓灯艺术职业中专学校在 2006 年被省文化厅批准为"安徽省花鼓灯艺术研究基地"，2008 年被中国舞蹈家协会批准为"中国花鼓灯艺术研发基地"。

2009 年，凤台县花鼓灯艺术职业中专学校被正式命名为"安徽省花鼓灯艺术中专学校"。2010 年被批准为"安徽花鼓灯传习基地"。县政府有计划地加大投入，先后建成教学楼、办公楼、食堂、宿舍，还添置了相应的教学设施设备。到2020年底，县政府已累计投入4000余万元，学校占地达23亩，总建筑面积15000多平方米，有专职花鼓灯教师23人，在校生360多人，主要招收县域周边学生，进行花鼓灯教学兼其他民间舞人才的培养。从此，花鼓灯艺术走上健康发展、持续繁荣的道路。

一线委婉忆芳华

　　陈敬芝，艺名"一条线"，著名花鼓灯艺术大师，陈派花鼓灯创始人。陈敬芝于1919年出生在凤台县陈巷村，12岁开始学习花鼓灯，从艺生涯80多年。1958年，陈敬芝被调入凤台县文化馆工作；1962年至1964年，到安徽省艺校担任花鼓灯舞蹈教师；1983年，被中央舞院聘请教学。在此期间，他也应上海舞院、广州舞院、总政歌舞团，以及蚌埠、淮南、霍邱等地的艺术单位之邀，前去传授花鼓灯技艺。1986

陈敬芝传授花鼓灯艺术

年，他编导的舞蹈《黄毛丫头》荣获全国民间音乐舞蹈比赛创作二等奖；1990年在安徽省第一届花鼓灯会上，获得表演特等奖，并被授予安徽省十大老艺人称号；1992年在安徽省第二届花鼓灯会上表演的舞蹈《代代花》获一等奖。

　　在中央电视台录制的相关访谈节目中，陈敬芝说，自己13岁就跳花鼓灯了，农忙时就去做农活，没事了就去玩花鼓灯，春节就去赶庙会。哪里有庙会，就到哪里去。由于陈敬芝聪明伶俐，加上勤学苦练，很快就在凤台县出了名，他和凤台的另一名著名老艺人"宋瞎子"宋庭香搭档演出花鼓灯，红透了凤台县淮河两岸。凤台县推剧团原团长陈魁老师说，他上小学的时候，知道"一条线"来了，就是不吃饭都要围去看。当时学校里把桌椅凳子都搬出去方便大家观看。桌子留作搭台，凳子留作看灯，等到"一条线"一来，观众多了一挤，甚至把凳子都踩坏了。当年凤台著名花鼓灯艺人还有"田小银子"田振起、"猫春"李兆叶、"盖九江"詹乐亭及朱冠香等人。陈敬芝和他们这些人的表演形成了安徽花鼓灯三大流派中的凤台流派。

2012年9月14日，陈敬芝在凤台县逝世，享年94岁。凤台老一辈的花鼓灯艺人大都已去世。陈敬芝的表演风格深刻地影响了凤台流派花鼓灯的发展。著名花鼓灯研究专家高倩曾师从于陈敬芝等花鼓灯老艺人，对花鼓灯艺术有深入研究。她说：陈敬芝在表演方面非常有特点，有几个步法。一个颤颤步，一个颤抖步，一个云颤步。颤、颠、抖是他动作的特点，他的肩和腰部肌肉都抖动。颤与抖突显着陈敬芝表演动作的轻盈与灵动，他表演起来如脚底生风、花枝乱颤，别具一格的颤、颠、抖已成为凤台陈氏流派花鼓灯表演动作的主要特点。他的扇花特别灵活，做起扇花来就像彩蝶纷飞一样，他可以利用扇花表现各种各样的动作来反映劳动，反映生活。

记得陈敬芝老人在世的时候，他说有点遗憾的就是现在的花鼓灯跳得多，原生态的花鼓灯灯歌少了。也许是巧合，一天早上，我在路边遇到一个卖豆芽的菜农，他叫任永杰，是刘集乡农民，他边扭边唱。他一边手抓豆芽，一边唱道："买我的豆芽子，你不要怕来，俺给你的是批发价，这豆芽子不过费点油和盐，总共不过块把钱。你看这豆芽怎么样？今天产品不够销，买豆芽子的真不少，豆芽子也不孬，看起来今天产品不够销。五毛钱我给你一大包。俺卖豆芽本事好，手上带的有电脑，我一抓就知道有多少了。"他那原生态的花鼓灯灯歌让路人听得如痴如醉。"这豆芽子不算孬，天天生产不够销，每天都卖好几缸，一百的票子俺兜揣下好几张。"任大叔每天走街串巷边卖边唱，总能招徕许多顾客。任大叔卖完豆芽回到家中，余兴不减，又在院里扭了起来："这又是唱又是扭，今天要好好露一手。"这不正是劳动人民用歌舞的形式对生活的赞美吗？

歌舞尽芬芳　薪火相传忙

在凤台常常能看到张士根老师骑着一辆破旧的自行车东奔西跑。

张士根，1943年生于凤台城关，自幼家境贫寒。他生性多动、好热闹，经常跟着灯班看灯而成夜不归。看过了就到河滩、坟场学着练习，有时练得浑身青紫遭大人打骂。1956年，13岁的张士根背着家人报考了凤台大众剧团（后改名"凤台推剧团"），进团后一边学戏一边学习花鼓灯，因喜欢玩灯且能吃苦，他的花鼓灯技巧、毯子功是团里数一数二的，受到老师和同行的好评。

张士根在花鼓灯艺术上师从老艺人万方启、朱冠香等，工于花鼓灯"小鼓架子""丑鼓"，擅长翻各种筋斗，动作敏捷有力，善于逗趣，注重与"兰花"的配合，面部表情丰富。他的鼓架子表演轻盈灵巧，舒展大方，朴实自然，出神入化，风趣幽默，独具特点，在舞台上塑造了许多不同风格的艺术角色。

张士根老师艺术成果丰硕，多次参加省花鼓灯会演并创编节目，参加不同层次的花鼓灯展演和专题演出。1963年参加省音乐、舞蹈会演，参与创

花鼓灯国家级非遗传承人张士根（右）

编演出的花鼓灯《收棉舞》《新媳妇抢场》获双优奖；1974年参加省舞蹈会演，《棉海新曲》获双优奖；1982年参加省舞蹈集成巡回演出。先后到广州、武汉、金华、沈阳、北京、香港等地参加重大演出活动，参与中美合拍电视艺术片《虹》、十集电视连续剧《玩灯人》（剧中"毛猴"的扮演者）的拍摄工作。他与邓虹合作编导演出的双人舞《小花场》被誉为"安徽首席小花场"，在淮南市花鼓灯节、安徽省民间音乐舞蹈比赛、全国民间音乐舞蹈比赛中分获创作奖、表演一等奖、编导演出三等奖等，连续八届参加安庆省花鼓灯会。《小花场》《抢板凳》《四老爷坐独竿轿》是凤台花鼓灯的精品。

张士根长期致力于花鼓灯艺术表演、普及培训和艺术教学工作，深入基层农村培养花鼓灯幼苗，结合舞台实践探索了一套行之有效的花鼓灯艺术教学方法，现虽年逾耄耋，却仍在从事花鼓灯艺术教学工作，数十年来已经为凤台花鼓灯培养了一批又一批艺术人才，被称为"文化系统的老黄牛"。

看凤台花鼓灯演出，很多人都想看到邓虹的表演。邓虹，1944年出生于怀远县城关镇，兄妹九人，她从小活泼好动，上小学就是学校腰鼓队、歌咏队成员。1957年，邓虹13岁高小毕业，报考了正在怀远演出的凤台推剧团，在二姐的支持下成为一名随团学员。当时生活比较困难，加之年龄小，她随团行动，冬天就睡在老师的脚头，十分艰苦。那时推剧团演出虽以戏剧为主，但每场结束都必须加演花鼓灯节目，老演员们都有着很深厚的花鼓灯功底，从那时起邓虹就暗自喜欢并痴迷上了花鼓灯。

邓虹老师聪明伶俐，是个有心且用功的人，曾师从著名花鼓灯艺人陈敬芝、李兆业、李金珠、王德全、李学宏等。在多年的学习和艺术实践中，邓虹老师采百家之长，将各种艺术风格融会贯通，既坚持凤台花鼓灯原汁原味的风格和传统动作形态，又融入现代人的审美情趣，形成了自己独特的风格，在舞台上塑造了多个不同性格的艺术形象。

邓虹老师从1984年起，一直与张士根等花鼓灯艺术家爱好者、支持者一起，致力于花鼓灯艺术人才的培养教育工作，言传身教，结合舞台实践，探索了一套行之有效的教学方法，培养学生近千人，为研究、整理与传承花鼓灯民间艺术做出了突出贡献。同时她还利用休息时间带领凤台夕阳红花鼓灯艺术团从事花鼓灯舞蹈的普及工作。

在采访中，我了解到凤台县各级花鼓灯艺术传承人，在各自的工作岗位上履行着传承人的职责。截至 2020 年底，凤台县有 2 人成为国家级非遗传承人，14 人成为省级非遗传承人，18 人成为市级非遗传承人，近 20 人被评定为中级职称，39 人是安徽省花鼓灯艺术研究会会员，36 人获国家级奖励，62 人获省级奖励。国家级传承人张士根、邓虹两位同志还被淮南职业技术学院经济学院聘请为客座教授，多次应邀赴淮南师范学院艺术学院、上海师范学院艺术学院讲授花鼓灯技艺等。从这里我看到了凤台独具特色的花鼓灯艺术广泛的传播与发展的希望。

保护与发展是花鼓灯传承的硬杠

花鼓灯作为凤台县国家级非遗保护项目之一，有省级花鼓灯项目传习基地"花鼓灯艺校"，省级生态保护村"陈氏流派花鼓灯生态村"，全省乃至全国唯一的花鼓灯艺术表演专业团体"花鼓灯艺术团"和县非遗保护专门机构"县文化馆非遗保护股"。同时，有大批的业余文化表演队伍和广泛的群众文化基础，从而从体制上确保了花鼓灯保护的主体和载体。

陈氏流派花鼓灯生态村是省文化厅授牌建立的，位于凤台县新集镇陈巷村，占地面积近 3 亩，建筑面积近 1500 平方米，设有"陈敬芝故居""陈列馆""文化广场"等。近年来接待了大量花鼓灯艺术学者、专家和大专院校艺术专业实践学生，为研究花鼓灯艺术起到了很大作用。

花鼓灯作为凤台县一张亮丽的名片，县委县政府高度重视，春节联欢、"六一"、国庆、旅游推介会等节庆演出活动均以花鼓灯节目为主。自 2010 年始，连续七届的全县"花鼓灯·推剧业余大赛"，有力推动了全民性的花鼓灯的保护传承。根据县非遗保护工作的实际，县里制定非遗保护传承具体措施，加大非遗保护工作力度，做好各级非遗项目传承申报工作，建设数字非遗库。在国家资助下，国家级传承人抢救性记录工程已经完成。县里还积极开展"非遗过大年，文化进万家"活动。艺术团每年送戏下乡近百场，创编了大量花鼓灯剧目，多次参加全国、省市演出并承接全国性的商演活动。

在此期间，花鼓灯艺术作品也喜获丰收。凤台的花鼓灯独舞《野花谣》，获1982年安徽省农村业余会演优秀创作奖、优秀演出奖和1984年华东地区第二届舞蹈调演三等奖。1985年创作并演出的《踏青》《夏令营》《姐弟乐》《小花场》《稻花飘香》五个节目获得淮南市首届花鼓灯艺术优秀创作奖和优秀表演奖，被省电视台制成专题片并在全省播放。1986年，花鼓灯《黄毛丫头》《小花场》《姐弟乐》分别获全国民间舞蹈比赛二等奖、三等奖和丰收奖。1990年，花鼓灯独舞《鼓乡蝶舞》应邀参加在北京举办的第十一届亚洲运动会开幕式演出。1992年以后，又有一批新作问世，如《啼啼鸡，花棒槌》《代代花》《花灯会》《夫妻观灯》《双回门》《欢腾的鼓乡》《月儿挂柳梢》《兰花的歌》《春》《风箫吟》等，这些节目普遍受到观众欢迎。

改革开放以来，凤台县的花鼓灯多次接受邀请，曾远赴泰国、英国、美国、阿联酋、芬兰、法国、塞尔维亚等近30个国家和我国的香港、台湾等地区进行交流演出，所到之处，无不受到欢迎，为弘扬中华民间文化做出了贡献。

现在，每当华灯初上，只要你在凤台城乡走一走，就会发现有很多花鼓灯表演队在街边跳舞。在凤台县文化馆，我了解到全县现有专业花鼓灯表演团队10余支，锣鼓队37支，每个团队均配置有音响等设备，为花鼓灯艺术的培训表演提供了物质基础。全县各乡镇以新农村建设为载体，有的乡镇建有乡村大舞台，为花鼓灯表演提供阵地。

花鼓灯艺术的保护是一项长期而艰巨的系统工程，它不仅要保护传统花鼓灯艺术的表演形式和风格，还要保护现有老艺人及中老年花鼓灯传人，发挥他们的"传、帮、带"作用。凤台花鼓灯艺术职业中专学校自1998年批准成立以来，在社会各界的大力支持下，已为社会培养2000多名合格毕业生。学校以"不求个个成名，但求人人成才"的教学理念，与省内外专业、业余表演艺术团体、厂矿企业等建立了稳固的人才输出网络，并为省艺术学院、北京舞蹈学院、武汉音乐学院、南京音乐学院、安徽黄山香茗大剧院等输送了大量人才。现在，凤台花鼓灯艺校毕业生活跃在全国20多个大中城市的文艺舞台上。

　　有人说，心有多大，舞台就有多大。为梦想而舞动的人生，充满了无限可能。每个夜晚，凤台艺校的练功厅里有身影翻转跳跃，音乐室内轻声悠扬，天刚蒙蒙亮，校园里书声琅琅。令我特别兴奋的是，这几年凤台花鼓灯艺术职业中专学校培养的学生供不应求，甚至有的在实习期间就被用人单位签约留用。

　　让我们一起来观花灯，赏花灯，让花鼓灯艺术世代相承。

　　作者系凤台县文旅体局副局长、安徽省花鼓灯艺术职业学校法人代表、安徽省作协会员、淮南市作协副主席

溯寻建市之初的往事

程晋仓

每一个城市都有自己的历史，不是一下子就变成今天这样的。在城市发展的漫漫历史长河中，每次前行的脚步都会给城市的生活者或多或少留下点值得回忆的东西，至少让百姓感受到这种变化的纹理。对于淮南市民来说，公元 1952 年就是一个永远不可忘记的历史节点。

岁月如梭，韶光飞逝。1949 年 1 月 18 日淮南解放，1952 年 6 月 2 日，经政务院批准，省辖地区级淮南市成立。弹指一挥间，淮南市一路风雨兼程，发生了翻天覆地的变化。70 年来，这座因煤而生、缘煤而兴的城市，伴随着共和国的成长而发展，城市工业体系和城市功能日臻壮大完善，为城市文脉和生活、工作于这座城市的市民百姓留存下许多丰厚的难以磨灭的往事、发展脉络和印记。多年以后，回望建市之初那激情燃烧的岁月，还原彼时工作、生活场景片段，咀嚼当年建设城市的精神故事，无论对于曾经参与这座城市的建设者、城市发展的见证者，还是当今生活于城市的居民来说，都是一件十分有意义的事情。

其实，发现历史有很多方式，除了查阅志书教科书之外，还有老人的口述，往昔报刊的记录，口口相传的回忆，以及摄影家、画家们细致的观察，用镜头和画笔描绘下的历史。我试图循着这种思维和其中某些方式去回望与探寻城市文脉，以求重温、融入当初那段艰辛坎坷、筚路蓝缕的建市大场景。

尘封的记忆

打开《淮南市志》《中共淮南历史大事记》以及众多有关的史料，翔实丰富的数据和纪事豁然跃入眼帘，扑面而来的是件件振奋人心的历史大事件，鲜活的场面如同帧帧画卷真真切切地浮现在面前。

1952 年 3 月 11 日，中国人民志愿军归国代表团和朝鲜人民军访华代表团华东分团一行 10 人，先后在淮南各地作关于朝鲜战争的报告。

3 月 17 日，淮南市人民检察署成立。

4 月，淮南市基督教会召开声讨美帝国主义侵略朝鲜大会，宣布与美帝国主义割断关系，自办"三自"爱国教会。

同月，全国劳动模范、大通矿采煤工人丰绪然参加中国工会代表团，赴波兰、苏联参加五一国际劳动节庆祝活动。

同月，淮南市文学艺术界联合会成立，并召开第一届会员代表会议。

5 月 11 日，市第三届各界人民代表会议政治协商委员会全体会议通过《淮南市清洁卫生运动实施办法》。

6 月 2 日，经政务院批准，淮南矿区改为地区级淮南市，成立中共淮南市委员会。同时淮南市人民政府成立。

8 月 19 日，淮南市第四届各界人民代表会议在田家庵召开，出席会议的代表 206 人。

9 月 7 日，淮南市劳动就业委员会成立。

9 月，淮南市人民医院建成开诊，其后于 1961 年改名为淮南市第一人民医院。

11 月 24 日，淮南市第一届各界妇女代表大会召开，正式成立淮南市民主妇女联合会。

12 月 14 日，召开第一次市体育工作者代表会议，成立中华全国体育总会淮南分会。

……

自此，以煤炭为中心，淮南市各工业门类大规模建设徐徐展开，随之电力工业也不再是煤矿附属产业，走上独立发展的宏阔大道，选煤厂、机械厂、造纸厂、化肥厂、纺织厂、面粉厂、酒厂、肥皂厂等纷纷新建改建……由此突显出一条城市发展的总体脉络——矿开到哪里，厂设在哪里，路就通到哪里，城就建到哪里，也形成一个特殊的构城法则——大分散、小集中，这种空间布局也为淮南赢得"彩带串明珠"的美誉。

城市在发展，时代在前行。生活在城市烟火中的人们可能还未来得及细细品味城市的变迁之韵时，光阴的小船轻轻一划，就将我们带入了 21 世纪的新时代。

城市主政者笔触下的当年

回望 70 年前，建市初始时是什么样子？真是有幸，城市建设者们用生动的笔触记录下当年的景象。

金流，这位征战沙场的老革命，淮南解放初期曾任淮南矿区所辖县级淮南市的主官3年，省辖地级淮南市成立次月离淮，淮南是他在新中国成立

1950 年，淮南市人民政府（县级）成立纪念

后第一个工作的地方，也是由部队转到地方工作的起点。对淮南感情很深的他，离开淮南后，在《淮南纪事》中回忆：那是（1950年）8月的一个上午，张恺帆同志告诉我，省委决定，淮南成立省辖市（县级），要我担任市长兼市委书记（那时市委归矿委领导）。这消息来得太突然了，思想上毫无准备，对我来说，确实是一个很大的难题。在部队工作了那么多年，风里雨里，走南闯北，从没有离开过，无论人事或者工作，都比较熟悉。一旦离开，而且是永远离开，哪能不留恋？至于到市里去工作，又是行政，又是党委，而且人员不熟，情况不明，能否做好工作毫无把握，因此，好久我没有作声。接着，张恺帆同志又说：警备司令部不久将撤销，驻矿部队一部分将改为人民公安部队，（警备区司令员）桂俊亭同志也将另行考虑工作。看来毫无转回余地了，没办法，只好硬着头皮，到新的岗位上去重新学习。过后不久，桂俊亭同志果然调离淮南，9月14日，在九龙岗为他举行了欢送大会。

经过一段时间的准备，1950年9月22日，在田家庵召开会议，正式宣告淮南市政府成立。李黎、方茂初两位同志分任副市长，李黎同志还兼任市公安局长。出席这次成立大会的，有张恺帆、涂中庸等同志和各煤矿主要领导谢楠、夏际霞、范苏等，连同市属各单位的代表近200人。在新中国成立初期，会议一般开得比较俭朴。在这次市政府成立大会的会议桌上，只放了几杯清茶、几碟瓜子，别无其他招待。会后既没有宴席，也没有纪念品，只是照几张相片以资留念，如此而已。市政府设秘书室、民政科、财政科、工商科、建设科、教育科等职能机构，下辖3个区：大通区、八公山区和上窑区。

关于当时的市情，金流回忆：淮南市与省内其他省辖市相比，情况截然不同。首先，没有一个集中的市区。只有几个分散在煤矿附近的市镇，如九龙岗镇、大通镇、八公山镇等。唯一不在煤矿附近的是田家庵镇，是市政府所在地，也是全市的商业区。但是范围也不大，只有万把人口。

其次，淮南的工业，除了煤矿，以及为煤矿服务的电厂、机修厂和面粉厂（均属矿办）外，几乎没有其他工业。只有田家庵有两家小小的私营碾米厂。名曰工厂，实际上与手工业作坊差不多，每家各有小型电动机一台，带动一个碾米斗子，上料、筛米、搬运原料和成品都靠手工。由此可以看出，当时淮南市的经济结构，基本上是单一的采矿业。其他工业、商业、手工业、短途运输业，加上农业，在全部国民经济中占的比重很小。至于文教卫生设施，更加可怜。属于矿局系统的，洞山有一所煤炭专科学校，那是淮南的"最高学府"，各主要煤矿附近有一所子弟小学，淮南矿务局的所在地九龙岗有一家职工医院。政府系统呢，全市只有一所普通中学，不到10所小学。卫生和文化设施，还是空白。方圆几十里，竟没有一家对外为广大市民治病的医院，全市找不到一家电影院，连像样的剧场都没有一处！

谈到政府如何开展工作，金流说道：根据当时淮南的现实情况，市政府的工作重点，首先是为煤矿服务，为促进煤矿的生产建设服务，为建立煤矿的良好社会秩序和生产秩序服务。这是不难理解的，因为煤炭工业是淮南工业的主体。在此基础上，量力而行地开展市政建设，相应地发展地方工业，千方百计增加文教卫生设施，逐步改善包括全体煤矿职工在内的全市人民的生活和文化方面的需求。

入冬以后，在各级政府领导下，进行了冬修水利建设。在田家庵的西头，结合冬修，开挖了一座船塘，作为淮河船只的避风处。并利用余土，在船塘南端筑坝修闸，使镇西的姚湾村与田家庵相连接。

建市之初的田家庵街道

同年，以田家庵为主的市镇建设也逐步展开。列入的项目有：建设两条中心马路。一条是东西向，从火车站到船塘。另一条是南北向，从人民医院（当时正在筹建中）到淮河大堤。建设这两条马路的目的，不仅仅是改善市容和交通，而更主要的是解决田家庵长期存在的"晴天扬灰（灰尘飞扬）路，雨天水泥（水土泥泞）路"的排水问题。

此外，还建设了一所人民医院和一座戏剧、电影两用的剧场。这也是广大市民所急切盼望的。

在发展地方工业方面，建设了一家碾米厂和一座配合建设用的生产砖、瓦、石灰的砖瓦厂。

金流回忆：鉴于当时政府财力有限，为降低造价，力争少花钱，多办事，在工程设计时，尽量使用本地材料。如新铺的两条马路，采用的就是"泥结弹石"路面。使用的材料只是黄土、炉渣、石灰、河沙和大小不同规格的乱石。别看不起这些土材料，经过精心施工，以当时的标准来衡量，还挺结实耐用呢。又如红凤戏院，从外表和内部装饰来看，在田家庵当时还是数一数二的"现代化"建筑。其实院墙是乱石加炉渣、石灰砌的，屋顶是茅草盖的，四周镶以旧瓦。只是门面和室内地面是用少量水泥抹的，究竟花了多少投资，我已记不清了。反正造价很低。我对电厂排出的废物炉渣很感兴趣，烧砖、砌墙都使用它。细炉渣拌以适当比例的石灰，据说强度可达150号左右。当时市政府建造的土坯宿舍，山墙外面也全是用炉渣石灰浆抹的，湛蓝的颜色，看上去挺显眼。

煤矿建设者的回望

原淮南矿务局技术经济研究会主任张建怡，20世纪40年代中期来淮工作，直到1985年3月退居二线，投身淮南煤矿建设40年，经历了淮南矿区翻天覆地的巨大变化。回顾建市初始，参加煤矿的生产建设、矿井改造和技术改革的情形时，张建怡用质朴的语言，为人们留下弥足珍贵的记忆："在八公山矿，我先在一、二号井搞生产，之后负责三号井的建设施工（此井现为新庄孜矿的主皮带机井）。 当时八公山矿地面上南有蔡家湖，北有钱家湖，皆与淮河相通，常年积水，对井下采煤构成威胁。1949年，我们曾设想用挖泥船把淮河泥沙排入湖内，淤平两湖。后因大规模治淮工程开始，淮南两岸修筑了确保堤，故原设想未能实现。后来我们采取在湖内筑'格子堤'的办法，在格内设水泵，煤采到哪一段，就在相应的格子排水，保证了井下安全生产。"

1950年9月，张建怡被调至大通矿任副总工程师，几年内，他直接参加并领导了多种新采煤方法的试验和推广，如"倒台阶采煤法""水平分层木板假顶采煤法""水平分层金属网及竹笆假顶采煤法""分段巷道采煤法"等。为与新采煤法相配合，同时进行了机械化回柱的试验和应用，由矿里自制绞车，推广分段错荐回柱和多绳头回柱。

1954年，在被任命为大通矿总工程师之后，为了改变以往不科学、不合理的生产作业方式，他参与组织领导了全矿的"两班生产，一班修整"作业制，使计划管理、图表管理、机电检修、节约用电等工作迈进了一大步。大通矿是个老矿，日伪时期实行掠夺性开采，挖"肥"留"瘦"，浪费了大量煤炭资源，缩短了矿井寿命，也给后来的开采造成很大困难。作为总工程师，解决这些问题是其分内的事。他带着其他工程技术人员一面查阅、分析技术资料，一面实地勘察，在排水沟下及边缘地区自1953—1970年找到了700万吨以上遗煤，将大通矿的开采年限延长了约10年。在这个过程中，他们不但掌握了找煤的规律，而且积累了很多资料，对以后研究岩移、通风、防火灭火等生产技术，都起了很大作用。

1958 年的新庄孜煤矿

　　1956 年，张建怡调至淮南矿务局生产技术处担任主任工程师。针对当时井下百米以上的长型工作面生产组织不够健全合理的问题，局里派其带领工作组下去调查研究，提出解决办法。经深入采掘现场，对诸如工序、工种交叉作业等进行研究，提出比较合理的正规循环生产方式，在新庄孜矿北 11 槽，谢一矿南部 A 组 1—3 槽等处加以推广应用，使之达到了高产稳产。

　　之后，他又负责组织局工程技术人员，对新建成移交的谢二、谢三、李一、李二等矿，进行了改革巷道布置、测量顶板压力、改单翼回采为双翼回采以及调整正规循环作业等工作，使矿井很快达到设计能力。1959年以后，他在矿区内组织领导和试验推广了多种形式的掩护支架采煤法及水力采煤，促进了煤炭产量的大幅上升。到50年代末期，全局年产量已超过1000万吨，跻身全国五大煤矿之一，各项经济技术指标在全国煤矿中居先进行列。

一位老人述说的往事

　　原淮南亨得利钟表眼镜公司老职工唐素兰今年已是 94 岁的耄耋老人。他见证了淮南解放，经历了田家庵老北头大变迁。他回忆的建市初期情况是：那时一逢下雨，老北头的街面上都是积水。田家庵解放，金流市长来了后，才挖了沟、清了淤、埋了大涵管，修好了路，彻底解决了路面积水和出行难问题。

　　唐素兰讲述，新中国成立初期，家里生活比较艰辛，每月做小生意收入不多，但交税额是由群众评定的，群众说谁家交多少，税务部门就定多少。家里那时每月要交44元，每月收入交税后，仅够维持正常生活，基本没有节余。公私合营时，其家开的光华钟表店与尤济民的钟表店、周郁青的钟表店等几家店进行合作化经营，原先各钟表店的名称、招牌统统取消，对外就称"淮南钟表眼镜公司"，直至后来与上海亨得利公司合作，才用了"淮南亨得利钟表眼镜公司"这个名字。

与城市同行 70 年见证人的交流

1952年4月，淮南市政协原副主席宁宜南从阜阳来淮求学，就读于当年新成立的淮南师范学校。他是该校的首届学生，毕业后就再也未离开过这座城市，而是扎根留在这座城市教书育人，成家立业，直至退休安享晚年。对于建市初期的情形，他记忆犹新，无论是当面采访交流，还是电话微信通话聊天，他都会讲述当年学习、生活、工作的细节小事，在娓娓道来中，流露出他对这座城市的热爱。交谈中，他对我动情地讲述了当初是如何来到淮南这座煤城的往事。他说："淮南市于1952年成立，1958年9月28日，安徽省委批复：在淮南师范学校基础上增设淮南师范专科学校。1962年，淮南师范学校停办。1977年，淮南师范学校恢复办学。1978年恢复成立安徽大学淮南师范专科班，发展到今天，成为淮南师范学院。它随淮南市共同走过了这不平凡的70年。而我则有幸是这70年的亲身经历者、见证者。1952年，17岁的我从阜阳联合中学毕业考入了该校。回想往昔岁月，我至今记忆犹新，难以忘怀。

"1952年，淮南师范学校成立之后便开始招生，由于淮南市中学稀少，没有初中毕业生源，于是市政府遣派胡侠英同志到皖北的阜阳、宿县两地招生。当时因交通不便，我们阜阳的一批同学来淮南时乘坐轮船，还要在正阳关住上一宿，第二天才能到达淮南。我们在轮船上，远远就看到淮南田家庵发电厂的大烟囱，加上来之前负责招生的胡侠英向我们描述，淮南是一座各方面条件都独具优势的新成立的城市，让我们心中充满了憧憬，更觉得淮南像个大城市，早点到达的心情也更加迫切了。但下船后感到有点失望，所看到的田家庵的现实情况与胡老师讲述的及在船上想象的比较，有很大的落差，它像个小集镇（市政府及学校所在地），当时只有一条淮河路，是从老火车站（田家庵站）到船塘的一段不太长的沙石路。淮南师范学校原校址就是现在的淮南七中所在地，学校当时十分简陋，只有两排平房做教室和宿舍。我们到校的当天还是睡地铺。校门前有一条大臭水沟，同学们戏称是淮南的"北京龙须沟"。学校没有食堂，仅有两间草房用来做饭，饭烧好后，再用大饭桶把饭抬到教室走廊，同学排队打好饭，在教室坐着，等吹哨后同时吃饭。星期天如果学校安排看电影，师生则要集体从田家庵沿着火车铁路步行走到大通矿电影院，回来时，如果碰巧了可以从大通乘火车坐一站返回田家庵。当时九龙岗、大通、田家庵、洞山、黑泥洼直到八公山沿线都是依煤矿而建的火车站，火车也是市内群众出行的主要交通工具，车次相对固定而且比较少。当时的淮南师范学校随着淮南市的建设步伐发展很快，第二年就盖起了大礼堂和一栋有 8 个教室的 2 层小楼。连续 2 年招生，到 1955 年时已初具规模。我们是第一届的学生，于 1955 年毕业，除了一批考上大学的，我和魏敬之等 8 位同学被选入安徽省中学教师进修学院，为淮南市培养中学教师，其余绝大部分都被分配到各校任教，他们成为淮南教师队伍的奠基石。此前淮南市的教师主要来自合肥的黄麓师范毕业生。淮南师范学校填补了这个空白点，从创建发展到今天，淮南师范学院这 70 年为淮南市培养了一大批的中小学教师，为淮南市的教育事业发展做出了重大贡献。"

　　70 年的时光转眼过去，但 70 年过往的大事和细节深深地留在了城市生活者的经历中、笔触下、影像间、史志里，汇聚成一座城市宏大坚实的文化之基，镌刻出城市厚重可循的发展轨迹，也凝练出城市永不磨灭的文脉。

　　作者系淮南市政协委员，市政协副秘书长、机关党组成员、安徽省作协会员、淮南市作协副秘书长

我们走在大路上

——淮南市文联的故事

刘　琦

1952 年对于淮南的文艺工作者有着特殊意义，因为这一年他们有了自己的组织——淮南市文学艺术界联合会。

70 年来，淮南市文联带领着不断壮大的文艺队伍，与祖国同行，为人民放歌，用文艺的方式，讲述社会主义革命、建设、改革不同历史时期的淮南故事，凝聚淮南人民建设家乡、向善向上向美的力量！

70 年来，市文联的办公地点从淮河岸边的东升街，到舜耕山北麓的洞山路，而今又到舜耕山南麓的和风大街，淮南文联人昂首阔步，一路向阳，一路歌唱——我们走在大路上！

一

1991 年我从学校毕业分配到淮南市文联工作，虽然已经和淮南文艺界的老师们相识相知 31 年，但 70 年前文联的故事，我如何能听到？84 岁的淮南市文联原主席管德宏先生点醒了我：你去拜访周墨兵老先生！

于是，2022 年 5 月的一天，我和市作协金好主席、市摄协刘晓红副主席赶到周墨兵老先生家里。我们进门时，102 岁的周墨兵老先生正在书案上画画，四尺白宣横铺，老干虬枝，红梅傲然。看见我们来访，老人放下画笔。他的女儿，已年近 80 的周老师，招呼我们在老人身边的藤椅上落座。接下来的两个多小时，周墨兵老先生的讲述，让散见于文史资料里的淮南文联故事在我脑海里鲜活起来。

提起市文联的成立，周墨兵老先生回忆说，他是1950年底从皖北行署调到淮南来的，当时为"支援淮南文化建设"，他被分配在市政府的文教科任科员，次年春季开始参与成立市文联筹备工作。那时成立文联，是"上面有要求"。1949年7月2日，中华全国文学艺术工作者代表大会（第一次文代会）在北平（今北京）举行。毛泽东同志亲临会场并讲话。周恩来同志在会上作政治报告。朱德、林伯渠、董必武、陆定一、李济深、沈钧儒及工、农、妇、青各界代表到会。大会选举产生了中华全国文学艺术界联合会全国委员会，通过了《中华全国文学艺术界联合会章程》。7月19日，在新中国即将诞生之时，作为中国人民政治协商会议发起单位之一，中国文联正式成立。紧接着，全国各地纷纷成立文联机构，以此作为党引领团结广大文艺工作者的桥梁和纽带。同年12月7日，皖北文学艺术工作者联合会筹委会成立。淮南市从1951年初以中心文化馆的改建为主开始筹备，历时一年，1952年春，第一届淮南市文学艺术界代表会在红风戏剧院召开，淮南市文联正式成立。

翻阅《淮南市志》和《淮南市文化志》，当年淮南的文艺工作者队伍分别来自：1949年成立的淮南矿区警备司令部政治部文工队和后来成立的"淮南矿区文工团"；1950年来淮南演出，后来在淮南落户的展沟业余梆剧团；1950年组建的庐剧团，该团原名新生倒七戏剧团，其前身是北路庐剧中具有代表性的班社"徐家班"；1951年5月组建的红风京剧团，当时该团与红风戏剧院是合一的机构，红风戏剧院经常聘请全国知名演员来淮，与红风京剧团配合演出；1952年由徐州迁来的民间"新风评剧团"。

周墨兵老先生之前提到的"中心文化馆"，其前身是1949年秋成立的淮南特区文化馆。1951年3月，省文化局决定将淮南市人民文化馆改为安徽省淮南市中心文化馆。有编制12人，内设文艺股、宣教股、行政股、广播站。

周墨兵老先生说："我是1952年到馆里工作的。当时同事有从皖北师范和省文化干校分配来的，还有从华东军大分配来的。第一任副馆长谭而进，文字水平很高，金流市长经常让他起草政府的一些文稿。"

"第一次文代会是在红风戏剧院召开的吗？"我的提问引发了老先生关

于红风戏剧院的回忆。

1951 年 5 月，砖木结构、拥有 800 个座位的戏剧院落成。

周墨兵老先生说："有一天，金市长把我们喊到剧院，让大家为剧院起名字。大家纷纷说出自己的想法，金市长说他昨天晚上也想了一个名字——红风戏剧院。毛主席的一首词里有一句'红旗漫卷西风'，现在正好又是红五月。金市长的提议得到大家一致赞同。我当时随手拿了张旧报纸，用毛笔书写了'红风戏剧院'几个字。负责剧院施工的宋茂堂让工人用砂纸打磨好泡桐板，把这几个字制版并刷上红漆。"

老先生还说："当时演出的戏票，都是剧院人员自己设计制版印刷的，我也参与过好几出戏的演出戏票设计制作。"

印证周老先生这句话的是我曾经看到的一张戏票。戏票上的演出时间是 1951 年 7 月，演出剧目是《黄泥岗》，演出地点是淮南市红风戏剧院。票面正中是一个人推着独轮车的木刻版画，戏票背面演职员表上方印了"抗美援朝　保家卫国"八个字，下方标明"淮南市田家庵新民街八十三号和平铅石印刷所承印"。

20 世纪 50 年代，玉芙蓉参演的《江汉渔歌》、张翼鹏领衔的《三盗芭蕉扇》、新艳秋担纲的《锁麟囊》、李如春主演的《太平天国》……众多名角名剧在红风戏剧院的舞台上轮番演出，丰富了淮南人的文艺生活。

这时我想起了曾在《淮南文艺》上读到过姚晨熹先生的几首遗作。姚老先生是桐城人，1950 年从合肥皖北师范分来淮南支援教育工作，50 年代初曾担任过红风戏剧院的副经理。他在《自嘲》中写道："庐豫京评结俗缘，八年兀兀戏文编。少年胆大无难事，拙笔文空不忍捐。一曲新词修数遍，三更灯火爱迟眠……"诗中透露了 20 世纪 50 年代红风戏剧院舞台的红火，也勾勒了那些年用情、用心、用力演出的戏剧编创团队群像。姚老先生的另一首《忆淮南梨园兼〈对金瓶〉〈墙头马上〉两剧》写道："京评庐豫四枝红，唱做刚柔各自工。三国红娘金刀阵，孟姜二黑巧儿婚。雪梅观画楼台会，罗氏花枪杨排风。马上金瓶呈异彩，花开时节日东升。"诗的前三句是写当时各剧团的保留剧目，后一句写的是改编杂剧《墙头马上》、京剧《对金瓶》，向国庆 10 周年献礼，受到省市戏剧界的好评。练兵不辍的戏剧表演和编创队伍合力，在 20 世纪 80 年代把新编京剧《淮南王》推上了北京人民艺术剧院的舞台。

5 月的一个下午，我来到淮河路与港口一路交会的十字路口，儿时记忆里高大伟岸的剧院已经不在。恍惚间，70 年前第一届文代会代表们意气风发，拾阶而上，步入红风戏剧院的场景幻化在眼前，姚晨熹"花开时节日东升"的诗句回响在耳边。

在剧院原址附近稍作停留后，我沿着淮河路一路向东，经过新华书店、港口二路、红旗、国光照相馆，沿淮舜路向北，在右手边的一个路口，找到了周墨兵老先生说的东升街，找到了街拐角那幢建筑——曾经的中心文化馆。如果说当年红风戏剧院是文艺工作者的舞台，那么这幢建筑就是淮南文艺工作者最早的家。因为 1952 年春淮南市文联刚成立时并不是独立机构，下设文艺组、戏曲组、美术组，日常工作由市委宣传部文教科负责，中心文化馆代办。

周老先生说，那时候市财政收入极少，可是对兴建文化馆，领导还是果断拍板。1950 年，市人民政府拨粮 3 万公斤作为基建经费，在田家庵东升街兴建瓦房 7 间、草房 18 间的四合院，馆内设有图书馆、乒乓球室、广播站、课堂等。

那时候，人们"在市政府往往找不到市长，可是到馆里准能找到"。周老先生说的这位市长就是金流。东升街上的中心文化馆大门朝南，大门对着一条小路，小路通向当时的市政府。金流市长经常一大早就从小路过来，还会帮着生炉子烧水，不一会儿，四合院就在朝霞和炉火升腾中热闹起来。

周老先生还说："金流市长呀，他不爱待在办公室，就喜欢到街市走走看看。"

那些年，清晨洒扫街面的清洁工们经常在淮河路、东升路、港口一路、港口二路、太平街上看见穿大街走小巷的金流市长。时光荏苒，就这样，金市长走着走着，土和炉渣的路面变成了弹石和碎石路面；走着走着，街边的路灯竖了起来；走着走着，路两边种上了法国梧桐和侧柏。

那些年，馆里的教室每天晚上灯火通明，"扫盲识字班"里挤满了学员，初级班、中级班、妇女识字班里"识字牌牌儿好比明灯一盏，牌牌儿上的字儿我记心间"。文化馆里的工作者们积极参与扫盲运动,有效地降低了市民的文盲率,也改变了许多人的生活和命运。

那些年,为配合党的中心工作,馆里的8台汽油灯放映机不间断地为群众放映幻灯片。每天编辑的黑板报宣传材料,油印100份,从这里发出,分发到各单位。自制的几十个书箱,箱箱装满图书,定期从这里流动到全市各地。党的方针政策从这里以生动活泼、通俗易懂的方式迅速传播开,深受群众欢迎。

那些年,馆里组织了庐剧、梆剧、京剧演员190人和曲艺人员18人参加学习,一起编排"宣传反抗侵略、反抗压迫、爱祖国、爱自由、爱劳动、表扬人民正义及其善良性格的戏曲","旧艺人"实现了向社会主义文艺工作者的转变。

那些年,馆里组织的"工人业余宣传队"走上街头,走进厂矿、学校,走进乡村,在淮南的土地上播撒文艺的种子……

一声汽车鸣笛把我从"那些年"中拉回。此时,夕阳下,浸染着绿苔的

1990年淮南市文联小说改编会留影

水泥材质的"东升街"路牌，影子慢慢变长。我再次细细打量着曾经的中心文化馆，淮南文联的第一个家，高大的梧桐树影在灰砖的墙上留下斑驳的痕迹、俏皮的砖挑小屋檐、岁月包浆的灰色顶瓦，我仿佛看见当年建造它时"一根扁担一把锹，一砖一刀一弯腰，满堂脚手打马道，肩挑人抬上下跑"的火热场景。

让我们记住这些名字——1952年第一次文代会选举主席丁皓东，副主席王化震；1960年第二次文代会选举主席魏群，副主席吉克、季同櫖、赫登淦；1978年，文联机构恢复，文联机关工作人员有汪修铸、马汝波、朱韬、李颖、范波、唐兴鸣、赵心纯，同年底召开的第三次文代会选举主席刘峰奇，副主席吉克、吴联翔。让我们致敬潘效安、吴联翔、金云、都来宾、郑子枫、吴本先、吴前锋、涂岫云、洪世清、金传全、侯超、彭鸿彬等关心淮南文艺事业的老领导和老艺术家；让我们致敬在1992年获得"从艺30年以上荣誉证书"的126位艺术家！

在那激情燃烧的年代，淮南市的文艺队伍立正亮相开步走，在社会主义文艺百花园中，辛勤耕耘、挥洒汗水、培育新蕾，唱响"革命红旗迎风飘扬，中华儿女奋发图强"！

二

宽阔笔直的洞山路自东向西穿过淮南市中心城区，在路的南面，紧挨着原军分区大院西围墙，原先有一个院子，院子里有座内走廊砖混结构的四层小楼。1978年文联恢复，就在那里办公。我工作的第一个10年就是在那幢小楼里度过的。

1991年我上班的第一天，领导递给我一本1989年第2期《淮南文艺》特刊，并嘱我好好做做功课，尽快熟悉里面刊登的重点会员名单和他们的艺术简历。这本特刊我一直收藏着。正是通过这本特刊，我看到了淮南市文联在改革开放和社会主义现代化建设新时期的第一个10年（1978—1989），就如何贯彻"双百"方针进行的探索。我也感受到了在改革大潮的推动下，淮南的文学艺术工作者的想象领域和思维空间的迅速拓展，文艺从题材内容到表现手法，从思想观念到风格流派，无论是创作实践还是理论探讨，出现的"全方位的跃动"。也正是通过这本特刊，我了解到 1989 年底，协会从 1978 年文联恢复时的 4 个增加到 9 个，市级会员从不足 200 人增加到 620 人，省级会员从 10 多人增加到近 200 人，国家级会员已有 30 多人。特刊中入选的 222 人中，45 岁以下的有 139 人，他们在那个年代接续老一辈文艺工作者的事业，是淮南大地涌现出的文艺新秀。

当我和管德宏主席聊到这本特刊时，管主席说，编辑这本特刊之前，做了大量的细致深入的普查工作，编写特刊的目的不仅是对文联恢复后第一个 10 年的工作进行回顾和梳理，更是为了表彰先进，总结交流经验，弘扬勤奋创作和奉献精神。

1992 年 5 月 21 日，由市文联筹办，市委、市政府在洞山宾馆召开纪念毛泽东同志《在延安文艺座谈会上的讲话》发表 50 周年大会，时任市委书记宋孝贤出席，市委副书记杨映松到会讲话，市政府副市长刘昭主持大会。大会宣读了《中共淮南市委、淮南市人民政府关于对文艺战线取得优异成绩者授

1992 年淮南市纪念毛泽东同志《在延安文艺座谈会上的讲话》发表 50 周年大会

予优秀文艺成果奖的决定》和《中共淮南市委、淮南市人民政府关于对从事文艺工作 30 年以上的同志授予荣誉证书的决定》，对 132 位文艺工作者给予表彰奖励，为 126 位从事文艺工作 30 年以上的同志颁发了荣誉证书。大会的召开使文艺工作者深受鼓舞，倍感自豪！许多老同志至今对那次大会还记忆犹新。

　　还记得 1992 年夏天，我跟着领导和同事到合肥出差。一路上，我们轮流抱着准备出版的一沓厚厚的诗稿，到省文联拟请著名诗人、时任省作协主席严阵作序。当年 12 月，诗集《大潮》由安徽文艺出版社出版。今天，再看那篇序言，仍然备受鼓舞。严阵主席在序言中写道："灯光下，我把这本诗集的目录数了一下，入选这本诗集的作者，一共是一百四十三位。仔细看来，这一百四十三位作者中，既有市委、矿务局党委的领导同志，又有普通的煤矿工人，既有五十年代就开始写诗的老诗人，也有刚刚崭露头角的新作者。虽然作者的工作岗位不同，社会视角不同，艺术趣味不同，创作手法不同，但这却是不同声部组成的一部大合唱，这却是不同乐器组成的一个大乐团！它

著名作家鲁彦周（右一）在淮南

唱出了淮南的变革，它奏出了祖国的新声！""淮南真了不起！淮南的文艺工作者真了不起！"

还记得1997年9月的"豆腐文化节文学笔会"，省内外著名作家40余人看淮南、写淮南。著名作家鲁彦周说："过去虽然多次来过淮南，但是对淮南了解很不够，认为淮南是个煤矿城市，有丰富的煤炭资源，这次来才了解到淮南不仅有深厚的煤层，而且有深厚的历史、深厚的文化积淀。"记得那天，我等陪同鲁老及其夫人张嘉游览淮上古刹茅仙洞，倚山面淮，鲁老不禁感叹淮河唯此一段北流，风景绝佳！

记得1997年，省文联和省人事厅联合开展全省文联系统先进集体和先进工作者评选。淮南市文联被评为先进集体，我被评为先进工作者。表彰会上，时任淮南市文联主席的管德宏同志作为先进集体代表发言。

那些年，淮南市文联坚持从娃娃抓起，配合素质教育，培养少年儿童写作能力，为让他们在采访实践中开阔视野，增长才干，由淮南市文联主办，在全国发行了《少年之友报》，开展富有特色的小记者活动，在全国发展小记者近千名，报纸每期发行26万份，成为全国影响较大的少儿报纸之一，受到省关工委和新闻出版部门的高度重视。市文联创办的《语丝》杂文专刊，坚持严肃高雅的办刊方针，佳作多被转载，《人民日报》《新民晚报》《文学报》等予以好评。

那些年，在那幢小楼里，听画家陈亚非唱《我的太阳》，模仿帕瓦罗蒂；看书法家余国松画水墨人物，躬身作揖，题字"小生这厢有礼"；赞叹摄影家李颖《梅竹图》那绿梅红竹的暗房技艺；为已经离休的马汝波副主席撰写老干部先进事迹；背诵李思法主席"从夏沉思到秋，成熟了你才开口"的诗句；见证周文龙书记热心呵护培育古体诗词创作，从红叶烂漫到碤石耸翠。

那些年，我和同事们一起编排、油印、装订、糊信封，把《文联通讯》寄到全市各地；在每次加班后，我和赵岳互相按摩肩胛和颈椎。有一次竟因为忍饥加班，调侃自己把奖牌上隶书体的"突出贡献奖"看成"吴山贡鹅奖"，与同事相视哈哈大笑；也会因为高秀兰副主席的一句安慰"丫头，别委屈"，激动得眼泪流淌……

三

2000年2月，市文联从交通楼搬到洞山中路上的总工会大楼七楼办公。站在办公室中南望，能看见舜耕山上的亭子和亭子里的游人。搬家的第三天，我的女儿出生了。没有休满产假的我6月份就回到工作岗位。没有电梯，每天和《少年之友报》的同龄人欢悦地把爬七楼当成锻炼身体。2004年，市文联又搬到了洞山中路的中建大厦四楼办公，一直到2012年9月。

记得2001年12月，李慧桥、孙中生参加第七届全国文代会归来，市文联举行了隆重的欢迎会。归来的代表满面春风，参会的文艺界人士笑语欢声，文联的领导热情洋溢。两位代表分享了会议盛况，传达了会议精神。应邀而来的市委宣传部领导对文艺界提出了新的希冀。2004年任市文联主席的李慧桥，在2001年、2006年、2011年、2021年曾先后四次出席全国文代会。

难忘2004年参与举办"全国少儿艺术节"。淮南少儿舞蹈享誉全国，以"少儿舞蹈+"的形式举办全国少儿艺术节，不仅对少儿艺术水平的提升大有益处，而且对提升淮南城市美誉度也是有力的加持。艺术节开幕前几天我们接到通知，与田家庵区对接，接待国家级协会的评委，安排好少儿器乐比赛和少儿书画展。几天活动忙下来，大家都累得脱了形。但是，我们也收获满满：听中国舞协贾作光先生的点评，记住了淮南少儿舞蹈要进一步凸显地域特色，要增加花鼓灯元素；向中国舞协冯双白先生请教，明白了不通一技无以谈艺的道理；聆听中国书协吴震启先生娓娓道来的人抬人高、合作方能共赢的教诲。

记得2005年到2006年初，全省新闻出版文艺界大练兵。其间，全市文艺工作者发表文艺作品3600篇，出版图书作品集15部，获省级以上奖131个、国家级奖项7个。2005年底，淮南市文联、凤台县文联参加大练兵交流会，凤台县文联作交流发言。我至今还保留着大练兵期间领导小组编印的学习资料，我还参加过一场大练兵闭卷考试。通过那次大练兵，我的业务能力也得到了进一步的提升。

四

2012年9月，穿过灿若星河的舜耕山隧道，文联搬到了山南和风大街市政务中心B座四楼。同年11月，党的十八大召开，中国特色社会主义进入新时代。淮南市文联也进入了一个新的发展阶段，历史文化名城寿县划入淮南版图，各区、行业文联成立，市文联团体会员增加到24家，会员队伍不断发展壮大。

记得我高中时写过一篇关于淮河的散文，投稿《淮南日报》被采用。上班后才知道当年的那位编辑就是李恒瑞老师，当时他还担任市作协主席。认识李老师后，他就一直鼓励我要多写作。文联的领导们也一直要求和鼓励文联的工作人员要多动笔。搬到山南，工作转岗后的我，开始了练笔。一开练，才知道不惜脚力、开阔深邃眼力、开动脑力是练好笔力的前提和保证！老领导开来一串名录：金克木、方诗恒、陈敬之、沈保珩……"这些都是淮南籍的或者跟淮南有关联的作家、艺术家，你写一写他们的故事吧！"开练后的我，长了见识，磨了心性，练了意志。随着文章在《安徽文学》等期刊、报纸上发表，作家、艺术家们的故事被传看，我也增强了自信心。

还记得参加几次淮河采风活动，每次采风，"一条大河波浪宽，风吹稻花香两岸"总会在耳边响起，"淮河，我的母亲河"的情愫总会油然升起！第一次从水路逆行到茅仙洞，寒武纪形成的赤赭色片叶状岩石冲击着我的视觉，拾级而上，回首北望，麦浪金黄，开阔了我的心胸。第一次水上观东、西硖石，方知为何要把此处称为"长淮津要"。登临西硖石，慰农亭亭柱上是西蜀知县颜海飏的那副楹联："选胜值公余，看淮水安澜，硖石拱秀；系淮在民隐，愿春耕恒足，秋稼丰登。"

最难以忘记的是2018年5月8日，中国民间文艺家协会命名淮南市为"中国成语典故之城"！参与申报中国成语典故之城的那些日子里，我随身携带着申请报告，天天翻看，一些重要章节和数字烂熟于心，以备评委和领导随时提问。还记得在省民协张甦主席宣布将申报工作作为省民协工作立项的那个理事会上，申报项目言简意赅的启动是文联组织优势最好的诠释！记得 2017 年的那个夏天，杨天超、杨武、程晋仓、金好和我一行，与省民协主席张甦、秘书长穆仲夏，一起在徽园商讨申报的具体事宜。记得 2018 年 3 月 7 日，张甦主席和市领导领着我们一起来到中国民协进行汇报。会议室里周巍峙书写的"薪火传承 任重道远"，让我感受到几千年优秀传统文化生生不息的绵长；一尊"四知堂"彩色面塑作品，让我感受到文艺作品春风化雨的力量。

2022 年 10 月 16 日上午 10 点，中国共产党第二十次全国代表大会在北京人民大会堂开幕。正在值班的我，在办公室聆听了二十大报告，在笔记本上记下：推进文化自信自强，铸就社会主义文化新辉煌！开幕式直播结束，我抬眼望向右手边窗外，金秋时节的香樟树老叶红黄、新叶碧绿，以红赴绿继、生生不息的姿态沐浴着明媚的阳光，树丛里一幢设计成煤块形状的建筑，蓝色玻璃幕墙在阳光下闪着光。下楼，不到一分钟我便走进这幢建筑。新近入驻这座建筑里的单位都挂了牌子，淮南市图书馆、淮南书画院……当看见"淮南市文化馆"那块牌子时，我不禁莞尔，70 年后我们又集合在和风大街上！

作者系淮南市文联四级调研员

淮南人行的那些年那些事

周　强

因缘际会，1952 年将淮南市与吴英华和我牵手到一块。

1952 年，是地级淮南市建市之年。建市当年，市委机关设在九龙岗，市政府机关设在田家庵，人民银行淮南支行机关就在淮河路上的市政府正对面。

1952 年，是吴英华到淮南参加工作的第一年。吴英华原籍东北，满族人，乌扎拉氏。后来我了解到，乌扎拉氏是原女真族的一个部落，这个部族中最有名的一个历史名人是乌扎拉·额楚，他在清初参与平定"三藩之乱"，因战功升任江宁将军，相当于现在的战区司令员，朝廷正一品大员，驻扎在江宁，即现在的江苏省会南京，是统领江南驻防八旗军兵的最高统帅，安徽也在他的治下。1935 年，吴英华出生在上海，父亲吴翼翚是华岳心意六合八法拳一代宗师。新中国成立后，吴英华考上中国人民银行华东区行干部训练班，校址在上海市杨浦区马玉山路，现在已改为双阳路。训练班学制两年，1952 年夏季吴英华毕业，被分配到中国人民银行淮南支行工作，那年他 17 岁。吴英华一直生活在大城市，之前压根就没听说过淮南，因此对于到淮南工作没有任何心理准备。父亲吴翼翚很开明，新中国成立后被上海首任市长陈毅聘任为上海市文史馆馆员。他之前经历过清政府、北洋政府和国民政府的统治，通过对比，他相信共产党，相信社会主义能够救中国，所以支持儿子远离自己，前往淮南，报效祖国。

1952 年，是我的出生之年。我出生在苏北淮阴。我了解淮南，还是在读小学三年级的时候。地理老师是位老学究，他给学生讲解中国的五大煤矿基地，抚顺、阜新、唐山、大同、淮南，每讲一个城市还做简单点评。最后讲到淮南时，他不无解嘲地加上这么一句："山北水南为阴，淮南与淮阴是一个意思，都是在淮河南岸。我们是江苏的淮阴，淮南是安徽的'淮阴'。"那个时候，人们所能了解到的淮阴，一个是苏北地区的贫瘠，再一个就是淮阴侯韩信。听到地理老师的评点，虽然对为什么"山北水南为阴"有些懵懂，但是还有点纳闷，都在淮河南岸，都是"淮阴"，江苏的淮阴与安徽的"淮阴"，差别咋就那么大呢？山不转水转，1969 年，我 17 岁，从苏北的淮阴走出去，跟老吴从上海走出去是一个年龄。1975 年，我 23 岁，竟然转到安徽的"淮阴"了。

对于淮南，我和吴英华都是外来客，虽然是在不同时期来的淮南，但毕竟淮南已成为我们的第二故乡。20 世纪 80 年代，我们都在市政府大院内工作，他在五楼，我在二楼，于是我们认识了，偶尔聊起来，还有不少共同语言。我退休时，吴英华已经退休 17 年了，因为认识早，于是我们就成为玩伴，经常在一块喝喝茶、拉拉呱，刚到淮南的那些年那些事，是我们经常聊到的。20 世纪 50 年代是新中国成立的第一个 10 年，在党的领导下，全国各族人民满腔热情地投入社会主义建设，那真是火红的年代，激情燃烧的年代。那个年代的吴英华正好是个单身汉，对于他来说，就是"激情燃烧的单身年代"。

十五比三

吴英华参加的那期人行华东区干训班是第二届，相当于大学专科，同期学员有 30 多人，年龄都和他相仿。在干训班，他们学的课程主要有金融、薛暮桥的《政治经济学》，还有中共和联共党史，请的教员主要是上海大学的教师。新中国刚刚成立，各方面人才都很紧缺，因此学了两年他们就毕业了，怀揣着投身新中国建设的憧憬走上了工作岗位。这一批学员的分配方向主要是在苏南行署、苏北行署和皖南行署、皖北行署，皖北行署的驻地是合肥，和吴英华同时被分配到淮南的还有一位女同学小赵。

吴英华告诉我当年初到淮南的旅程，现在的年轻人听了可能都不敢想象。1952 年 7 月的一个清晨，同学们结伴，一块从上海北站坐上开往北京的火车。都是朝气蓬勃、风华正茂的同学少年，一路上欢歌笑语，去苏北的同学先向去皖北的拉歌，去皖北的再向去皖南的挑战。大家既向往未来，又恋恋不舍，最后都掏出笔记本，互相在笔记本上留下临别赠言。到了镇江，去苏北的 10 多位同学下车了。到了南京，去皖南工作的 10 多位同学下车了。剩下的头 10 位都是被分配到皖北行署的。

火车在南京要分解成几段，通过轮渡到达对岸的浦口，这个过程用了足足两个多小时。看着车窗外的江水滔滔东流，吴英华开始憧憬，心目中的淮南会是个什么样。没有上海市区的繁华是必定的，至少也应该有郊区市镇的热闹吧。如花盛开的年龄，就要投入如花似锦的新中国建设，想着自己的新生活很快就要在淮南起步，吴英华的心里燃起一股希望……

傍晚时到达蚌埠，他和剩余的同学转乘从蚌埠去合肥的火车。在水家湖车站，他和小赵与被分配到合肥、巢湖、六安的几位同学最后告别，再登上对接通往淮南站站停的慢车。又过了一个多小时，终于达到田家庵火车站。这时已经是晚上 8 点多，路上走了 15 个小时。下车之后，吴英华似乎感觉怅然：田家庵火车站旅客寥寥，很有些孤寂荒凉，而站台上和出口处几盏炽亮的汽灯，又似乎象征着光明未来。

我也跟他说起我第一次来淮南时的情景。那是 1975 年底，我在明光车站上了从上海到合肥的 90 次特别快车，在水家湖换乘至张楼的慢车，在洞山车站下车，旅程也用了 4 个多小时。如果从始发站算起，上海到淮南也得十几个小时，但比吴英华初到淮南时快了 5 个钟头。吴英华激动地说："这个根本没办法比。现在我还经常到上海走亲戚，坐高铁到上海，最快 3 个小时都不要。"是啊，毕竟 70 年过去了，上海到淮南的行程从 15 小时缩减为 3 小时。吴英华在赞叹时代越来越进步的同时，又感慨地说，时光也将人催老了。

吴英华的"初恋"

淮南火车站坐东朝西，出站就是淮河路，当时的人民银行坐落在淮河路路北，距离火车站也就百把米。接站的同志领着他们走几分钟就到了。一宿无话，第二天清晨，吴英华就在人民银行门前的马路上转了一圈，先向东转到火车站，然后回头转到淮舜路口，再回到人民银行。站在单位门口，马路对面是座 3 层办公楼，也就是淮南市人民政府办公楼，顶部墙壁上有颗五角红星，这是革命事业的象征，他凝神注目许久，似乎想了许多许多。人们常说，初恋是人生最美好的，也是最难忘的。他对这颗红星所象征的事业"一见钟情"，人民银行就这样成为吴英华 17 岁时的"初恋"。

现在他还不断地向他的同事、他的朋友、他的晚辈夸赞自己的"初恋"："楼上楼下，电灯电话，我一到淮南人行，我们这里就是社会主义了"，"我们人行门前的马路是淮南市的第一条柏油马路，当时省里还批评我们铺张浪费"，"当时淮南市最繁华最热闹的地方就数我们那了，大街、小巷，车站、码头，商场、剧场，什么都有"。有一次他还告诉我："人民银行当年的建筑现在还在，你有时间可以去那条街转转，感受一下当年的淮南。"他就像是人民银行的代言人，一刻都忘不了为他 70 年前的"初恋""做广告"，听他那口气语气，不无自豪，不无炫耀。

我的一生到现在，跟银行的交道就是存钱取钱，以前没想过也没必要去了解银行的历史，听了吴英华绘声绘色的宣传，我还真来了兴趣。"不看广告看疗效"，2021 年秋天，我专门跑到田家庵街上的淮河路，去找吴英华所说的人民银行旧址怀旧一回。透过门缝，看到五六十米长的一栋平房深锁在院墙之中，还是 20 世纪中期的建筑风格，正门门厅上的墙面上镶嵌的却是"淮南工商银行"几个字，而院子门口张挂的标牌又清清楚楚地标明是"人民银行淮南支行旧址"。对于这个疑问，我是一定要找吴英华搞清楚的。

因为听过吴英华的"广告"，再看这里的实物，我对淮南建市之前的人民金融事业有了初步了解。抗日战争时期，淮南抗日根据地就建立了"淮南银行"，发行过淮南纸币。抗战胜利后，华中几大解放区各自设立的银行，像淮南银行、淮北地方银号、江淮银行、盐阜银行、淮海银行等一起，合并组成了华中银行。1949 年 1 月 18 日，淮南解放。半个月后，华中银行在淮南设立办事处，归属华中银行江淮分行，主要为淮南矿区办理收付业务，并负责接收旧银行机构遗留的资产。这时，中国人民银行已经于 1948 年 12 月建立。1949 年 5 月，华中银行改组为中国人民银行华东区行，华中银行淮南办事处也相应改为中国人民银行淮南办事处。9月，办事处调整为支行建制，归属蚌埠支行领导。新中国建立后，于1950年9月设立县级淮南市，淮南支行也升格为二级支行，归属皖北分行领导。

从储蓄岗位干起

1952年连续发生两件大事：一件是淮南建市，经政务院批准，淮南矿区改为省辖淮南市；一件是安徽建省，皖北和皖南两个行政公署撤销，合并建立安徽省，省会设在合肥市。这两次行政区域的变更调整，使原来县级淮南市的人行支行调整为省辖市支行，业务范围从以矿区为主扩大到整个城乡。当时淮南就这一家银行，全称是"中国人民银行淮南支行"，既是金融管理机构，又是业务经营单位。支行设在田家庵，根据服务对象的不同，为城区服务的机构设有九龙岗、大通、八公山、蔡家岗等4个办事处，为农村服务的网点设有上窑营业所和洛河、洞山、蔡家岗等农村服务组。当时支行系统也就一百多人，分布在支行机关和遍布全市的头十个下属单位。因为人手特紧，吴英华被留在支行机关，机关也就设了为数不多的几个股室，在他的记忆中有人事股、会计股、业务股、储蓄股和金库。

中国人民银行华东区行干部训练班结业纪念章

吴英华告诉我，他和小赵上班的第一天，就感受到组织上的温暖。他说，市行行长萧斌同志是位老红军，和蔼可亲，一点没有领导的架子。萧行长特地将他俩请到办公室谈话，勉励他们，要继承革命传统，多向老同志学习；告诉他们淮南的金融事业百废待兴，鼓励他们将在培训班学到的知识运用到工

173

作上，尽快成为业务骨干。

吴英华开始被分配在支行储蓄股，负责记账和复核。他告诉我，当时办理储蓄存取款还非常原始，业务员的头顶上拉着一根铁丝，挂着铁夹子，前台业务员将存款凭证做好后，将凭证和存款通过铁夹子传送到后台，后台审核盖章收款，再将存折和相关凭证推回。吴英华讲得很生动，还伸起右手前推示意了一下。其实那不是银行的"专利"，我也见过不少，一直到70年代，还经常见到邮政局、供销社、商店这些门点用这种方法传递钱币凭证什么的，甚至有的机关办公室之间也在墙上钻个洞，用这种方式传送文件或者安排工作。

吴英华告诉我，刚解放时，人民群众对储蓄政策还很不了解，当时还处于国民经济恢复时期，工人的工资收入比较低，所以储蓄业务开展困难。他们通过储蓄宣传、政策动员，还组织流动服务组，到生产企业和居委会进行服务宣传，逐步取得群众信赖，储蓄业务才打开局面。后来，上门服务的储蓄业务量甚至超过了网点门面，全市有超过一半的职工都在银行办了存折，经常到银行储蓄存款。他去做过宣传上门服务的单位就有大通矿、九龙岗矿和田家庵几个纺织合作社。他还跑过码头工会，向搬运工进行宣传。

干储蓄的那几年，吴英华见识了许多种货币，包括旧社会流通的袁大头、金圆券，解放区流通的纸币，新中国流通的旧币，3元面值的新币。1953年时，中国人民银行发行了一种3元纸币，现在的收藏价值已经涨到5万元一张。我跟他说："你当时要保存一沓3块钱的纸币，现在可就发大财了。"吴英华说："你说的倒是事实，可是人哪有前后眼？那时候3块钱足够三口之家一个星期的生活费，谁还有闲钱来收藏呢？"

在市支行干了两年，支行机关搬迁到洞山火车站旁边，当时火车站站房还在铁路南边。因为建行刚建立，且归属人行管理，所以淮河路的人行支行旧址就留给建行了。伴随着这次机关搬迁，人员也进行了调整，已经成为业务骨干的吴英华被领导安排充实基层，去了大通办事处，地点是在居仁村。

矿井常客

有一次吴英华问我："你来淮南三四十年，有没有下过矿井？"我说："我倒是想下井看看，可是一直没有这个机会。"他告诉我，那时候他是矿井的常客，每年都要下去十几二十来次，有时候一个月都要去三四次。我问他："你在银行工作，下井这么勤，那是去干什么？"他说是因为工作需要，接着就向我解释起原因。

他来淮南之初，因为储蓄业务量不很稳定，经常会有清闲时间，于是领导又给他增加了工作，就是陪客人参观矿山。省分行领导或者业务单位客人来到淮南，参观西部新矿区建设成为一门必修课。每当有接待参观考察任务，领导总要吆喝一声："小吴，走，跟着一块。"有时候省里分行处室或兄弟支行的同志来到淮南，市支行领导实在没有时间，干脆就安排吴英华代表，负责全程接待。因为他去得勤，加上后来又调到大通工作，于是同矿上许多同志慢慢都处成了朋友。吴友忠当时担任大通矿工人科（后来改称"劳资科"）科长，因为都姓吴，两人聊起来还很投机。后来吴友忠担任了淮南矿务局党委书记。另一位朋友王声明当时在大通矿担任采煤区支部书记，后来担任了两淮指挥部副指挥长。丰绪然是解放初淮南知名的全国劳模，曾受到毛主席的接见，还作为工人代表访问过苏联和东欧社会主义国家。吴英华听丰绪然做过报告，后来也处成了朋友。

在支行的时候，吴英华陪客人去的矿山主要是西部新矿区的谢一矿和谢二矿。他来淮南的时候，谢一矿接近完工，谢二矿刚刚投入建设，因此去谢一矿就是陪客人参观新矿井，去谢二矿就是看火热的建设场面。50 年代正是淮南煤炭工业由东部一隅扩展到西部大开发，取得快速发展的时期，煤炭需求量的不断增加，催动西部新矿区建设突飞猛进，日新月异，成为新中国成立初期工业化进程的缩影。谢一矿是新中国成立以后，淮南矿区建设的第一对新矿井，1949 年开工建设，1952 年 11 月投产。吴英华跟我说，因为经常下井，他在谢一矿看着采煤方法在不断改进，还比画着木头支架、钢筋支架什么的。我听不懂，他越解释我反而越糊涂，于是回家翻翻《淮南市志》煤炭工业的内容，才知道吴英华说的技术革新，实际上就是倒台阶采煤法向掩护支架采煤法的改进。

在"劳动最光荣"的年代，工人们以当矿工为荣，姑娘们以嫁给矿工为荣，这是与吴英华同时代的许多人的青春记忆。吴英华也不断向客人们灌输这样的观点，动员客人们支持淮南建设。他说过这样一件事，1952年底，有一次他陪省分行有关处室同志参观大通矿，在宣传橱窗前，他们看到张贴着大通矿向九龙岗矿发出的红色挑战书，挑战内容包括产量、安全、技术革新，九龙岗矿的应战书也贴在旁边。客人们饶有兴致地驻足，看了挑战书，又看应战书。他们与吴英华一样，都被工人们无私奉献建设社会主义的火热激情所感染。后来我在《淮南日报》社资料室，发现当年《淮矿工人报》对这件事做过报道，文章的标题是《坚决完成全年生产任务，大通矿向九龙岗矿发起挑战》。

感受"大家庭"

新中国成立初期，曾沿袭过战争年代的分配制度，对一部分机关工作人员实行供给制。吴英华刚参加工作，因为没有家庭负担，享受的就是这种没有工资的供给制。简单地说，就是衣食住全包，再发一点津贴做零花。刚上班那几个月的津贴是3万旧币，相当于后来的3元钱。到年底赶上增加津贴的政策，涨到5万元，如果抽烟喝酒的话肯定不够。现在看来是少了点，可是对于没有过独立生活经历的吴英华来说，倒是乐得省心，不用操心吃喝拉撒睡，不必购买油米酱醋柴。一人吃好，全家不饿，可以全身心地投入工作学习当中，而且可以强制性地使他远离烟酒，这个好习惯竟一直保持到现在。

于是我向他追问，在供给制状态下，怎么住怎么吃怎么穿？

吴英华虽然已经88岁，但是回忆起来还是思绪清晰，许多人的名字都还记得非常清楚。他说刚到淮南时，开始住的是集体宿舍，地点在银行后边的家属院里，两人一间，跟他同宿舍的是吴启忠，后来担任淮南工商银行办公室主任。调至大通办事处后，与他同宿舍的是袁励进，后来担任中国银行淮南支行副行长。吴英华在大通又干了年把，才分到自己的单间，也就 10 来平方米，公家的标配是一张床，一个三抽书桌，一个脸盆架再配一个脸盆。天热的季节，自己解决乘凉问题；寒冬腊月，单位还给分配一捆铺床稻草。

吃的就是食堂。银行的同志心思都很简单，大家都在想着建设社会主义，吴英华他们把干好工作当作建设社会主义，搞行政的同志和食堂厨师把让他们吃好不想家当作建设社会主义，大家都想到一块，那时候的人际关系就是这么简单，真像一个和谐的大家庭。

穿也是这样，单位配给，冬有棉夏有单，虽然色泽单调，但大家都是这样，也没有人讲究。女同志却拥有得天独厚的优势，当时流行苏联的布拉吉，也就是连衣裙。我可以想象出来，在那色彩单调的年代，姑娘们穿着漂亮的连衣裙，风姿绰约，青春靓丽，犹如鲜艳的花朵，喷薄欲放，给火红的年代又增添了多少动感之美。

国家将他们全包下来，他们也将自己完全奉献给国家。刚参加工作那会儿，就像是部队里的入伍新兵，单位对他们实行半军事化管理，早晨五点半就得起床，然后跑步，出操，讲讲昨天的国内外大事。7点钟休息和吃早餐。上一天班，吃过晚饭，晚上7点到9点又是政治学习。只有周六和周日的晚上不学习，周日的早上不出操。直到结束单身，早晚的业余时间才归属自己。

说到这我有了同感，我刚闯入社会时的经历与他极为相似。"文革"期间，先是下放到江苏生产建设兵团的云台农场，后来转到安徽生产建设兵团的潘村农场，两个农场都实行半军事化管理。虽然发点工资，但除了吃食堂要掏饭票，穿衣服是自己的，其他都与供给制完全相似。早晨的军训和晚上的学习，也如出一辙。

到1955年，吴英华享受3年多的供给制后，机关全部由供给制改为薪金制，吴英华定为行政24级，月薪47元。这一说让我羡慕不已。当时我的家庭在苏北地区还是中等，大哥已经成家分居。家里还有父母、一个姐姐一个哥哥，以及我，孩子都在读书。一家5口人，就靠父亲一个月40多元的工资。吴英华一个人的工资水平相当于我们全家5口的，怎会不令人羡慕？我这一羡慕，吴英华就更受用了，然后又娓娓而言，继续道出他那特有的单身年代之幸福，与我分享并让我羡慕着。

到九龙岗开会

　　淮南建市时，市委驻地是在九龙岗，市政府驻地是在田家庵，市里经常有重要活动在九龙岗举行。尤其是开全市性的大会，每个单位都要派一些群众代表参加，吴英华和行里的几位年轻人成为单位的会议"代表"，只要有大会，就是他们几个去参加。50年代的几任市委书记李任之、王宇、刘廉民，几任市长陈庆泉、杜少安、段金波，他们都见过，还经常听他们做报告。

　　从人行机关到九龙岗 10 来公里，单位只有一台老式吉普车，还是解放战争中从战场上缴获的美式装备，因为经常被调用运钞，银行领导都很少使用。当时田家庵和九龙岗之间虽然有一条沙石路，但是不通公交车，要去开会只得步行，快一点两个多小时，搁现在恐怕是没人愿做的苦差事。但当时那帮年轻人一听说市里要开大会，就像过节一样感到兴奋。要是上午开会，还像每天一样 5 点半起床，食堂会提前给他们准备好早餐，比平常还要丰盛些。大家拎着早餐，安静地走出银行大院，出了大门就可以"放飞自我"了……几个人结伴，抄近路走田埂小道，一路上说说笑笑，唱唱叫叫，蹦蹦跳跳，两个多小时，不知不觉就赶到了。

　　吴英华印象最深的一次大会是去九龙岗参加迎接"中国人民第二届赴朝慰问代表团"的活动。当时抗美援朝战争还在进行中，1952 年 10 月 25 日，吴英华还在田家庵参加了"庆祝志愿军出国作战两周年"群众集会。那段时间报纸上看到的，广播里听到的，几乎都是来自前线的战报，或者是志愿军战士的英雄事迹报道。抗美援朝总会在淮南建有分会，会长是当时的市委秘书长方茂初。分会经常开展活动，每月的 1 日和 15 日是固定的"爱国日"，各个单位都要开展活动，淮南市民人人都要签订爱国公约。吴英华来淮南的时候，"捐献飞机大炮"活动已经结束，全市部署的关于抗美援朝的活动主要是增产节约和爱国丰产运动。

　　欢迎大会是在九龙岗淮职大礼堂举行的。当时已近年底，天气已经很冷了。大会从晚上7点开始，到场领导和各界代表有600多人。代表团做了报告，讲了许多英雄事迹，因为回单位还要向同志们传达汇报，所以吴英华他们听得都很仔细。吴英华记忆最深的就是报告团汇报的一件事，志愿军冷枪英雄吕中和在冷枪运动中打死了101个敌人。慰问团到前线慰问，慰问品发给每个战士，里面有一包糖，共120多块，和吕中和一个班的战士们都很激动，大家在一起商议后，又集体向慰问团表示决心，今后每打死一个敌人就吃一块糖，用战斗的成绩来报答祖国人民的慰问。

志愿军战士在前线以生命同敌人浴血奋战，仅仅是一颗糖，就被他们视为祖国人民对他们的最高奖赏，要以消灭更多的敌人来报效祖国。谁是最可爱的人？会场上时不时传来的抽泣声回答了这个问题。说到这事，吴英华眼睛里也噙着泪花，我也跟着泪涌。

后来两天，报告团又分组在九龙岗、大通、田家庵、洞山、新庄子、蔡家岗等地做报告，全市有数万群众到场，吴英华和他的人民银行同事在田家庵会场又接受了一次教育。经我查证当时的《淮矿工人报》，吴英华他们在九龙岗开大会的那天晚上的准确日期是1952年12月10日。

银鹰篮球队

虽说是单身，其实那时吴英华也有"家"，那就是工会。我在职期间，曾经担任过单位的工会主席，还曾作为淮南市的代表，参加过2008年在合肥召开的安徽省工会第十二次代表大会，因此对工会很有感情。听他说到工会，我马上就来了兴趣，向他询问起那个年代工会开展活动的许多细节。

吴英华后来在市财政局也干过工会工作，因此说到工会，他也很兴奋。吴英华说最值得他人生回忆的就是人民银行工会组织的银鹰篮球队，那在当年的淮南可是响当当的。吴英华说，刚到人行的时候，国家正在搞"三反五反"运动。"三反"是"反贪污，反浪费，反官僚主义"，在国家机关中进行；"五反"是"反行贿、反偷税漏税、反盗骗国家财产、反偷工减料、反盗窃国家经济情报"，在私营工商业者中开展。人行工会组织了宣传队，排演话剧《今朝有酒今朝醉》，说的是一位小年轻生活无节制，工资不够花，在"三反"中受到教育而转变的故事。吴英华刚到人行上班没几天，就被拉进宣传队，饰演那位小年轻。至今吴英华还保存一张剧组同志们的合影照片。

组织上发现他是位文艺青年，就经常给他展示的舞台，逢年过节单位娱乐，国家喜庆全市会演，都有吴英华代表人行出场。他告诉我，他们经常参演的节目就是讲相声，他是捧哏，就是乙，逗哏甲是王岩笑，后来调去保险公司工作了。

人行工会活动很多，大多是紧跟形势，以抗美援朝、劳动竞赛、增产节约为主题的活动。当时全市性的工会组织是工会联合会，主要抓煤矿、电业、铁路等较大的产业工会。1952年底，根据市委和上级工会决定，淮南市成立了总工会筹备委员会，设在市委所在地九龙岗。为了工作方便，第一次筹委会会议决定，在田家庵镇设立工会办事处，领导搬运、建筑、店员、手工业等产业工会。工会办事处设立时，田家庵镇各行各业职工都是欢天喜地，有了归宿之感，敲锣打鼓地庆祝了好几天。吴英华也跟着人民银行的工会领导，登门去对田家庵工会办事处的设立表示祝贺。

1953年市总工会正式成立后，基层工会之间的交流越来越多。全市性的活动以劳动竞赛居多，而单位之间的交流又以文体活动为主。人民银行的领导很关心他们这些"快乐的单身汉"，很快就组织了一支篮球队，没事自己玩，有比赛就代表银行出征，还经常参加与兄弟单位的比赛交流。每当有比赛，对于吴英华这帮年轻的篮球队员来说，简直就是盛大的节日。球队组建后，交流比赛多了，他们逐渐在田家庵一带所向无敌。他们经常去九龙岗、蔡家岗，还被请到凤台、利辛打过比赛。有一年全省人民银行系统的篮球比赛在合肥举行，银鹰篮球队一举荣获亚军，使球队在淮南的名气更响。

比赛成绩越好，领导就越高兴，就越舍得投入。大家每天紧张地将工作完成，然后就玩得更开心，这就是支行领导与年轻一代的良性互动。至今吴英华还保存着一张银鹰篮球队的"全家福"，背景就是当年的人民银行机关，照片中9个人，7名队员穿着清一色的运动短裤和黑色背心，着便装的是教练季恒伟，后来调到省体委担任省足球队教练，年轻姑娘是领队吴英华大姐，后来担任人行工会主席。前排蹲着的两名队员还拉着"淮南市人民银行"的队旗，吴英华身着7号球衣，在球队打前锋。另一位叫刘刚，后来担任淮南肉联厂厂长。前排5号球员刘方进，后来担任市政府行政处处长。

淮南人行银鹰篮球队

人民银行培养了吴英华，也培养了他的运动习惯。吴英华今年已经88岁，仍然精神矍铄，退休后曾担任淮南市武术协会主席多年，现在还是安徽省级非物质文化遗产吴翼翚华岳心意六合八法拳的传承人。大约10年前，他78岁，我61岁，有一次他乘我不备，朝我脚上踢了一脚，虽然有些力度，但是我并没有跟跄。然后他说，我的体质还不错，可以学学打拳。我这才知道，他是在对我进行测试，我竟然侥幸过"关"。

享受"国粹"

如果说单身年代的吴英华有什么"私生活"的话，那就是享受京剧"国粹"。

吴英华说，淮南刚建市时，群众的业余文化生活非常单调，除了从大喇叭中听到一些歌曲，偶尔有一些跑码头的剧团来田家庵演出，沿淮老百姓爱听的剧种有豫剧、庐剧，还有凤台县推剧，再有就是在书场里或热闹处听听大鼓书，说书人唱到关键处，突然打住，伙计们就端着托盘到听众中收钱。吴英华吴刚来淮南那会儿，最享受的就是看电影和听京剧。

我也很喜欢京剧，那是特殊年代普及样板戏的熏陶。80 年代有了电视以后，我看电视就是"三大件"：看新闻，听京剧，观球赛。后来中国男足老是令人失望，干脆看球赛就省了，但是听京剧还是"保留项目"。吴英华喜欢京剧，则是因为家里出过两位京剧名角，从小就受到感染：大舅白玉春工老生，和四大名旦中的程派鼻祖程砚秋搭过班，白玉春也曾和梅兰芳同台，白玉春参演《连环套》，梅兰芳主演《贵妃醉酒》；二姨白玉茹工青衣，兼工花旦，和京剧科班鸣春社创始人李万春搭班。

吴英华刚来淮南时，淮南的京剧市场红火得很，红风京剧团建立才一年多，与坐落在北菜市的红风剧院是一家。红风京剧团阵容齐整，演员文武双全，并且还经常邀请全国知名演员来团配合演出。剧院离单位不远，票价不算高，周六和周日晚上没有政治学习，看电影、听京剧成为吴英华的休闲爱好。我问他那时候都看了哪些戏，他简单思索一下说，《大闹天宫》啦，《四郎探母》啦，还有《十八罗汉斗悟空》《三打祝家庄》，这几出戏都是脱口而出。后来想了一会儿，又想了一出《江汉渔歌》。前边几出戏我都了解，但《江汉渔歌》还真没听说过，在网上查了一下，才知道这出戏是中华人民共和国国歌《义勇军进行曲》的词作者、著名戏剧作家田汉先生创作的新编历史剧，说的是南宋时江汉平原渔民英勇抗金的故事。

吴英华听京剧很舍得投入，供给制时为数不多的津贴，大多数都奉献给了剧院。实行薪金制后依然如故。那时候看一场电影成人票是 1 角钱，儿童票是 5 分钱。1958 年 3 月 11 日至 17 日，著名京剧表演艺术家梅兰芳先生来淮南公演，在田家庵淮滨大戏院连演 7 场，演出剧目有《贵妃醉酒》《霸王别姬》《凤还巢》，票价是 1.1 元至 2.2 元不等。吴英华说，那时候 1 角钱可以买三四个鸡蛋，最便宜的一张戏票也抵上 1 斤半猪肉了。就这样虽然价格昂贵，但还是万人空巷，场场爆满。吴英华当时在大通工作，他费了好大劲才搞到一张票，看的是《霸王别姬》。他对当晚的演出场景记得很清晰："那天晚上演出结束后，梅兰芳谢了3次幕都没谢掉。出了剧场，我还和几百名观众聚在门口，等着再看他一眼。"能够亲眼看到梅大师的演出，对同样是京剧迷的我来说，除了羡慕嫉妒，还是羡慕嫉妒。

50年代的淮南银行

最后，话题又回到人民银行上面。"人民银行淮南支行旧址"现在是淮南市文物保护单位，我在淮河路人行旧址看到，标牌上对旧址是这样介绍的：

"1949年5月 华中银行淮南办事处改为人民银行淮南办事处。

"1950年9月 按支行建制，名为淮南支行，归蚌埠支行领导。行址在田家庵淮河路东端。

"1950年以后升为二级分行，归皖北分行领导。

"1951年设立建设银行淮南市支行。

中国人民银行淮南支行（1950—1954年）旧址

"1954 年 10 月 改组为建设银行淮南支行，由人民银行淮南市支行代管。"

而旧址门厅的顶上又是"淮南工商银行"。就是说，这栋平房建筑的使用者有过复杂的演变过程，跟人民银行、建设银行和工商银行都有关系。我就向吴英华请教，请他把来龙去脉介绍清楚。

凭着记忆，吴英华向我介绍了淮南建市前后金融机构的演变情况。按他的说法，20 世纪四五十年代，淮南地区的金融机构演变就是"313"。

前一个"3"是旧中国在淮南设立的 3 家金融机构，有中国银行淮矿办事处、交通银行田家庵办事处和安徽省银行田家庵办事处，还有零星的私人钱庄和当铺可以忽略。中国银行和交通银行都始建于清朝末年，北洋政府统治期间，两家银行都行使过央行职能；国民党政府统治时期，设立了中央银行作为央行，两家银行都成为专业银行。安徽省银行是北洋政府安徽省当局于 1925 年建立的地方银行。淮南解放后，这 3 家银行在淮南的分支机构都被人民政权接收。

中间的"1"就是中国人民银行淮南支行，当然也包括它短暂的前身华中银行淮南办事处和人民银行淮南办事处。

后一个"3"是指中国人民银行淮南市支行、中国人民建设银行淮南市支行、中国人民保险公司淮南市支公司，后两者都是 50 年代在淮南存在过的金融机构，但主体上基本都归属人行支行。

关于建设银行，吴英华告诉我，在他来淮南之前的 1951 年，就成立了交通银行淮南办事处，由人民银行淮南支行代管。1954 年，中国人民建设银行在北京成立，归属国家财政部，性质属于办理基本建设投资拨款监督工作的专业银行，负责管理和分配根据国家经济计划，拨给建设项目和基础建设相关项目的政府资金。这年 10 月，交通银行淮南办事处改组为建设银行淮南支行，归属市财政部门。这时人行支行机关已经搬迁到洞山火车站，原址就留给建行淮南支行机关。1956 年，人行和建行的"淮南支行"双双更名为"淮南市支行"。五六十年代，建设支行又两度撤销，一度恢复。等再度撤销后，于 1969 年冬划归人民银行。至于中国建设银行、中国工商银行、中国农业银行、中国邮政储蓄银行、交通银行、中国银行六大国有银行在淮南市设立分支机构，那都是改革开放以后的事了。1984年，工商银行建立并从人民银行分离，"人民银行淮南支行旧址"成为工商行的一个营业网点。

至于中国人民保险公司淮南市支公司，在20世纪50年代基本由人行支行代管。1950年6月设立人保淮南代办处，不久改为淮南支公司。1952—1957年曾短暂独立。1957年重新并入人行。两年后完全撤销。

从《淮南市志》"金融"业相关表格中的几个数据，可以看到20世纪50年代淮南市金融业的发展概况，从中也可以折射出淮南建市初期的发展成就。从1952年淮南建市到1959年底的8年间，全市存款从690万元增长到3686万元，增长4.34倍；贷款从126万元增长到8649万元，增长67.64倍；投资总额从646万元增长到11177万元，增长17.30倍；拨款支出从586万元（1951年数据）增长到9212万元，增长15.72倍；新增固定资产从509万元增长到7093万元，增长13.94倍。

1961年，吴英华成家，妻子也在人行工作，他那激情燃烧的单身年代随之结束。1964年，干部政策性下放，吴英华下放到肥西县农村。1970年重回淮南后，就一直在财政局工作，直到退休。他在人民银行12年的工作经历，成为吴英华一生中挥之不去的记忆。

作者系原淮南市经开区工会主席、淮南市政协文史专员

安澜的祈愿

——田家庵船塘的前世今生

姚尚书

　　1952 年 6 月 2 日，安徽省辖淮南市成立。田家庵街头巷尾洋溢着一派喜庆气氛，鞭炮的纸屑铺满街道，人们奔走相告：新的淮南市诞生了！此时此刻，田家庵船塘工地彩旗飘扬，人声鼎沸。施工人员肩挑筐抬，一个个汗流浃背，一筐筐新土被搬运上岸，一条呈马蹄状的新河槽展露在眼前。从 1950 年冬季开始，这些施工人员在船塘工地已经坚守近两年时间，眼见得船塘已经初具雏形，再加一把力，便能及早完成这一新中国成立以来当地最大规模的市政工程。

　　新的淮南市诞生了，新的希望就在眼前。人们只有一个心愿，赶在淮河汛期到来之前完成船塘工程，让漂泊在河面上的一只只小船有个可靠的避风港，让船民有一个安身立命之地，兑现人民政府为人民的庄严承诺。

船家的心愿

　　自古以来，淮河河面上便生存着一个特殊的群体——船民。他们一边结网捕鱼维持生计，一边替货主转运各种生产生活物资，获取报酬，改善生活。因为他们的存在，淮河里的鱼虾可以被及时地端上人们的餐桌。田家庵开埠后，特别是大通煤矿在田家庵兴建煤场，原煤被源源不断地销往沿淮各市镇，大批船只麇集而至，供从事长途贩运者租用。田家庵码头犹如蚁巢，那一只只小船便是游荡在淮河水面上的工蚁。它们好似一条条长长的蚁链，把淮南与淮河、长江的港口市镇串联在一起，构成顽强的物流线不停地蠕动，也把生活的气息传递得很远很远。这是一道美丽的风景线。

田家庵是一座年轻的市镇。一条龙王沟从舜耕山蜿蜒而下，绕过一个个岗坎悄无声息地注入淮河，入河口处是一个有些年头的渡口，两条同样有些年头的渡船为往来两岸的行人脚夫提供摆渡服务。淮河南岸的渡口处，一座简易的庵棚，是渡口的地标，也是往来行人暂时歇脚的驿站，人称"老田家庵子"。1911年，大通煤矿开采出煤，修筑一条俗称"歪歪车道"的窄轨铁路至淮河岸畔，大通煤矿生产的煤，由马车沿着"歪歪车道"运抵码头，对外销售，"老田家庵子"人烟渐集。1918年，龙王沟西岸的姚家湾与龙王沟东岸的郑郢子两个大姓人家牵头，众人协商一致，"公议"在"老田家庵子""起集"，天时、地利、人和齐备，田家庵走进了人们的视线，成为集市。在此营生的船民日渐多了起来。

1931年淮河大水，田家庵，这个年轻的集市连同周围的村庄，沦陷在滔滔洪流之中，龙王沟口一时成为各类小船的栖身之地，连同那两只有些年头的渡船，也因此得以存身。田家庵，船民的福地，口碑日盛。

大水之后，国民政府成立导淮委员会，修筑了一条简易淮堤，田家庵集市重开，大通煤矿几经改组，煤炭销售日趋红火，田家庵舟车辐辏，市井繁荣。而穿行在淮河水面上的船家，日渐忘却大水带来的伤痛，打点着自己的营生，共享这座年轻市镇的发展红利。

抗日战争时期的沦陷，是抹不去的黑暗记忆。抗日战争胜利后，浴火重生的田家庵繁华再现。作为"淮南三镇"的商贸门户，又有铁路、水运之便，田家庵港口常年停泊大量船只，成为各类物资运输的生力军。

淮南解放后，人民政府对船民进行登记管理，田家庵登记船民主要来自河南淮滨，安徽阜南、颍上、霍邱、寿县等地。因为营生关系，这些船家相对稳定地生活在淮南，虽然户籍各异，却是事实上的淮南市民。

1950年夏，淮河流域发生特大水灾，淮南市境一片泽国。《淮南市志》记载："1950年6月26日至7月16日，淮河流域普遍降雨，连续达20天。""7月8日，淮南段淮河水位陡涨，市境内涝严重。"《田家庵区志·

大事记》记载："1950年6月26日至7月26日，淮河流域连降暴雨，淮河水位高达22.56米，沿淮低洼田地均被淹没。"洪水来袭，单薄的河堤难以抵御洪水，市境一片汪洋。此时，漂荡在河面上的船只如同风中的树叶，倾覆无数。现年79岁的姚家湾村民姚国腊回忆："1950年大水，我已经记事。当时大水冲来，平地行船，家家户户被淹，房倒屋塌。淮河里的小船都拼命往岸上靠，但水实在太猛，一个大浪打来，跟下饺子似的，一条接一条翻沉。"现年86岁的姚家湾村民姚多宏回忆道："大水漫过淮河堤，打着旋涡冲向庄稼地，大柳树都扛不住。我亲眼看到河边大柳树上拴着一只船在水面上打旋，一转眼便没了踪影。"

洪水退去之后，田家庵淮河堤岸结满了一个个庵棚。这些经年累月与水为伴的船家，早已习惯了这样的灾难：霉运总会过去的，只要人在，就有活下去的希望。是的，有人民政府的救济，一切困难都可以克服。人民政府送来了食物、衣物和药品，船民们看到了活下去的希望。他们只有一个心愿：如果有一处可以避开风浪的港湾，该有多好啊！

人民政府的承诺

船家的心愿，人民政府听得真切。1950 年 9 月，淮南市（县级）人民政府成立。1950 年 10 月 14 日，中央人民政府政务院发布了《关于治理淮河的决定》。1950 年 11 月 6 日，治淮委员会在安徽蚌埠成立，曾山担任主任，治理淮河被提上优先工作日程。新生的人民政权，面对的是一个百废待举的淮南，工商百业是城市发展的千秋大计，而人民的生计更为重要。市人民政府做出决定：治理淮河是中央的决定，结合淮河治理，立即着手兴建一座可以为船民遮风避雨的船塘，让船民的生命财产有所庇护。为了兴建船塘，市长金流同志亲自踏勘，决定在龙王沟入淮处开挖一处 U 形河槽，与淮河连通，形成回水湾，汛期可以为船民避难，平时可以用作泊船。计议已定，市人民政府建设科成立船塘工程队主持船塘兴建具体事宜，设计施工方案，绘制施工图纸，筹集施工材料，一切紧锣密鼓，只待冬季水枯，一声令下，船塘开挖工程即可按计划进行。

　　1950 年的冬季寒冷异常，一阵清脆的鞭炮声之后，船塘施工人员冒着严寒，在坚硬的冻土地上一镐一锹地干起来。那时的龙王沟下游常年积水，人称"西洼子"。淮河是自然河堤，舜耕山来水增多时，"西洼子"的积水顺着地势散漫地进入淮河，大自然以这样的方式，散漫地相生相依。1931 年淮河流域暴发大洪水之后，国民政府导淮委员会沿着淮河修筑简易河堤，每当汛期，龙王沟漫过淮堤进入淮河，久而久之，形成厚厚的淤积层。这样的冻土，往往一镐下去就是一个白印子。施工条件十分艰苦，施工人员就是在这样的艰苦条件下一点一点地兑现着市政府对市民的承诺。

　　船塘工程像一块磁铁，吸引着人们的目光，也吸引来密密麻麻的人。按照施工设计，船塘的塘口宽度为 80 米，按 1∶2 比降，塘底为 40 米，开挖深度为 4 米至 5 米，可以容纳 2000 只 2000 吨级船舶。开挖船塘的弃土在两侧修筑大堤，同时提高田家庵段淮河淮堤。为了加快施工进度，必须增加人手。市政府决定采取以工代赈的形式，向社会面征集劳力投入船塘工程。很快，一批接一批的劳动力会聚工地，其中包括不少失去船只的船民。经历大洪水，不少失去营生的市民纷纷加入，附近一些农民也趁冬闲时期阶段性地参加船塘开挖，工程进度迅速加快。

　　"姚家湾与田家庵中间隔一道龙王沟，以往从湾里到田家庵要往南绕路。"姚国腊说，"1931 年大水后，淮河修了一道低矮的河堤，从湾里（姚家湾）到田家庵可以抄近路了。但一到春夏，龙王沟水大

1951 年淮河冬修场景

就过不去了。1950 年修船塘建了闸，淮河堤加高加宽了，姚家湾与田家庵就连接起来了。修船塘的时候，一到冬闲没事干，不少人也到工地上做活，不接钱，但管饭。从大湾东头看过去，工地上乌泱乌泱都是人。"参加船塘开挖的施工人员，达到每日 5000 人的规模，很多食不果腹的流民都汇入船塘开挖大军。在人民政府的组织下，船塘开挖井井有条，每一个施工段，每一个塘口都是一派热火朝天的景象。那些参加船塘开挖的船民心里是清楚的：有了这个船塘，日后的生活就有了希望。他们知道人民政府坚定承诺的分量。

冬去春来，龙王沟与淮河之间呈现出一个 U 形河槽，紧邻淮河的一侧隆起了一座人工岛。船塘已经有了大模样。此后的两年时间，船塘工程作为淮南市人民政府首批兴办的市政工程，一直牵动着全市人民的心。市长金流多次到船塘工地视察，鼓励施工人员加快进度，保证质量，把人民政府的承诺落到实处。随着工程进度的深入，这座小岛越来越大，也越来越高。1951 年 5 月 15 日，《人民日报》发表毛泽东主席的题词"一定要把淮河修好"，这是对治理淮河施工人员的鼓舞与鞭策，船塘工地上掀起劳动竞赛的热潮，工程进度显著加快。入夏以后，受汛期雨情水情影响，船塘工地不少塘口出现塌方，施工人员紧紧守护船塘与淮河相连通的两端，不让淮水倒灌，汛期结束后，及时排除塘内积水，做好工程维护，入冬以后组织人力继续开挖。仅 1952 年 4 月 5 日至 5 月 27 日的 48 天中，动员民工 4409 人从事船塘施工开挖。1952 年 6 月，省辖淮南市人民政府继续把船塘开挖作为重点市政工程，市长陈庆泉来到工地，来到施工人员中间，嘘寒问暖，人民政府与人民群众的心紧紧地贴在一起。船塘工程成为人民政府为人民的一个缩影。淮河之滨，越堆越大的小岛不仅成为船塘工程的象征，也成为淮河岸畔一道亮丽的风景。

不懈的坚持

在那个百废待兴的时代，受制于工程设备的缺乏，船塘工程的开挖是在一锹一锹一滴汗的原始状态下进行的，开挖出来的泥土也是在一筐一挑一路歌的豪迈激情中越垒越高。随着土方量的增加，开挖的难度与日俱增，塌方现象时有发生。面对困难与危险，施工人员发扬"一不怕苦、二不怕死"的革命精神，在艰苦的条件下坚持施工。市人民政府为船塘施工竭尽所能地提供支持，保证了工程施工的有序进行。

1952年夏汛与冬汛相叠加。当年10月，淮河流域连续降雨，淮河水位再次升高，船塘工地发生内涝，大量积水无法排出，边坡连续出现塌方现象。这一现象一直持续到冬季，工程仍然无法正常进行。为了确保船塘工程的稳定，组织施工人员进行巡查，下水对工地塘口进行维护。这是一个更为艰难的过程，工程维护过程中，由于塘口再度塌方，一名施工人员殉难。但是，船塘工程施工人员没有畏缩，而是勇敢地面对困难，尽力维护，为下一步的施工奠定基础。

笔者在参与《淮南城建志》编纂过程中，在淮南市政工程公司听到过当时参与船塘施工管理人员绘声绘色的描述：1952年秋汛之后，淮河水位一直很高。当时水泵功率不足，无法排干船塘内的积水。由于工程接近尾声，船塘开挖基本到底，边坡新土在雨水的冲刷下不断塌方，每次巡查都很危险。要知道，船塘底部是平的，水很深，加上局部塘口没有开挖到位，陡峭的施工现场被积水泡得松软，随时都会塌下来。而边坡上的泥土滚落下来速度极快，万一落在小船上，极易酿成事故。到1953年春，淮河水位仍然很高，不仅原有积水无法排干，甚至多次出现淮河水倒灌入船塘的危险。人们普遍担心，万一两端的保留堤被淮河水冲破，船塘必将发生大规模塌方，整个工程将毁于一旦。在这样的情况下，市人民政府及时组织人力加固保留堤，全力以赴投入防汛抗洪，使得淮水没有继续倒灌，船塘工程渡过了一个十分危急的冬春。

1953年3月，淮河水位开始回落，船塘工程继续施工。随着春季的到来，不少施工人员离开工地返乡，施工人员出现缺口，船塘工程队多方动员，组织人力赶在汛期洪水到来之前完成收尾工程。

《淮南市志》《田家庵镇志》《淮南城建志》《淮南水利志》等对淮南建市以后最重要的市政工程——田家庵船塘工程都有记述。综合资料信息如下：船塘工程由皖北行署交通厅负责规划设计，工程呈U形（马蹄形），总长 1340 米，横坡 1：2。实际施工过程中，开挖的标准并不完全统一，底宽 20 米至 40 米不等，口宽 39.12 米至 82.54 米不等，挖土深度 4 米至 10 米不等，底纵坡为 1：2000，全部工程计划完成土方 75 万立方米。工程结束后，实际完成土方量 57.7632 万立方米（受水浸影响，局部工程没有完成原计划）。整个船塘工程完成总投资 41.8 亿元（折合新人民币 41.8 万元），以工代赈发放九二米 320.221 吨。前后参与船塘开挖的施工人员近 4 万人次。

安澜的祈愿

大禹治水的传说家喻户晓，巫支祈的治水神话耳熟能详。至今，巫支祈仍然被锁在盱眙古城的淮井之中。而"君不见淮之水，春风吹，春雨洗。青薰衣，绿染指。鱼不来，鸥不起。激激滟滟天尽头，只见孤帆不见舟……"的清淮咏至今荡漾在心头。田家庵淮河大堤上，"安澜牛"寄寓着古往今来人们治淮的理想，昭示着人们对幸福生活的渴望。田家庵船塘建成后，厚实的淮河大堤与小岛隔着一湾清水相望相守，为往来穿梭的船只提供了憩息的港湾，拔地而起的小岛，很快成为船民们上岸居住的所在。先是有少数船民搭起庵棚作短期居留，继之，庵棚变成草舍，再变身为板房、土坯屋，岛上人烟渐集，街区俨然。船塘与小岛，很快成为船家的世界，船民积久的期盼成为现实。

1954 年夏，一场百年不遇的流域性大水降临淮河，田家庵高达 24.03 米的水位令人瞠目，千里淮北尽成汪洋。船塘为无数漂泊的小船提供了庇护。由于洪水来势太猛，小岛如同一叶扁舟，船塘工程经历了最严苛的考验。这一湾浅浅的河槽，遭遇大水的反复冲刷，泥沙堆积其中，船塘迅速淤浅。大水之后，船塘已是面目全非。而大水之后的小岛，则挤进更多择水而居的船民，成为聚落。

田家庵船塘是新中国成立后淮南市人民政府最早兴建的一处大型市政工程，它的横空出世，是人民政府为人民执政理念的生动诠释。它见证了淮南市的崛起，成为淮南的一处地标。从 20 世纪 50 年代开始，淮南开启了西部

田家庵淮河圈堤上的"安澜牛"

大开发、淮河大跨越的能源生产历史篇章，由淮南三镇向百里煤城、煤电并举的能源城嬗递。

随着国家建设步伐的加快和造船水平的迅速提升，淮河水面船舶吨位不断扩展，自身有了防御洪水的能力，田家庵船塘的功能渐渐消失，船塘日渐淤塞，最终成为浅滩。而随着淮水安澜目标的实现，田家庵船塘渐渐淡出人们的记忆。船塘与小岛，如同一方蒙尘的碑碣，只需稍稍擦拭，那镌刻下的文字，就在历史的天空中熠熠生辉。是记忆，也是昭示：坚持"人民至上"的执政理念，始终是人民政府的历史自觉。新时代的淮南，走过一个个困难时刻，但必将迎来新的辉煌！

作者系原淮南市人大常委会委员，原市地方志办公室主任、总编辑，市政协文史专员，安徽省作协会员

悠悠万事　吃饭为大

——追忆淮南市第一个初级农业生产合作社

熊文田

1952 年，地理坐标淮南市胡大郢村。

1952 年，胡大郢村农民胡保鼐领头办起了全市第一个初级农业生产合作社。

这个生产合作社和省辖淮南市，在同一个时间维度诞生，这片土地上农业生产关系的演变和农村经济体制的变革，是与城市的更新同频共振的。这离不开那位觉醒的农民胡保鼐。

重返胡大郢村

淮南农业合作化的带头人胡保鼐

当胡保鼐再回到我们视野里的时候，已经过去了整整 70 年。

2022 年 10 月 9 日，胡保鼐走完他 96 年的人生，又回到胡大郢村，静静地与那片土地融为一体了。追悼会上的悼词，是这样写的：

田家庵区政协原副主席胡保鼐同志因病于 2022 年 10 月 9 日中午 12 时 30 分在济民医院逝世，享年 96 岁。

胡保鼐同志系安徽淮南人，汉族，1927 年 6 月出生，1951 年 4 月参加工作，1954年4月加入中国共产党。历任田东乡农会主席、指导员、团委书记，舜耕乡党支部书记，郊区区委委员、副区长，省一焦厂经营管理科科长，古沟公社党委书记，窑河公社党委书记，洞山公社党委书记，区商业局党总支书记、局长，区委常委、副区长，区政协副主席。曾获安徽省农业劳动模范、沿淮劳动模范……

为了找寻1952年第一个初级农业生产合作社的影踪，追寻那群觉醒的农民是在一种怎样的境遇和憧憬下，用浴火的双手掀开了淮南农业新的篇章，我怀着崇敬之情，在胡保霈儿子胡兰敏和外孙女蒲小璐的指引下，踏进了70年后的胡大郢村。

70年后的胡大郢村核心区域隶属经开区田东社区，这里已经逐步褪去传统农业的印记，铺陈开来的是摩肩接踵的化工厂、制药厂、装备厂……一直绵延到八百里淮河大堤，只有在房前屋后，还残存着两亩二分地，坚守着"吃饭为大"的信念，继续反哺着这艘工业巨轮。

为什么淮南第一个初级社在胡大郢村诞生？我们多方打听，找到了大通区退休干部胡耀昌，这位81岁高龄的老人家是初级社成立的见证者，在当时，他还是儿童团团员。论辈分，他是胡保霈的曾孙。

"胡大郢村在当时是淮南最大的村子，这里地理位置特别好，上有正阳关、下有洛河街。"胡耀昌说，胡大郢村贯穿一条河，有一只渡船往返于洛河老街，这里的村民上街赶集都很方便，南来北往的商人和走亲访友的交织往来，人也越积越多，胡大郢村人气旺、土地平阔，灌溉水源也丰富，所以当时的农业生产条件相比其他地方，还是有优势的。

胡耀昌口中的这条河，其实就是通往洛河的一条溪流。据《读史方舆纪要》："洛水在怀远县南七十里，其地有洛河镇。上流自定远县流入，至此注于淮，谓之洛涧。"而这条从东至西流入胡大郢村东的洛涧中的小溪，带来了交通的便利，也带来了灌溉的丰沛，更带来了传统农业的资源基础。

所谓的土地平阔，其实就是因为淮河经常性的洪涝灾害，不断地洗刷着胡大郢村的土壤，用近乎掠夺的方式一次又一次地平整着沿岸的沟壑。从《淮南市农业志》上看：1950 年 7 月 12—13 日，沿淮东部连续降特大暴雨，淮南市区几处淮堤溃决，淹地 9.86 万亩，倒房 9763 间；1952 年寒潮，小麦等午季作物受灾严重，7 月初干旱，秋季作物受灾严重……

当抄录下这段文字的时候，人的心是揪着的，洪水肆虐、土地干涸，这些词语仿佛又是极其苍白的，远不如胡耀昌的那一句：实在没办法，是要饿死人的！

人心思变，这才是胡大郢村农民觉醒的最大原因、最强动力：要吃饱饭。

他家是雇农，啥也没有

每一个历史事件的发生，总会有一个或一群发起者推波助澜，领头开拓。淮南市第一个初级农业生产合作社的诞生离不开胡大郢村农民胡保鼐。追忆胡保鼐，还是从胡兰敏、蒲小璐、胡耀昌的谈话中开始的。

"他家是雇农，穷得不像样，住的是茅草庵，一到春荒没饭吃，就出去要饭，家里啥也没有。"说起胡保鼐在新中国成立前的境况，胡耀昌仍然记忆犹新。

胡保鼐是没有土地的雇农，他的衣食从何而来？只能靠在地主家，凭着自己空空的肚子迸发出的力气换来少得可怜的粮食。"地主是很精的，不雇长工，只雇短工。胡保鼐这种大劳力，忙一季只给一斗麦子，合 25 斤。"胡耀昌清楚地记得当时雇农的收入。

一年忙两季，只有 50 斤麦子的收入，换来的高粱再配上沟边偷种的南瓜，根本换不来一年的温饱。"我活到十几岁，没有吃过白面。有一年年三十，家里煮了一锅南瓜，我一揭开锅，就想哭。"当年的穷，已经深深地刻在胡耀昌的记忆里。

"能够吃到用作肥料的花生饼或者豆饼，就算很好了；吃红薯的人都是幸福的；吃红薯叶、榆树叶、野菜、柳树叶的，也都把它们视同珍品。树皮不好吃，而吃者有之；石粉不能吃，而吃者有之。无他，填饱肚子，免得一时饿得难受。"其实，在新中国成立前的淮河流域，能吃得上南瓜，已经是很高的追求了。在灾荒的冲击下，为了解决饥饿问题，灾民几乎没有其他要求了，能够维持生存是唯一要求。灾荒中，成为灾民的食物替代品的，都是一些正常年份不可能吃的所谓"食物"，如蕨根、葛根、榆树皮、谷糠、观音土等。

1949 年 1 月 18 日，淮南宣告解放。饱受苦难的胡保鼐和其他胡大郢村农民迎来了彻底翻身的时刻。

1950 年 6 月，全国政协一届二次会议提出的《中华人民共和国土地改革法》，经中央人民政府委员会通过并颁布。同年 9 月，皖北区党委、行署对土地改革工作做了具体部署，要求各地加强领导，发动群众，根据各地实际情况，采取不同的步骤尽快地开展土地改革。淮南市（县级）根据上级指示精神，通过先行试点而后展开的路子，于 1950 年 11 月开始至 1951 年 11 月结束，顺利地完成了土地改革。

也就是这个时候，胡保鼐看到了生活的曙光，他参加了农会，积极参与到土改工作中来，正式进入了组织的视野，继而被培养为村干部。在胡大郢村，我们看到了一张珍贵的影印件：这是 1951 年 12 月，淮南市人民政府市

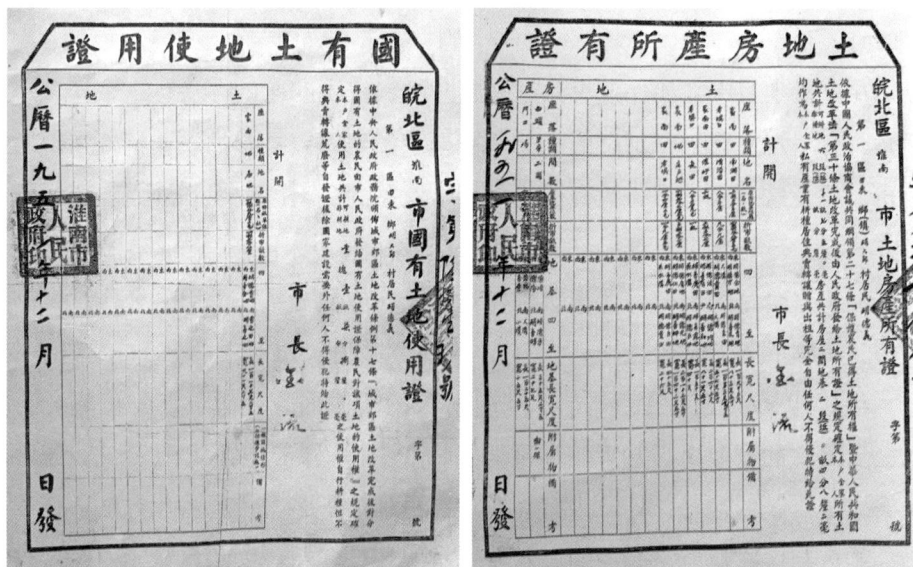

新中国成立初期，胡大郢村农民拥有的国有土地使用证

长金流发给淮南市第一区田东乡胡大郢村居民胡德义的《国有土地使用证》，有了这个证，胡德义拥有了一亩七分八厘的土地，再也不要受雇于地主，真正翻身做了主人。同样，是在这个时候，胡保骕和他的家人也拥有了自己的土地，从此再也不是"啥也没有"了。

解决两个难题

有了土地，大家有了希望，有了奔头，也有了干劲。但是也遇到了难题：没有文化不懂得种田知识；没有生产资料，不是这家没有牛，就是那家没有犁。作为领头人的胡保骕首先要解决这两大难题。

"办夜校！"当胡保骕把自己的困惑向上级汇报时，时任一区区长的陈继兰给他出了主意。说干就干，回到村里后，胡保骕就动员村民办起了夜校。村民胡保楼腾出自己家的三间房屋作为教室，胡保骕请来了村里当时最有文化的胡善英当教员，向学员讲授些政治常识和革命道理，进行文化扫盲教育。就这样，这所因陋就简的夜校，成了胡大郢村加强村民思想政治工作，提高村民文化素质，推广新的种田知识的阵地。据胡耀昌回忆，来夜校听课的人多的时候有 50 多人。

在夜校学习中，胡保骕思路越来越开阔，解决问题的办法也越来越多。于是，有一定文化知识基础的胡保骕被组织派到固镇县参加农业机械知识培训班。就是这一次学习，改变了胡大郢村农民的命运，改变了淮南农业的生产方式。

关于这个互助组的一些情况，在刘曙光同志的《从互助组到合作社》一文中，还原了一些史实：

1951 年初，当时已经是胡大郢村村长的胡保骕到固镇县参加由皖北行政公署组织的农业机械知识培训班学习归来，思想受到很大触动，他找到解决第二个难题的途径，他认为有必要对农村延续了多少代的耕作方法进行革新，推广新式耕作方法，以提高农业生产的效率和单位面积产量，农民应当走组织起来的路子，互帮互助。胡保骕和其胞兄胡保英经过反复酝酿，决定根据自愿原则，将部分农户组织起来，成立互助组织。这样，由胡保英、胡保霈、胡德举、胡林慰、胡兴昌、胡效昌、胡保楼7户农民组织起来的"胡保英互助组"于1951年4月成立，全组共30多人，大家推举胡保英担任组长。这种劳动互助组是建立在个体经济基础上的，生产资料仍归各自所有。互助组一成立，便向国家申请贷款购买了一头耕牛，以加强耕作力量。

万事开头难。刚开始时，新中国成立后分得土地的农民对互助合作顾虑重重，思想情况非常复杂。胡保霈在开会时反复说明组织互助组的好处，但全村只有3人赞成，大多数人直摇头。怎样解除农民的顾虑，打通思想，使农民自觉自愿地参加互助组，是胡保霈在组织基层农村互助合作时首先要解决的问题。为此，他和胡保英在宣传发动方面费了不少心思。他们从新旧生活对比，解决农民最关心的切身利益问题、最头疼的家庭矛盾等问题入手，对村民反复劝说组织起来的好处。好学的胡保霈专门向村民宣传他学来的"七想"："一想黄水滔天，二想逃荒要饭，三想有田难种，四想少吃没穿，五想地主万恶，六想妻离子散，七想过去妇女关在阎王殿，现在打断了铁锁链。"让大家对比过去的苦难，珍惜如今翻身得解放的新生活，响应政府号召组织起来。这种忆苦教育很奏效，到1951年7月份午季结束，又有8户农民申请加入了互助组。这样，到下半年，胡保英的互助组就由最初的7户发展到15户。

1951年春耕春种时，根据市政府统一安排和调度，该村一部分青壮年农民参加淮河大堤的治理修防工程，其中互助组抽调了5个劳动力，出现有的家庭干农活人手不够或缺少农具、牲畜等情况。经过全组讨论，改用简单的换工互助形式，即每户缺什么大家帮什么，如缺劳力，大家出劳力，缺农具、牲畜，就从别的组员家调剂使用。互助组还想方设法为组员排忧解难，在各方面关心照顾被抽调的民工家庭，让组员切身体会到互助组的温暖。在当时生产力水平落后的条件下，互助组与独户单干的家庭相比较，显示了许多方面的长处，得到组外其他农户的羡慕和认同。胡保英互助组共56人，其中男36人（整劳力15人）、女20人（整劳力11人），拥有土地237亩，每家每户的农具、牲畜等，都以折价的形式入了股。土地按平均每亩4万元（折合新币为4元）结算，全组拥有耕牛5头，驴、马各1匹，犁7张（其中2张新式步犁），耙2张，大车2辆，粉磨1盘，缸7口，大小猪13头以及各种必备的小型农具。

随着互助组规模的扩大，人数和土地的增多，互助组在许多方面开始了一些有益的探讨，如：将简单的换工互助劳动改成评工记分工票制，以更好地体现多劳多得的原则；将入股后大的生产资料集中起来，指定专人饲养和保管，需要时由组内统一调度和使用。互助组还主动关心组员，一人有困难，大家来帮忙。1952年闹春荒时，组长胡保英为家中人口多、口粮少的组员胡林慰慰问了二斗高粱，为组员胡林品慰问了三斗高粱，使他们平安地渡过了缺粮期。他们还尽力帮助鳏寡孤独者和军属解决困难，奉献一片爱心。老人葛正东没有劳力、农具，互助组无偿替他收割脱粒了4亩麦子；村民委员会主任胡德梦忙于工作，无暇顾及家庭生产，大家帮他进行田间管理、锄草，拉秸秆13亩。互助组还讨论制定了一些特别规定，给予军属在生产、生活上以关心和照顾，得到军属们的交口称赞。

由于互助组思想政治工作做得好，组员的政治觉悟普遍提高了。创办互助组初期，正是我国医治战争创伤，恢复国民经济和抗美援朝时期，国家百废待兴，急需各种人力和物资，胡大郢村农民心中始终装着国家，宁愿舍弃"小家"，也要顾全"大家"。在1952年秋季水灾严重的情况下，确保完成上交爱国公粮的任务。1953年在为抗美援朝、保家卫国贡献"一机一炮"活动中，胡保萧将自家一年收成分得的黄豆1150斤全部无偿捐献给了国家。互助组带头捐款支援国家建设和抗美援朝，全组共捐献人民币75万元（折现币75元）。互助组还踊跃交纳爱国粮，奉献一片爱国热情。在互助组的影响带动下，全村共捐献黄豆60石（6000斤）。从1951年下半年到1952年底的一年多时间里，组内有多人受到上级表彰，被授予各种荣誉称号，胡保萧被评为安徽省农业劳动模范、华东治淮模范、淮南市头等治淮模范，胡保楼被评为市治淮模范，胡兴昌、胡林慰被评为区冬学模范。胡保英互助组也被市委、市政府授予"淮南市头等模范互助组"称号，胡保英代表互助组到市里参加表彰大会，受到当时市领导李任之等的接见。市里还奖励互助组一头耕牛。

回忆起耕牛到村里的情形，胡耀昌记忆犹新："当时，牛头上挂着红花，牛角上系着红绸，前面有人打着红旗，后面是锣鼓队。是当时矿区农村工作委员会主任方茂初、副主任杨冠全亲自送来的。村里比过年还热闹。"这次表彰，为淮南市第一个初级农业生产合作社的诞生拉开了序幕。

社员们真正吃饱了饭

在胡保英互助组的示范带动下，1951年全市先后组织起带有社会主义萌芽的各种形式的农业生产互助组444个，到1952年便发展到998个，入组农户占总农户的41.6%。

互助组虽然解决了生产资料不足的问题，但是随着生产力的发展，还是有一些不足之处。在互助组中，生产资料的所有权和生产经营的自主权仍牢牢掌握在农民自己手中，当农民个体无力独立生产时就互组互助，而可以独立生产时便涣散解体，互助组内部常因田间作业顺序的先后而发生争执，如：喂牛户先耕自己的地，无牛户不满意；锄地时大家都争着要先锄自己家的，给谁锄得晚，谁有意见；夏秋收割，都愿意迟些收割，让庄稼长得更成熟些，熟了以后，又都愿意快收，怕刮风下雨。在互助组的运行过程中，总是会遇到这些影响生产、需要解决的矛盾，这些问题不仅在胡大郢村，在全市，甚至全国的农村都会出现。

所以，这次方茂初、杨冠全到胡大郢村送的不仅仅是一头耕牛，而是远比耕牛宝贵的解决当时农业生产关系和难题的思想。方茂初、杨冠全和胡保萧、胡保英在村里不断讨论、研究，最终，"土地入股统经营"的发展思路应运而生。也就是说，每个农户把自己的土地交给一个组织，耕地和农具也折价入股，由社里统一分配和使用，土地按股分红，劳力按工分红。这个组织就是初级农业生产合作社。

站在现在反观历史，我们才能总结道：初级农业生产合作社是我国社会主义改造过程中出现的一种个体经济转变为集体经济的过渡形式，初级社改变了部分中国传统农业生产所有制。就这样具有划时代意义的事件，在1952

年的淮南农村，由胡保鼐带领着一群农民，悄然铺陈开来。

胡保鼐弄清了初级社的运行办法，也得到了方茂初、杨冠全、陈继兰等领导的大力支持，他便在夜校动员成立合作社。跟着胡保鼐种好粮、吃饱饭的组员们集体讨论，反复商量，决定将"胡保英互助组"更改成"胡保鼐农业生产合作社"，推举胡保鼐任社长，胡保英、胡林慰、胡寿昌任副社长。"由于在互助组时期的突出表现和显赫成绩，许多农民看到了走互助合作路子的美好前景，加之党和政府的鼓励和正确引导，所以在合作社成立之时，同村及附近的很多农民要求入社，经全社集体讨论，先后吸收胡德书等40户农民入社。"入社的农户将原属于自己的土地、农具、牲畜等生产资料折价入了社。胡耀昌介绍，到1953年底，合作社发展到了55户，275人，土地增加到1000亩。

这个合作社的特点就是：农民在自愿互利的基础上将私有土地、大型牲畜等主要生产资料交给合作社统一经营、使用，初级社按农户持有生产资料的质量和数量给予一定的分红，其中最重要的是土地分红。初级社在社员分工协作的基础上统一组织、集体劳动，社员根据劳动的多少获得报酬，产品由合作社统一支配。在分配上，胡保鼐的合作社采取"土地入股，农具折钱，四六分成，劳力分六，土地分四"的方法，这样既能体现土地作为最基本的生产资料的收益性，也能体现在劳动过程中多劳多得的原则。

随着合作社规模的扩大，合作社在管理方面也做了一些有益的探索。为便于从事农业生产，提高劳动效率，合作社决定将55户社员分编成4个生产队，社员选举了4个生产队队长，每个生产队为一个基本劳动单位，但仍由社里统一核算。每个生产队各建自己的场，彼此间展开热火朝天的社会主义劳动竞赛。直到今天，淮南的农村仍然习惯将村民组称为生产队。

拨开封尘的历史，查阅相关学术资料，和农业农村局的专家们进行探讨后，我总结胡保鼐创办的合作社，至少有四个优点。

首先，社员们的利益被初级社紧密地联系在一起，化解了互助组运行过程中社员间的部分纠纷，也就是解决了胡保鼐在运营互助组时遇到的难题。初级社中农户的收入主要来自土地分红和劳动力分红两个部分，而这两部分收益都是与初级社的整体收益挂钩的，而非仅与其自家的土地产量挂钩。这就使社员更关心初级社的整体收入，而不像互助组时只关心自家土地上的生产。在劳作过程中，过去干自己的活卖力一些，干别人的活粗糙一些，这些现象也得到根本改变，耕作先后的问题也不复存在了。

其次，初级社打破了小农经济的限制，有利于扩大再生产，促进生产要素的优化配置。在生产中，胡保鼐的合作社大力宣传和推广科学种田知识，采用新的耕作方式，对土地进行深耕，改良作物品种，引进新型灌溉方法，兴修小水利，清沟淤灌，加强田间管理，加大农家肥的使用力度。20 世纪 50 年代初，种田主要靠传统的农家肥。为了粮食增产增收，社长胡保鼐亲自带领社员不辞劳苦，每次往返 8 公里，步行到市区公厕挑粪积肥，最多时每天要往返 7 趟。合作社的粮食产量因此有了较大幅度的提高，如小麦亩产由 100 多斤提高到 400 多斤，水稻亩产由 200 来斤增加到 600 多斤，小麦和高粱的产量高出一般农户种植的 20% 至 30%。做到了丰产丰收，基本解决了闹春荒这个困扰了多少代农民的难题，社员们也真正吃饱了饭，更调动了入社农户的积极性和农业生产的热情。在从事农业生产的同时，合作社还专门成立了副业队，从事多种经营。他们有自己的苗圃，通过育苗，大搞成片植树造林，营造了"青年林"和"爱国林"。合作社还有自己的磨坊、蔬菜园，饲养了 80 多头猪，生产豆制品、油制品和各种蔬菜。同时，社里的公积金、公益金也有所增加，农业生产的规模得以不断扩大，社员家有婚丧嫁娶等红白喜事，社里都从公积金中给予补助，最大限度地调动了社员的劳动积极性。"很快，胡保鼐农业生产合作社在淮南和周边出了名。"

再次，初级社有利于新技术、新农具的推广与使用。在生产合作社建社之前，马铃薯套种玉米一直推行不起来。一户农民往往只有几亩土地，如果拿出来进行试验，成功自然是好，但如果失败，对农户来说几乎是灭顶之灾，所以很少有人愿意尝试。建社之后，土地统一经营，这种局面很快得到改变，顺利地推行了这一技术改革。复种两季高粱，可以增加农作物产量，但在单干户或互助组中进行这一改革是困难的，建社之后，把一部分土地的一季高粱改为两季高粱，当年就丰产。

最后，加强了党的领导，农民的整体素质得到了提高。1954 年 4 月，感党恩的胡保甪光荣地加入了中国共产党，他更加认真地带领社员劳动，更加真诚地做社员的思想工作，通过坚持不懈地做社员的工作，社员们的政治觉悟和整体素质普遍提高，从互助组到合作社的 5 年多时间里，各方面的先进人物层出不穷。社里和上级有什么重要工作时，大家都争先恐后地报名参加，争着为国家多做贡献。1954 年夏季，淮河大水泛滥，社长胡保甪积极响应上级号召，带领 120 人的田东乡抢险突击队到淮河应台段筑坝防汛。胡保甪还冒着生命危险，堵塞涵洞，排除一次破坝险情。时任市委书记李任之曾亲自来到抗洪现场，看望突击队成员，并代表市委、市政府嘉奖胡保甪和全体突击队队员。

胡保甪生产合作社先后荣获多项殊荣，比较突出的就是 1954 和 1955 两个年度连续被评为"安徽省农业劳动模范集体"。胡保甪代表合作社到省城合肥参加表彰大会，受到时任省领导曾希圣、黄岩等的亲切接见。

当我和胡耀昌、胡兰敏谈起胡保甪的时候，他们说得最多的词就是"学习""公平""低调"。曾经大字不识的胡保甪特别重视教育。如果当时没有兴办夜校，胡保甪和胡大郢村的农民就不会觉醒，胡保甪的很多设想也就没有宣传的阵地。尽管办了合作社，胡保甪还延续了互助组一些成功的做法，并加以发展。原先的夜校改成速成中学，社长胡保甪亲自担任校长，学员达到七八十人。为丰富社员的精神文化生活，社里还筹措资金，勤俭办起了社员文化中心，中心包括图书资料室、黑板报、社务情况栏等。在他的影响下，许多社员政治上积极要求进步，纷纷向党团组织递交申请书，还有的要求参军，保家卫国。合作社还向煤矿推荐了 24 名优秀青年，参加淮南大规模的煤矿开发建设，其中的许多人后来都成为煤矿生产的骨干。

公平，也许是当时刚刚吃饱饭的人最难能可贵的品质，也许就是胡保甪成为淮南大地第一个农业领路人的密码。早在互助组成立之始，他就开始了民主管理的探讨和尝试，提出凡涉及组内的事情，都要充分发扬民主，先由全组讨论协商，如给每个劳动力评工定分，吸收新组员，组内管理制度、生产制度和增产计划等的制定，都要以组员的集体意见为主。随着经验的积累，到农业生产合作社成立后，他在保留互助组成功做法的基础上，对原来行之有效的民主管理制度进行发展和完善，如成立社务委员会，成员由合作社领导和社员代表组成，这样，在研究决定重大事项时更具有代表性，能更好地反映广大社员的意愿。社里还办起了"社务公开栏"，每月定期公布社里的各项决定及实施情况、社内的重要活动、分配情况、公积金和公益金的支出和使用情况等，提高社务活动的透明度，自觉接受社员的监督，赢得了广大社员的信任和好评。

说到低调，胡兰敏感受最深。当我们和胡耀昌谈论胡保蕭和他的初级社、他的生平、他的荣誉的时候，作为胡保蕭的孩子，胡兰敏一句话也插不上，他说得最多的就是："老爷子从来没有提过这些事。"不论是在互助组还是合作社期间，胡保蕭始终把国家的利益看得高于一切，急国家所急，想国家所想，心中装着大局，从来没想过自己。当他将自家一年的收成——1150斤黄豆全部捐献给国家的时候如此，当他用身体堵住滔滔洪水的时候如此，当他想方设法破解一个又一个难题的时候也是如此。尽管做到了副县级，但他的孩子，没有一个因他而从政或是谋个体面的工作，他们都做了普通工人，自食其力。

胡保蕭就是这样一位地地道道的淮南"农民"，质朴得如同他脚下的土地一般。在他的示范带动下，到1955年，全市初级社发展到144个，入社农户占总农户的56.7%，为实现全市的农业社会主义改造打下了坚实的基础。

写给今天的淮南农业

"悠悠万事，吃饭为大。"纵观中国历史，仓廪实，则天下安。让老百姓吃饱饭，乃一国兴旺长远之根基，于国于民皆为首务。淮南农民为了这份"国之大者"，为了中国人的饭碗任何时候都要牢牢端在自己手上，披肝沥胆，星夜兼程。有两件事，值得一说，以告慰胡保蕭在天之灵。一个是脱贫攻坚，淮南赢了；一个是农业大托管，淮南首创。

2014年，淮南市打响脱贫攻坚战，全市上下勠力同心，顽强作战，决战脱贫攻坚。市委、市政府主要领导既挂帅又亲征，逢会必讲扶贫，下乡必看

丰收在望的淮河岸边万亩良田

扶贫，带头联系分包深度贫困村，脚步遍及脱贫任务重的乡镇。常态化实施不发通知、不打招呼、不听汇报、不用陪同接待，直奔基层、直插现场的"四不两直"，进行随机暗访，发现问题、解决问题。各县区、各部门"一把手"树立看齐意识，充分发挥"头雁效应"，当好"施工队队长"，拿出主要精力专抓扶贫，凝聚全市力量，合力攻坚。

"162个贫困村全部出列，18.3万建档立卡贫困人口如期全部脱贫，贫困发生率由2014年的7.18%下降至0；国家级贫困县寿县高质量摘帽，我市脱贫攻坚战取得了全面胜利。"淮南的田野乡村发生了巨大变化，基础设施明显改善，社会事业长足进步。昔日羊肠小道，如今修建成笔直宽阔的康庄大道；昔日破旧土坯房，如今翻盖成青瓦白墙的"新居"；昔日远近闻名的穷村，如今变成风景宜人的生态文明村……

淮南市建档立卡贫困人口人均纯收入从2015年底的2371.9元增加到2020年底的11733.3元，年均增幅37.68%，增幅比全省平均农民收入高28个百分点，比全国平均农民收入高29个百分点。这一串串灵动的数字犹如铿锵的出征战鼓声，传递了淮南声音，振奋了淮南精神，鼓舞了淮南士气，怎不可骄傲地告慰先辈？

国家、省、市选派了 386 名选派帮扶干部、528 家单位、162 支驻村扶贫工作队分布全市贫困村，2.6 万余名帮扶干部与广大扶贫干部奋斗在脱贫第一线。这些新时代的"胡保甩"把脱贫任务落实到"最后一公里"，"脱贫奔小康"的誓言铿锵有力！

70 年后，淮南农民也遇到新难题，在不少地方，农业生产经营面临着规模经营难、服务提升难、农民增收难等问题，抛荒现象不同程度存在。如今务农种地的多是 60 多岁甚至 70 多岁的老人，需要找到一个办法来解决"谁来种地、怎样种地"的问题。这个难题，呼唤着今天的"胡保甩"。

在凤台县杨村镇店集村，我找到了解决这个难题的妙方：这里成为淮南市最早探索农业生产"大托管"的地方。淮南市在全国首创"两委托两跟进一托底"的农业生产"大托管"模式，引导农户将土地"委托"给村集体经济合作社，再由其将土地"委托"给农业生产服务主体生产经营，有针对性地去破解当下农业生产经营领域存在的土地细碎化、农村"空心"化、规模经营难、良种良法推广难等问题，同时协调生产要素、社会化服务"跟进"，引入保险"托底"，推动小农户与现代农业发展有机衔接，促进科技强农、机械强农和农民增收，为回答"谁来种地、怎样种地"做出了积极探索。

发起于凤台县杨村镇的"大托管"改革，与 70 年前胡保甩初级农业生产合作社一样，与 40 多年前凤阳县小岗村的"大包干"改革一样，都是生产关系适应生产力发展的创新实践。现在，全程"大托管"模式的 135 个村 22835 户农民户均增收 2600 元，村集体增加收益 2400 万元，村均增收近 18 万元。"全国托管看安徽，安徽托管看淮南。"2021 年 9 月 29 日，国家农业农村部发布正式文件向全国推广淮南农业生产"大托管"的做法。淮南人的饭碗牢牢地端在了自己手上，怎不可骄傲地告慰先辈？

作者系淮南市乡村振兴局法规科副科长、安徽省作协会员、淮南市作协副秘书长

淠水欢歌

——寿县灌区建设 70 年侧记

赵　阳

1952 年 6 月，寿县县委书记、县长赵子厚上调六安行署任专员。临行，他对新到任的县委书记沈杰人、县长孟子超说："寿县县情特殊，必须常年修水利。年初确定的兴修计划，一定要完成！"

赵子厚，后来成为淠史杭工程建设的总指挥。他从 1 月份出任县委书记到调离，时间不足半年。用他自己的话说，这期间他就干了一件事：谋划治水。3 月初，在全县春季农村工作会议上，赵子厚将水利兴修放在报告的首要位置进行安排部署；同时宣布，自己亲自担任治淮施工总队队长。在他的带领下，全县春季出工 4 万多人，完成土石方 110 万立方米，兴修当家塘 10275 口，构筑拦水堰坝 984 处，整治灌排沟渠 2370 条。赵子厚调走后，继任者们没有辜负他的期望。在当年秋冬水利会战中，全县发动民工 10 万人，完成土石方 600 多万立方米。其中保义区修建的罗陂塘、石塘，堰口区修建的张陂塘、鳌鱼陂塘，三觉区修建的白小河、翟大塘，双庙区修建的李大堰、新堰等，后来经过历年挖深加固，都成为淠史杭灌区"长藤结瓜"布局中的小型水库，泽及当时，功施后人。

也许就是从那一年起，赵子厚的名字不仅写入了寿县历史，也写入了淠史杭灌区史，写入了新中国的水利史。

"一方盼水水不来，一方恨水水不走"

站在海拔 1774 米的白马尖山顶，巍峨挺拔的大别山诸峰匍匐在脚下，一下全成了小山丘。向北极目，可以看见群山中一道道若隐若现的涧溪，在太阳下熠熠生辉。这就是淠水水源，淠河发端于此，汇涓成流，蜿蜒逶迤五百里，浩浩汤汤数千年，经两河口，过横排头，至正阳关入淮归海。

淠河，古称沘水、白沙河，是淮河右岸的主要支流之一。2008 年，我有幸参与淠河流域文友共同发起的"淠河行"，从大别山白马尖开始，沿着淠河徒步顺流而下，经霍山、裕安、金安入寿县，写就并发表了一大批反映淠河生存状态的作品，引起有关方面的高度关注，最终形成保护治理老淠河的决议。

通过这次活动，我对淠河有了较全面的了解。淠河全长253公里，流域面积6000平方公里。而寿县地处淠水末梢，淠河流经境内60公里。由于北濒淮河，南依江淮分水岭，寿县2948平方公里土地结阜成岗，聚水成渊，兼之年内降雨不均，自古多旱易涝，素有"水口袋""旱包子"之称。特殊的地理环境，使得这里的人民有史以来便与治水结下不解之缘。早在春秋楚庄王时，便建成了号称"淮河水利之冠"的天下第一塘安丰塘，"周百二十里"，"纳川吐流，灌田万顷"，千百年来，在灌溉、蓄水方面发挥着重要作用。宋代王安石曾作诗"鲂鱼鲅鲅归城市，粳稻纷纷载酒船"，生动描绘了当年安丰塘畔的丰收景象。此外，还有广岩塘、罗贝塘、蔡城塘……都有着时代的烙印，滋润着裸露的土地，养育着这里的人民。

然而，严峻的历史事实痛苦地告诉我们：屈指可数的塘坝，无异于杯水车薪；难以为继的水源，使得这里十年九旱。仅从 1671 年至 1949 年的 278 年中，较大型自然灾害就发生 136 次，其中旱灾平均每 5 年一次。这种年复一年的恶性循环，给寿县人民带来极其深重的苦难。"剃头不洗头，麻雀饮水愁"，当地流传的这句民谣，真实地反映了旱区少水情况。州志上有关"赤地千里，斗米千钱，道馑相望，阖家饿毙"的连篇记载，正是当年灾荒年景的真实写照。

是这里缺水吗？不！这一带的年降水量一般都在 900 多毫米，可惜，三分之二的雨水降在农作物并不需水的季节。春播时，多逢春旱；稻苗打苞孕穗时，常遇"夹秋干"。"一方盼水水不来，一方恨水水不走；洼地洪水滚滚流，岗地滴水贵如油。"尽管人们汗流成河，血流成河，这片土地赐予人们的，仍然只是贫穷和饥饿。

于是，处于长期干旱地区的人们，无可奈何地给当地起了这样一些名字：晒死鸡、晒网滩、火龙岗……

于是，祈雨求神的龙王庙应运而生：炎刘庙、李山庙、双庙……不一而足。

求神于事无补，大片土地仍然靠天收。面对这一现实，祖祖辈辈以农为本的寿县人苦苦思索：寿县的出路在哪里？寿县的希望在哪里？

兴寿之要，唯在治水。人民，是创造历史的真正英雄

历史的书页翻到 20 世纪 50 年代。这是一个值得浓墨重彩大书特书的年代。1952 年 6 月，淮南市正式升格为省辖市，寿县人也用自己的勤劳、勇敢和智慧，在同一年代谱写了一曲曲动人心魄的治水赞歌。按照市作协要我采写淮南市建市以来寿县灌区建设发展情况的安排，我专程赶到寿县档案馆查阅有关史料。

寿县档案馆是一座三层砖瓦小楼，坐落在老县委大院东南角，掩映在一片翠柏中。这个地段，古时曾作为寿州考棚，十分幽静，确实是做学问的好地方。听说我是专门来查灌区建设资料的，馆长老陶将我带到资料室，从柜子里取出一部红色封面的图书，递给我说："你查查它！这里头记录得全面！"我接过一看，书名是《寿县解放七十年大事记》，编印单位是中共寿县党史和地方志研究室。老陶同时赠送给我的，还有《寿县水利志》《安丰塘志》等史料。

回到家，我迫不及待地展开书卷，寿县波澜壮阔的灌区建设场景，一幕幕展现在我的眼前。

中华人民共和国成立以后，兴修水利成为党和国家的重要决策内容。在党和政府的领导下，寿县人民治水灾，除旱魔，开展起大规模的农田水利基本建设热潮。1950 年夏季，新中国成立不到一年，淮河流域发生洪涝。毛泽东主席向沿淮人民发出"一定要把淮河修好！"的号召。中央人民政府决定

在淠河和史河上游的大别山区修建几座大型水库，拦蓄洪水变害为利。1952年 1 月起至 1958 年 6 月底，先后建成佛子岭、磨子潭、响洪甸、梅山 4 座水库，在中国治淮史上写下光辉的一页。寿县也先后完成张马淠堤、正南淮堤、寿西淮堤等淮淠堤防和一系列灌排渠修筑加固任务。

1958 年，淮河两岸遭受百年未遇大旱。自 4 月份起，连续 70 多天基本无雨，沟塘干涸，田地龟裂，远在大别山区水库里的水源却无渠可引。痛定思痛，兴建科学化、规模化、系统化、网络化的特大型水利灌溉工程被提上重要议事日程。6 月 29 日，淠史杭工程建设指挥部在横排头举行誓师大会，六安行署专员赵子厚亲自担任总指挥，淠史杭灌区建设正式拉开序幕。灌区规划灌溉面积 1300 多万亩，安徽、河南两省四市 17 个县区 1330 万人口受益，寿县作为主灌区，被纳入灌区总体规划。

8 月 6 日，"寿县淠河灌区灌溉工程总队部"成立，县委书记武崇祥担任总队长兼政委。总队部下设办公室、工务科、财供科、运输科、民运科和工具改革小组。11 月，县内淠东、瓦东、瓦西 3 条大型干渠工程全面开挖。短短数年时间，寿县人民凭着冲天的热情，男女老少组成千军万马，浩浩荡荡开赴工地，勒紧腰带干水利，甘洒热血写春秋，劈岗切岭，唤醒了沉睡的土地。到 1961 年，初步建成淠东、瓦西、瓦东等灌区，全县灌溉面积由新中国成立初期的 39.5 万亩扩大到 70 万亩。

那是怎样的施工环境啊！工程建设初期，恰逢 1958 年至 1960 年间连续两年大旱，国家和地方经济十分困难，施工技术不足，管理经验缺乏。在这种情况下，组织淠史杭大型水利灌溉工程建设，无疑是项十分艰巨的任务。

开工伊始，部分干部群众对从大别山区引水灌溉，一度持怀疑、否定态度。一些"智叟"指出："从大别山引水到这里，高的山、凹的谷，逢岗要切岭，遇洼要填方。绵绵几百里，靠老百姓肩挑手挖，根本行不通。"针对这种思想，为加大政治思想工作力度，指挥部专门设立政治处，武崇祥亲自担任政治处主任，指导县、乡两级，采用会议、广播、标语、文艺演出等形式，广泛宣传淠史杭工程规划的科学性及实施的可行性，统一思想，造足声势，激发广大干部群众的治水积极性。

工程上马时，寿县淠河灌区工程指挥部技术人员不到 20 人，仅靠这点技术力量，单是完成 100 多公里施工堤段的测量放样和 10 多座建筑物的施工技术管理都不可能。怎么办？武崇祥一方面争取外援，由每乡选派 1 至 2 名知识青年共 50 人，委托地区测量队进行短期培训，配合测量队参与测量工作，同时选派 30 人，到六安苏家埠镇的横排头枢纽工程工地学习，学成后返回本县工地担任农民技术员；另一方面自力更生，成立寿县初级水利学校，招收初中生 100 名，一边学习，一边工作，在大风大浪中学会游泳。在后来的施工过程中，这批农民技术员充分发挥自己的聪明才智，干中学，学中干，在实践中加强认识，在认识中进行实践，斗险风恶浪，攻技术难关，为工程建设顺利进行做出了突出贡献。

为了弥补主要建筑材料的匮缺，保证工程按计划进行，寿县还在八公山下建起了小水泥厂和水利机械厂。同时，工程指挥部还动员群众捐献石料 3400 立方米。

1958 年 11 月，一场改天换地的治水大战打响了！寿县发动 13.5 万群众，同步实施淠河灌区三条干渠以及分干渠、主要配套工程的建设。到 1959 年 5 月一期工程结束，实做工日 1439.7 万个，完成土石方 1588.5 万立方米，淠东、瓦西干渠初步建成。是年夏，寿县又逢大旱。淠史杭于 7 月 29 日正式通水抗旱。

水，远从大别山区响洪甸、佛子岭、磨子潭三大水库放来的"救命水"，顺着淠河总干渠翻花叠浪，飞流直下，一路经小高堰入淠东干渠直汇安丰塘，一路由柏家堰进瓦西干渠灌石集、保义一带丘岗区。当年开挖，当年受益，寿县人初次尝到兴修淠史杭工程的甜头，大大增强了广大农民的治水信心！

寿县淠河灌区二期工程于 1959 年 11 月至 1960 年 5 月实施。上工 18.2 万人，实做工日 518.6 万个，完成土石方 457 万立方米。由于连年大旱，民工生活供应困难，各乡水利团发扬南泥湾精神，组织专人养猪种菜，改善民工物质生活，力争施工正常进行。

两期施工中，都经历了我们今天难以想象的困难，都创造出令后人惊叹的奇迹。瓦西深切岭、车王集高填方等工程，土高 5 米至 16 米，石质坚硬，夹有质地坚硬的风化石，劳动强度高，施工难度大，被工程指挥部列为"钉子"工程。广大民工苦干加巧干，土法上马，不断改革和创新施工方法和工具，"跃进车"、劈土法、"倒拉器"、机器牵引车、空中运土器等相继在工地上发明并投入使用，迅速推广到整个淠史杭工地，节省了劳力，提高了工效，缩短了工时。至今，这些工具及方法仍在水利施工中发挥着作用。

两期施工中，寿县工地还涌现出许多先进模范人物。

吕树美，瓦埠水利团妇女营营长，结婚不到 3 个月，便率领 20 多名青年妇女远征瓦东干渠车王集高填方工地。她向组织立下军令状："工程不竣工，决不离开工地一步！"当时工地粮食供应紧张，疾病流行，间有民工病故。吕树美隐瞒了自己双腿浮肿的病情，白天坚持出工劳动，吃苦在前，助人为乐，积极倡议妇女与男劳力展开"对手赛"，每天劳动 12 小时，并创造了"脚踏四轮运土器"，使日工效超定额 0.8 立方米，达到 2.3 立方米；晚上，她又组织姐妹们广泛开展文艺宣传活动，活跃工地文化生活，鼓舞士气。为此，吕树美先后 4 次出席省、地群英会，全国妇联授予她"三八红旗手"称号。

魏本海，炎刘区船涨公社一个年已花甲的独身老汉，上有年逾 70 岁的老母亲需人侍奉。听说炎刘水利团出了个远近闻名的"愚公队"，全由 50 岁以上的老汉组成，他想跻身其中而踌躇万端。老母亲知道后，倚在床上对他说："去吧，修水利是大事，娘不拖你后腿。"老魏将老母亲托付给邻居照看，背起土筐走上了工地，成为"愚公队"的一员猛将。

月上柳梢头，工地静悄悄。在沛东公社淠东干渠开挖工地上，一名中年男子赤着双脚站在结着薄冰的泥水中，挥锹理水，为明天大批人马上堤顺利开工垫平道路。他是隐北大队宋台生产队队长、共产党员赵传忠。后来，由于超负荷的劳动，他累倒在工地上，再也没能够站起来。

还有宋美华、张本芝、钱富海、张世开……也许这些人的名字会被岁月所遗忘，但他们用智慧和力量创下的伟大业绩，像一座座无言的丰碑，永远矗立在淠河沿岸的渠首闸头。他们，是创造历史的真正英雄。

"天工人可代，人工天不如"

开弓没有回头箭，寿县人民围绕淠史杭工程建设规划，发扬愚公移山、水滴石穿精神，一步一个脚印，不断完善渠系建设，拓展灌区灌溉面积，淠史杭工程建设一年一个新台阶。

1961 年 12 月，寿县组织 7.3 万人大战瓦西干渠石集倒虹吸工程。这是一座大型交叉输水建筑物——从南向北的瓦西干渠与由东往西的淠淮航道在此交叉而过。按照自流灌区设计，干渠比航道高出 15 米，该怎么处理？照搬将军山渡槽模式渠水跨越过去吧，航道里的行船势必会受到影响。建设者们想出了好办法：在河底铺设三排长 130 多米、直径 1.5 米的钢筋混凝土管道，让汇水通过河底流过去！整个工程到 1962 年 4 月结束，实做工日 85.4 万个，完成土方 50.6 万立方米。1964 年 4 月，曾率大军千里挺进大别山的一代"军神"刘伯承参观该工程后，兴之所至，挥笔题词"科学态度，革命精神"予以高度赞誉。

1963 年至 1965 年，淠东、瓦西灌区 24 条长 127 公里的分干渠、大型支渠相继施工。为了积累经验，寿县水利局分别在瓦西灌区马道斗渠、淠东灌区祝子门支渠进行建筑物工程同步配套试点，借鉴一、二期淠史杭骨干工程的经验，在施工中锻炼、造就技术干部，初步积累了一些配套工程规划设计的研究资料，为后来灌区建设发展创造了条件。

1966 年，开始续建瓦东干渠及河岔埠分干渠。1967 年 6 月 20 日，瓦东干渠正式通水至寿县。

按照"长藤结瓜"灌溉渠系设计，1968 年至 1971 年，瓦东灌区兴建大井中型水库，累计完成土方 84.7 万立方米，砌石 2.54 万立方米，投资 274.2 万元。工程于 1972 年按设计标准建成后，集水面积 33.6 平方公里，蓄水能力 5040 万立方米，灌溉面积 14.1 万亩。同时，瓦西灌区于 1970 年至 1971 年建成花果中型水库，累计投资 95.93 万元，完成土方 39.07 万立方米，砌石 1.2 万立方米，蓄水库容 1030 万立方米，灌溉耕地 3.23 万亩。到 1972 年，寿县淠河灌区基本建成，三条干渠分别流经安丰塘、大井、花果三座中型水库，缓解了寿县缺水的现状。其中淠东干渠累计完成土方 1260 万立方米；瓦西干渠累计完成土方525万立方米；瓦东干渠累计完成土方654万立方米。正阳、石集、杨西、木北、堰口、保义、岔埠7条60年代以来修建的分干渠，总长112公里，它们奔涌着时代的活力，向茫茫荒滩古埂走来，为灌区开拓出万顷良田；团岗、双东、立新、桓店、花果、温庄、谢磨、庙西等82条大型支渠，总长566公里，畅饮淠河之水，蜿蜒游走岗丘，像条条巨龙，汇入淠史杭灌溉工程的伟大行列。全县灌溉面积迅速发展到128.5万亩，粮食总产3.46亿公斤。自此开始，直至70年代末，灌溉面积一直稳定在100万亩左右，1978年大旱，百日无雨，灌区水利工程在抗灾过程中发挥出显著作用，供给农田灌溉用水7.5亿立方米，使81万亩良田在大旱之年仍然获得好收成。

1964年，淠史杭灌区兴建期间，一代文豪郭沫若深入实地观摩考察，现场赋诗《淠史杭颂》赞道：

排沙析水分清浊，喜见源头造海洋。

河道提高三十米，山岗增产万斤粮。

倒虹吸下渠交织，切道崖头电发光。

汽艇航行风浩荡，人民力量不寻常。

干群同心，持续完善，一切为了效益最大化

走访中，寿县水利局局长李善奇告诉我："如果把寿县灌区从1958年到1972年这段历史列为工程建设的初始阶段，那么从1973年开始，灌区就进入了发展阶段。"

灌区初步建成后，素有治水兴利传统的寿县人民并没有满足。他们祖祖辈辈吃够了"命水不见面，废水冲破田"的苦头，历史的教训，使得敦实朴素的寿县人对治水抱有伟大的构想，那就是持之以恒兴水利、治旱贫，长期不懈开发灌区、建设灌区，为子孙后代造福！

楚相孙叔敖主持修建的安丰塘曾为江淮地区的农业发展做出过巨大贡献，但经历过两千多年的风雨剥蚀，安丰塘已是塘淤堤颓，"蓄水之效，几

已全失"。淠东干渠建成后，安丰塘成为"藤"上的一个大瓜，古塘人民用淠史杭之水，为它冲洗掉历史的尘垢，给它注入新的血液，从而结束了安丰塘水源枯竭的历史。为了使古塘效益充分发挥，1973 年至 1975 年，灌区群众按照防洪设计要求，利用一冬一春时间，完成土方 380 万立方米，同时配套建成双门节制闸和杨西泄水闸，调节干渠水位，控制进塘流量。土方工程完成后，由于增加了蓄水量，塘身加固被摆上了寿县决策者的议事日程。

1976 年，寿县县委做出自力更生完成安丰塘块石护坡工程的决定，全县发动 11 万人，展开安丰塘工程大会战。6.6 万立方米的块石，从百里以外的八公山运到工地，光靠组织起来的 2000 多人的运输专业队，运上一年也难以完成。县委书记冯建华身先士卒，率领县委全体成员，拉着满载石块的板车，走在运石队伍的最前面。这无声的命令，震动了全县上上下下。于是，干部从机关走来了，刚下班的工人走来了，街道的居民走来了，学校的老师、医院的医生、商店的营业员走来了，就连小学生也动员起来了；拖拉机、汽车、驴车、牛车、板车各种运输工具都动用了。数万人投入了声势浩大的运石战斗，顺利完成安丰塘环堤 25 公里的块石护坡工程，计用石料 9 万余吨，水泥 0.24 万吨，总投工日 117 万个。工程竣工后，水库正常水位提高 1 米，蓄水量由 500 万立方米提高到 8400 万立方米，灌溉面积由 36 万亩扩大到 56 万亩。地处安丰塘下游的双桥区，1957 年水稻面积只有 3 万亩，通过安丰塘护坡修建增容，水稻面积增到 17 万亩，粮食总产比 1957 年增加了 4.53 倍，达到 1.36 亿公斤，水产产量增加了 13 倍，达到 140 多万公斤。

46 年后，寿县张李乡高台村 68 岁的村民时培圣，说起那段安丰塘扩容增效的历史，依然记忆犹新。他说，那年安丰塘块石护坡扩容临近尾声，上游的沛东公社（后并入张李乡）书记黄声伍受到启发：安丰塘进水渠淠东干渠位处沛东公社东侧，地势较高，如果能够开挖一条渠道"东水西调"，境内 2 万多亩"靠天收"农田就能"旱改水"了！经过争取，寿县县委给他派了位年轻的技术员，并下拨 7000 元专项资金，让黄声伍组织本公社民工自力更生建设"东水西调"。时培圣说："开挖渠道还好说，技术员设计了，公社以大队为单位组织民工大队，驻点肩挑手挖干就完了。问题是引水渠从板桥公

治理荆塘乡梁家湖的场景

社团岗大队往沛东公社徐楼大队经过的交界，有一条河，把工程阻断了。"时培圣所说的河，当地人称"洪小河"，也有人称"梁家湖"，是一条 60 余里的自然排涝沟，主要功能用于汛期将江淮分水岭以北地面径流排泄淠河主河道。"土专家"与年轻技术员召开"诸葛亮会"，决定在洪小河上架设渡槽，引水过河。"修渡槽就得需要石头呀！所以，俺们学习安丰塘块石护坡的做法，也组织了运输队，从八公山运石头过来修渡槽。"时培圣回忆，那一年他 22 岁，刚刚结婚不久，就报名参加了土城大队的运输队，自带行李、干粮和菜罐，跟着队长李银泽上了路，头天天不亮就出门，拉上石头在路上走三天三夜，基本上第四天就能到达工地。"各个大队的运输队展开对手赛，你追我赶，都怕落后给本大队丢了脸。"石头拉得差不多了，运输队就地转换为专业队，按照技术员的指导搅拌混凝土倒涵管。这一边，利用冬季枯水期，采取砌石圈土土法上马的办法，渡槽基座已经完成。铺上涵管，管上修桥，接通两边渠道。到了春天，50 米长的"东水西调"渡槽桥正式建成，建设者专门请著名书法家司徒越在渡槽桥身两侧题写了"自力更生，艰苦创业"八个大字。通水这一天，方圆十里八乡的群众扶老携幼都来观看。自此，"东水西调"被当地人自豪地称作"寿县的红旗渠"。

1980 年后，为了充分发挥淠河灌区灌溉效益，寿县按照续建配套工程规划，多方集资兴建续建工程。鉴于寿县灌溉骨干工程已初具规模，1983 年，国务院将其列为全国第一批商品粮生产基地县，3 年投入农田水利基本建设资金 916 万元，使灌区面貌在很大程度上得以改观，粮食产量年平均递增 4.4%，1985 年全县总产量达到 6.32 亿公斤。

随着淠史杭灌区知名度的日益提高，世界银行将其列入大地开发项目。1986 年，寿县为提高灌区农田灌溉保证率，开始有计划地利用世界银行低息贷款配合国内投资，进行灌区续建配套工程建设。到 1990 年底，瓦东、瓦西灌区项目区从干渠到支斗渠 110 万亩受益面积基本完成配套。全县建成斗农级渠道 1.3 万条 3227.4 公里，共做小型工程 8.23 万处，堰塘 7000 处，中小型水库 126 座，有效灌溉面积达到 139 万亩，保证灌溉面积 20 万亩。与国家和全省同期人均水平相比，人均灌溉面积和粮食产量分别高出 30% 和 40%。了解内情的人都说，如果没有"淠史杭"，取得这一成就无疑是天方夜谭、痴人说梦。

"衣带渐宽终不悔，为伊消得人憔悴"

水，既可兴利，也可成灾。在它温顺的时候，它是昼夜流淌的诗歌；当它暴戾的时候，它就是桀骜不驯的猛兽。1991 年，一场百年不遇的洪涝灾害席卷而来，骤雨惊洪，肆无忌惮，寿县古城被洪水围困达 3 月之久，湖洼地区的 129 座生产圩堤漫水溃破，灌区 90 多万亩农田被洪水吞没。江泽民、李鹏等党和国家领导人对灌区的抗灾十分关注，专程到此慰问灾民，指导抗灾。为了将洪涝灾害减轻到最低程度，灌区紧急启用灌溉工程进行分洪、泄洪。

这一年，我参加工作不久，正巧在安丰塘管理处工作。安丰塘灌区的进水渠淠东干渠，担负着淠河总干渠的分洪任务。由于连遭暴雨袭击，降雨量三个月超过 900 多毫米，较历年同期高 5 倍，干渠分洪水位猛增至 29.75 米，安丰塘水库水位高达 29.62 米，均远超警戒水位线。天上持续下，上游哗哗泄，外洪内涝两面夹击，大堤吃紧，险情频仍。值此关头，安丰塘管理处全体干部职工紧急行动起来，单位负责人分工包点，与广大职工、民工走上抗洪抢险第一线，昼夜巡视，及时加固险工险段，用坚强的毅力和科学的调度，为受灾惨重的寿县，留下了一片绿洲。

大灾过后，寿县人民没有被困难所吓倒，他们积极行动起来，展开了恢复农田水利基本建设的战斗。本着"防蓄并重，灌排兼筹，点面结合，综合治理"的原则，当年出工 40 万人，完成土石方 1000 万立方米。到 2000 年，寿县农田水利基本建设一浪高过一浪，连续多年在省、地兴修评比中夺冠。据统计，从 1991 年到 2000 年，10 年间全县共投工 11922 万个，完成土石方 9870 万立方米，兴修各类水利工程 5.7 万处。其投工人数之多，工程量之大，农民上工热情之高，均为寿县亘古所未见。

还是以安丰塘为例吧。1995 年，寿县县委、县政府为了扩大安丰塘（淠东）灌区灌溉面积，根据可持续发展战略，决定对安丰塘水库实施"五个二"工程，即投资 2000 万元，兴修土方 200 万立方米，浇筑混凝土 2 万立方米，植树 20 万株，增加蓄水量 2000 万立方米。是年 11 月份，"五个二"一期工程顺利开工。仿佛一夜之间，淠东干渠便成了人的海洋，丰庄、荆塘等 14 个受益乡镇 10 万民工走上加固清淤工地，风餐露宿，实施 150 万立方米工程量的会战工程。在寿县，当年孙叔敖为修安丰塘耗尽家资的故事家喻户晓。今天，这样的故事又被民工们在工地上重演。从百里外的正南洼地远征而来的建设乡红旗村民工，所分配的工段东侧淤泥足有 2 米多深，按照施工要求须东泥西调，经过的渠道中心难以下足，施工难度大。该村接受任务后，自筹资金买来竹笆铺好道路，保证了施工顺利进行。双门街道有 326 间房屋因妨碍施工需要拆迁，这些房主接到通知后，纷纷在开工三四天前便拆除了房屋。拆迁户黄善根说："俺家祖祖辈辈都住在这里，房子在俺手里扒掉心里可真难受。但为了修塘，俺没二话！"在施工过程中，党员干部发挥先锋带头作用，各施工乡镇都成立了党员突击队，专啃"硬骨头"。安丰塘乡邓庄村 50 多岁的突击队长刘家学，在工地突然发高烧，指挥部让他回家养病，他却说"一点头疼脑热的算啥病？吃点药便好了"，愣是未离工地半步。这项工程如期完成后，省农田水利基本建设指挥部专门召开兴修现场会，时任省委副书记方兆祥对"五个二"工程大加赞扬，并称淠东干渠清淤加固工程是皖西人民的"造福工程""形象工程"。

2020 年初冬，央视《记住乡愁》节目组来到寿县，拍摄《寿县古城：江淮古城，金汤巩固》纪录片。《记住乡愁》的拍摄特色是"一城一风采，一城一传奇"，所有题材和故事都要求有细节、有情节，见人、见物、见思想。为了寻找契合主题的历史题材和现代故事，我陪同编导吕明月沉到古城的街头巷尾，用他那睿智的双眼去发现寿县人的日常生活亮点，寻找一个个拍摄对象。一天，吕明月来到孙叔敖纪念馆，看到展厅一张《工地上的合家欢》摄影图片，上面有一位老人，带着一家七口两代人正在修塘，背后是人们修塘清淤的场面。"震撼！震撼！这个家庭，正是安丰塘畔千千万万个家庭中的一个代表！"

能不能找到老人，让他谈谈修塘的故事？吕导心中萌生了将其作为讲述

工地上的合家欢

主体的念头。

"这张照片，正是我拍的。"我对吕导说。我在安丰塘工作过 10 年，那段时间，就在工地上跑来跑去。但是照片拍摄于 20 世纪 90 年代。20 多年过去了，老人家是否健在？吕导一脸希冀，对着我又是抱拳又是拱手："一定帮我找找，拜托拜托！"

我不敢怠慢，赶紧回到家中，翻箱倒柜扒出当年下工地的采访本。一查，还真让我找着了出处：1995 年冬，安丰塘水库进水渠淠东干渠整修加固，照片上的老人名叫李井宝，是板桥镇双门村的村民。

给板桥镇的朋友发去协查信息。不到两个小时，反馈的电话就打了回来。消息令人振奋：李井宝老人就住在安丰塘西堤脚下，虽已 87 岁高龄，但身体健康，耳聪目明，子孙满堂，生活美满幸福。我把这个消息转给吕导，吕导说："我一定要去采访他，一定要把他的故事安排到节目里。正是有了李井宝老人这样一代代的坚守与传承，才有了现在物阜民丰的寿县，才有了安宁和谐的生活！"

刚进初冬，细雨霏霏。陪着编导吕明月和节目主持人宫柏超，我们顺着安丰塘西堤往下一拐，就来到板桥镇双门村。李井宝老人就住在村头，一家老小得到消息，都聚在家中迎候。见我们到来，老人十分开心，脸上笑开了花。我问老人："还能认出我是谁吗？"老人握着我的手，辨认了一番，说："小赵！当年不就你给俺一家照的相嘛！"坐定后，我们聊起当年拍照的场景。老人很健谈，说："那年冬修，俺利用小歇时间平填车辙，被你看见了，过来采访俺。知道俺儿子儿媳都上了工地，就让俺喊他们过来，给俺们一家拍了这张照片，后来听说还上了报纸。"

正式拍摄时，主持人宫柏超问老人："你们每年都要兴修水利吗？"老人答："是呵，安丰塘是俺们的铁饭碗。修塘蓄水，这是在端牢饭碗哪！"主持人问："冬闲兴修水利，是寿县的传统。孩子们也是自愿的吗？""那当然，"老人说，"修塘是给子孙后代造福的。修好了，子孙就有饭吃。这就像修自家房子一样，谁不愿意？"

这些镜头，全部收录到纪录片《寿县古城：江淮古城，金汤巩固》中。

节目制作完成后，2021 年 2 月 1 日晚 8 时在央视国际频道黄金时间首播后，反响强烈。

"衣带渐宽终不悔，为伊消得人憔悴。"淠史杭工程建设 60 年来，寿县人民付出了艰辛的劳动，平均每年都要投入数十万的劳力，投入成百上千万，甚至上亿元的建设资金。正是有这几亿份工的劳动积累，数十亿、上百亿元的投入，才使得寿县淠史杭水利工程体系得以完善，增强了抗御自然灾害的能力，促进了工农业生产的发展。截至目前，全县灌区共建成干渠 3 条，长 129.7 公里，分干渠 7 条，长 112 公里，能灌田万亩以上支渠 82 条，长 565.8 公里，斗、农渠 1.2 万条，长 3227.4 公里，固定排灌泵站 149 处，排灌机械 1948 台（套）43120 千瓦。全县 276 万亩农田中，有效灌溉面积猛增到 183.4 万亩，旱涝保收面积达 160.15 万亩。

数字是枯燥的，但数字往往又最能说明问题。通过整治，历来是"种八斗，收一石"的丘陵岗地和那些深深铭刻着旱灾情景的"火龙岗""晒死鸡"等地，如今已都是田连阡陌、稻谷飘香了。这是千百年来寿县人民意志的延伸，力量的推进；这是 70 年来寿县灌区开发史的继续、理想的更新。

兴修水利，人人有份，"推磨转圈"，协作治水

三九寒冬，滴水成冰。在寿县至十字路的公路斜坡上，一位年逾50的老汉拉着装满石料的板车，弓着身子一步一滑地向前挪动。大板车的右边，一位十二三岁满脸稚气的小姑娘扯着拉绳，在帮老汉拽车。祖孙二人的脸上热气蒸腾，汗如雨下。一位开着"解放"牌汽车的司机经过，目睹此景心怀恻隐，停下车要老汉将车及石料装上汽车免费带到工地。老汉眼一瞪："兴修水利，人人有份，你尽你的心，俺尽俺的意。你的机器有劲，就多拉一点；俺的板车虽不比汽车，可它拉的是俺爷孙俩对兴修水利的一份心意。"发生在1977年冬兴修水利中的这个故事，后来被县剧团编为小戏，广为传唱，成为《寿县文化志》中记载的一个经典剧目。

群众是水利建设的主体，立足抗灾夺丰收，坚持长年修水利，是寿县灌

区建设迅速发展的基点。寿县是革命老区，在 2019 年贫困县"摘帽"之前，一直是国家扶贫工作重点县。人民群众的生活还不富裕，灌区开发治理主要仰仗于群众的智慧和力量，劳务投入一直是水利建设投入的主渠道。60 年代初兴建淠史杭，一声号令，百万农民齐上阵，怀着崇高的信念，自力更生，艰

1995 年冬淠东干渠水利兴修场面

苦奋斗，从不讲一丝价钱；改革开放后至取消农业税前，面临新的形势，在群众合理负担修水利问题上，寿县始终把握这样一个原则，即符合群众意愿、群众愿意干的，自己修水利自己得效益，就是合理负担。每逢冬春季节，寿县在完成治淮等国家重点项目的同时，都要组织数十万大军大干灌区综合治理工程，到处是热火朝天的兴修场面，到处是大干的人群，寿县成为一方没有冬天的地方；到了"三秋"农闲间隙，寿县又针对灌溉放水中暴露出的薄弱环节，广泛开展兴修穿插战，旱到哪里工程就做到哪里。在用足用活国家规定的 25 个积累工的基础上，寿县根据每年兴修计划工程量，经县人大批准，对当年农民劳动积累工的使用进行适当调整。1995 年，寿县为搞好 15 处低产田

改造和 15 处标准化农田建设，全县共投入劳动积累工 1611.59 万个，劳均投工达 30 个。由于群众负担的是自己得效益的工程，都没有怨言。在水利兴修先后受益和多受益与少受益的问题上，寿县本着"多受益多负担、少受益少负担"的原则，采取"推磨转圈"的办法逐年逐期逐阶段找平。

"推磨转圈"是一种形象的说法，缘自瓦东干渠大潜山灌区的瓦房乡。该乡地处肥西、六安交界，6 条跨县支渠均处末梢，灌溉期间正常来水仅 4 立方米每秒，干旱年景只有 1 立方米每秒，用水十分困难。为了改变窘境，90 年代以来，乡里根据"先急后缓，先后受益"的原则，组织群众进行集中会战，"深挖当家塘，留住天落雨，灌好农家田"，立足自身挖掘水源进行反调节。今年你帮我干，明年我帮你干，以工换工，协作治水，解决一村两村难以承担的较大型工程。比如：1994 年全乡出工兴修的红旗沟，蓄水 6.5 万立方米，解决了 3 村 3400 亩耕地灌溉问题；1995 年全乡会战甘坝、邵堰两处蓄水工程，竣工后蓄水 17 万立方米，灌溉 6 村 4500 亩耕地；1996 年万众战姚堰，当年建成当年见效，蓄水 6.5 万立方米，在翌年夏天的大旱中，保证了 2 村 2700 亩水稻获得丰收；1997 年，该乡再度动员全乡 8000 个民工整治杨堰蓄水工程，完成工程量 10 万立方米，增加蓄水 8.5 万立方米，工程竣工后可解决 2 村 2400 亩耕地的用水问题……"磨"一推起，就难以停下，从而保证了瓦房乡水利兴修高潮迭起、长盛不衰。

瓦房乡，只是寿县灌区人民大兴水利的一个缩影。

为了撰写这篇稿件，我专门翻阅了那一时期的地方报刊。《皖西报》1997 年 10 月 9 日二版刊有一篇《肖专员推广"推磨转圈"》的新闻特写——

　　1997 年 10 月 7 日，六安行署副专员肖元兴在寿县双桥镇廿铺水利兴修工地调研时，问夹沟村民组的民工刘士贤："兴修这处工程，你们村受益了吗？""俺们村离这里有 7 里多路，不受益。""那你出工有没有意见？""有啥意见，俺们这是在'推磨转圈'，今年俺们帮他们干，明年他们还不帮俺们干？"……调研结束，肖元兴高兴地对当时的县委书记王文有等人说："你们县发明的'推磨转圈'以乡会战方式，解决一村一队短时间难以完成的工程，这个方法很好，值得大力推广。"

从群众出工、地方自筹到列为国策，寿县水利步入辉煌

水利为社会，社会办水利。全国治淮劳模、原寿县人大常委会主任康永年在接受采访时说："寿县淠史杭灌区建设成就巨大，在众多因素里还有一条，那就是全县上上下下方方面面对水利认识较高，从而能够形成合力。"

在20世纪，除了国家投资的重点项目，像灌区兴修这样的工程建设，主要依靠发动群众自力更生。从1958年初建淠史杭开始，寿县人民就对水利建设憋足一股劲，每年兴修一开始，无论任何机关团体，要人给人，要物给物，从没有任何人讨价还价。人们明白，寿县灌区不发展，人民生活无保障。为了使灌区建设规范化、制度化，寿县出台了《寿县淠史杭灌区建设管理办法》等一系列地方性法规文件，明文规定各行各业都有责任、有义务向水利倾斜。尤其是十一届三中全会后，随着改革开放的深入，寿县人民解放思想，冲破了一个个束缚生产力发展的桎梏，在灌区建设政策上不断予以调整，采取多元化、多层次、多渠道集资办水利，使群众兴修水利的积极性像火山一样地喷射出来，大兴淠史杭自六七十年代后出现了第二次高潮。在地方性资金投入方面，1991年大水后，县委、县政府及时下发了《关于弘扬抗洪精神搞好水利兴修的决定》，要求各地"采取区乡筹措、集体借贷和群众互借的办法，立足于自身努力，积极主动地筹足兴修资金"，对于"多年来投入的发展农业集资和水费提留"，"一定要用于水利上，不准挪作他用"。随后几年，寿县又先后制定了《关于加强农田水利基本建设的决定》《关于进一步发展水利基础产业的决定》等法规性文件，明文规定，在水利建设资金投入方面一是加大水利规费征收力度，确保规费如期足额上缴，二是全县每年每亩耕地征收1公斤稻谷，作为水利建设基金，三是从每年农民的5%提留中拿出20%用于水利工程配套。中共寿县县委原副书记曹光俊说，灌区的建设与发展的关系，与工业的铺摊子和搞技改的关系极为相似。同样是一元钱，用来搞新建项目，也许听起来轰轰烈烈，但只能发挥一元钱的效益，可如果用来搞既

有工程的配套，虽然在工程数量上没有增加，但是从效益上看，一元钱就可能发挥出两倍三倍甚至更大的效益，因为它盘活了早先投入的大量存量资产。比如1996年，寿县投入1986万元进行灌区配套建设，其中县级投入1031万元，乡镇群众自筹投入955万元。与此同时，寿县还在水利建设中大力推行股份制和股份合作制，以资入股，按股分红，仅1996年一年便吸收水利建设股金265万元。1997年，寿县农民在越来越红火的"塘口经济"效益驱动下，再度兴起股份合作形式的"挖塘热"。当年兴修的871个塘口，按股份合作制形式进行的占40%。

股份合作制兴水是20世纪90年代寿县水利兴修由"要我干"转变为"我要干"的必然产物，是当地当时适应形势发展需要、借鉴其他行业经验而创造的一种独特形式。寿县属水利大县，从1994年开始，广大农民在完成国家20个劳动积累工后，往往还要自发组织起来，广泛开展塘坝建设、湖洼开发、低产田改造等工程，以工折资，以资入股，以股参加收益分红。双桥镇大郢村1995年群众出工兴修4口当家塘，面积80亩，工程完工后每个工日折款10元，每20个工日为一股，劳动股占60%，土地股占40%，这4口塘1996年除满足当地灌溉用水外，还由村经济合作社公开招标承包，当年底收入2万余元，农民获利万余元。占股40%的土地股所得红利，主要由村集体用于灌区工程建筑物配套或作为水利开发资金。

历史进入21世纪，农业税取消，农民种田不再需要上缴提留，而且还有种粮补贴，灌区维护管理资金全部由国家统筹。党的十八大以后，习近平总书记多次强调："中国人要把饭碗端在自己手里。""对我们这样一个有着14亿人口的大国来说，农业基础地位任何时候都不能忽视和削弱，手中有粮，心中不慌，在任何时候都是真理。"加大农业基础设施建设，成为全面落实国家粮食安全战略的重要举措。为了增强农业生产抵御自然灾害能力，水利岁修和大修全部由国家根据项目列报据实解决，淠史杭灌区建设与发展从此实现良性循环，走上规范化轨道。寿县张李乡人大原主席时英学举例说，张李人引以为傲的"东水西调"，经过这么多年运行已经老化严重，淤积渗漏，上级派人踏勘后，立即投资360万元。"俺们乡采取专业化设计、专业化施工，赶在春灌前顺利竣工。"新建成的"东水西调"渡槽桥，全长115.75米，采取桥、槽分离建设，渡槽采取钢筋混凝土矩形箱式设计，设计过水流量满足桥西2.6万亩农田的灌溉要求；大桥分离则是从安全角度考虑，为当地群众出行提供了便利。

寿县水利，日趋完善；灌区建设，步入辉煌。

翻天覆地的变化，富裕欢乐的现实

斗转星移，冬去春来，70年弹指一挥间。但在寿县这片土地上，翻天覆地的变化，使人有隔世之感。

汽车行驶在平坦的乡村机耕路上，清爽的微风拂面而过。道路两边沟渠纵横，田园方整，林木成行；田野里的庄稼郁郁葱葱，往年兔子遍野跑的荒滩野埂，均已变成绿的海洋。被当地群众戏谑为"黑老鸹圩，黑老鸹圩，十年只能收一回"的淠东灌区安丰镇五里长岗低产田，原来长期渍涝，粮食亩产只有300斤，进行综合治理后，全面实现排灌自流化、耕作机械化、大地园林化、种田科学化的"四化"目标，粮食亩产超千斤。"麦青花黄四野绿，清渠潺潺碧水长，养鸡养鹅又养兔，草窝里飞出金凤凰。"

"保义镇，晒网滩，比八公山还高三尺三。两天不下雨，庄稼地里

安丰塘灌区鸟瞰

冒青烟。"传说寿县古时候是茫茫大海，唯有保义镇露出水面，渔民打鱼后，便在这里晾晒渔网。淠史杭工程的兴建，使瓦西干渠大动脉贯穿境内，全镇村村落落沟渠纵横，原来"光下种，不捉苗，种一葫芦打一瓢"的3.9万亩农田，全部实现了"旱改水"。"上有淠史杭，下有安丰塘；荒岗改良田，晒网滩变成鱼米乡。"

正南洼，史书称"南湖"，集水面积344平方公里，其中易涝面积104平方公里，唐代诗人皇甫冉曾写诗描述："榛草荒凉村落空""寿阳西去水无穷"。古时这里极少人烟，到新中国成立前，方才有"十八户半人家"下得湖来靠捕鱼为生。如今，大店、建设两座电力排涝站犹如两颗璀璨的明珠，镶嵌在正南淮堤大坝脚下。2020年7月，寿县因连日大雨出现内涝，两站一天一夜排除涝水222万立方米，天不停雨，站不停机，确保了正南洼12万亩"锅底"土地不因积水造成损失，灌区当年获得大丰收，粮食总产4.4万吨。正南洼地的迎河、建设两乡镇，已成为寿县蚕桑、蔬菜、林果重要生产基地，产品远销东南亚及香港一带。安徽电视台曾专程到此拍摄电视片，片中歌曲唱道："正南洼地好风光，稻浪连云谷飘香；千重杨柳添绿意，万缕银线织水网；双手开辟新天地，十八户半人家谱新章。"

安丰塘于新中国成立初期蓄水量仅1700万立方米，灌溉面积不足8万亩。通过不断完善提高，水库蓄水量达到1亿立方米，灌区面积扩大到83万亩，粮食总产突破45万吨，达到灌区人均占有1吨粮食目标，年向社会提供15万吨商品粮。在大兴水库蓄水、防洪、灌溉、航运、水产、发电之利的同时，安丰塘的管理者还根据水库历史条件和地理优势，大力发展旅游事业。他们修复了古代人民为纪念楚相孙叔敖而建成的孙公祠，开发了环塘绿堤、老庙集、碑亭、芍陂亭、戈店集、长春岛、长寿岛、安丰古遗址、冉庄稻田画等景点。如今的安丰塘，水面碧波万顷，舟帆点点；堤上绿树成荫，亭台水榭掩映其间。不是西湖，胜似西湖，令多少游客流连忘返、唏嘘不已！

一位年逾古稀的台胞在回瓦东灌区老家探亲时，感慨万千："我有两个没想到：第一没想到故乡变化这么大，人们生活水平提高了；第二没想到故乡水利建设搞得这么好，瓦东干渠水从以前我家的房脊上过，源源不断，以前的荒丘烂洼都成了亩产千斤的良田。"

寿县人自古穷在"水"上，通过多年治水实践，这方土地上的人们深深认识到，寿县人脱贫靠"水"，致富也得靠"水"打头阵。于是，在治水过程中，他们又创造出了闻名遐迩的"塘口经济"。

"塘口经济"，又称"塘口企业"，都是当地农民根据塘坝蓄水工程在当地生产、生活中所发挥的作用而衍化的名词。20 世纪 90 年代以来，寿县紧紧围绕产业结构调整做文章，抓住制约农业和国民经济发展的主要矛盾，从增加农民经济收入着眼，从减轻农业投入着手，在灌区低洼、低产的湖洼和丘岗区内的荒塘上大兴当家塘，"上养下蓄"（根据地势高低将塘口一分为二，上塘养鱼，下塘蓄水灌溉）、"上种下养"（对兴修防洪堤坝形成的土塘进行改造，发展水产养殖业，同时利用相对高程的土地种植庄稼）、"上养下排"（湖洼地区兴修排涝渠时结合开挖精养鱼塘，调节蓄排，充分利用水土资源），挖一块地，成一口塘，栽一片树，灌一方田（或排一处水），全县新增蓄水量8000 多万立方米，新增养鱼面积 2.6 万亩，成为发展集体经济的主要平台。"塘口经济"的发源地双庙集镇通过大兴当家塘，全镇可养殖水面发展到 7200 亩。该镇小沛村发动群众兴修的余瓦水库，开发水面 50 亩，除保证灌溉用水外，同时采用股份制进行承包养鱼，每年上缴村里 2 万元；该村农民王立昆以每年 2万元的资金承包花墙水库养鱼，年获利达 10 万元，年上缴村里 4 万元；荆塘、隐贤、张李三个乡镇发动群众"上养下排"，在梁家湖洼地联手开发 6200 亩蓄养水面，植藕种莲、养鸭喂鱼，年创产值 1200 万元，并逐年增长，成为安徽省农业集约化经营的示范点。

"长藤不结瓜，等于小孩没有妈；长藤结了瓜，啥时要水啥时挖。"通过大兴当家塘工程，目前，寿县已拥有中小型水库 160 座，塘堰 3.46 万口，塘坝面积达 45.2 万亩，蓄水量由新中国成立初期的 0.94 亿立方米增至 3.66 亿立方米，实现了亩均灌溉水 150 立方米的目标。以往，寿县年需从淠史杭上游佛子岭、磨子潭、响洪甸三大水库引用灌溉水 9 亿立方米，由于塘口自灌自蓄，现在每年仅用 3 亿多立方米。在全县素有面积最大、地势最高、用水最难"三最"之称的瓦东抽灌区刘岗镇，通过大兴当家塘，增加蓄水量 920 万立方米，有效改善了灌溉条件，全镇年均节约提水电费120万元。通过发展"塘口经济"，水产品产量连年递增，由1995年的3.7万吨，增加到2021年的10万吨。

"丘岗地区修塘坝，等于存钱慢慢花；能灌田来能养鱼，脱贫致富全靠它。"这是灌区人民对"当家塘"的由衷赞美。

灌区水利建设的不断发展和完善，有效改变了当地群众的生产、生活条件，增加了农民收入，寿县经济得到快速发展，人均收入连年翻番。2021年，灌区每平方公里平均蓄水量达到10万立方米，农村人畜饮用水困难得到彻底解决。全县实现地区生产总值243.8亿元，财政收入25.8亿元，农村居民人均可支配收入14247元，均超历史最高水平。

勤劳的双手编织着美好的未来。寿县人民依靠自己的双手改变了这里贫穷的面貌。一幢幢高楼拔地而起，一辆辆拖拉机、摩托车开进新村，家家院内溢出欢歌笑语……寿县政协原主席孙业成在接受采访时说："寿县这几年连续遭遇自然灾害和疫情，但工农业生产总值一年一个新台阶，粮食总产达到176.5万吨，为保障国家粮食安全做出了突出贡献。脱贫攻坚在顺利实现'摘帽'目标后，又全面踏上乡村振兴新征程。取得这样的成就，水利建设功不可没。"

淠史杭工程使寿县人民脱贫致富，过上了蜜一样的生活。穷日子不会再有了，多少代梦寐以求的理想，在这一代人手中，转化为富裕欢乐的现实。随着历史长河的流逝，往日祈龙求雨的痛苦记忆，正逐渐成为久远的传说。

尾　声

安丰塘灌区、瓦西灌区、大井灌区、瓦东灌区、寿丰灌区、木北灌区……滔滔滚动的淠河水，顺着淠东、瓦东、瓦西三条干渠，牵引着绿色的灵魂，激荡着生命的欢歌，源源不断地流入寿县这片热土，滋润着这片古老的大地；而分布在灌区角角落落的分干渠、支渠和斗渠、农渠，就像毛细血管一样为寿县的工农业生产输送着新鲜血液，为这里的经济社会高质量发展强筋壮骨。

在这片土地上，寿县人有着耕耘的艰辛，有着丰收的喜悦，有着勃发的爱情，有着火辣的生活！

在过去的岁月里，寿县人民在中国共产党的领导下，自力更生，艰苦奋斗，写下了淮南水利史上最为辉煌的篇章。但这仅仅是开始。

根据《寿县国民经济和社会发展第十四个五年规划》，寿县灌区"十四五"期间将全面实施乡村振兴战略，扎实推进高标准农田和农田水利"最后一公里建设"，每年建设15万亩。以安丰塘灌区为核心，建设优质水稻基地150万亩，优质小麦基地100万亩，坚决扛稳粮食安全责任，坚决守好管好"寿县粮仓"。

寿县灌区的昨天是那样波澜壮阔，寿县灌区的今天是这般明媚妖娆，寿县灌区还有着更广阔、更辉煌的未来。曾经，淮南作为华东最耀眼的能源城市，为国家建设与发展输出了巨大能量；现在，依托寿县农业大县，淮南还将为保证国家粮食安全，做出自己应有的贡献。

作者系寿县融媒体中心党组书记、主任，淮南市政协文史专员，中国作协会员

扼住命运的咽喉

——寿县人民治淮颂歌

黄丹丹

　　1952年，春节已过，却尚未立春。不满18岁的康永年，推着一辆独轮车，趔趔趄趄地走向大堤。独轮车斗里新挖的冻土堆得高如谷堆，他那副少年的身子骨被野风曳着，略显羸弱，但他的脚步坚定，目光坚定。那是因为，他的目标坚定。每天，挖多少立方米土，推多少趟车，他虽不言说，但心里清楚地打着算盘呢。他还是个学生，能利用年假和乡邻们来修筑拦淮堤坝，这机会他是珍惜的。虽然天寒地冻，虽然劳作辛苦，但他感到心安，他相信自己挖的每一锹土、装的每一筐土、推的每一车土，都像子弹一般，可以成为杀敌护命的武器。

　　康永年家住在瓦埠湖畔，作为淮河的支流，瓦埠湖的水位"身不由己"，全由淮河做主。住在瓦埠湖畔的庄户人家的命运也由不得自己，再勤再俭再会持家，也挡不住水患与旱灾。过春节时，就有干部挨家挨户做动员："过了年，继续修堤坝，毛主席他老人家下定决心要把淮河修好，这回，俺们分到的任务是去离家55里地的五里庙，在那里修大闸，可以拦住淮河发大水时倒灌瓦埠湖，修好这个闸，俺们就不会今年受水淹、明年受旱灾了……"干部的话还未说完，康永年便起身说："俺去！"

　　康永年作为民工参与修建的东淝河闸工程，位于寿县城西北五里处，因工地附近有村曰五里庙村，故东淝河闸又被俗称为五里闸。这座闸底高14米，闸顶高32米，闸身总长90米的大闸，耗资180万元，于1952年建成。

一

　　"那时候的 180 万元，放在今天，恐怕相当于好几个亿喽。1956 年，我们国家的国内生产总值是 1030.7 亿元，2017 年的国内生产总值是 820754.3 亿元，你算算，这差距是多少倍了？政府用大力、重金修建成的五里闸，既能防止淮河洪水倒灌瓦埠湖，又可以拦蓄淮洪入瓦埠湖，减少淮河干流洪峰对下游的威胁。"

　　70 年后，康永年已经 88 岁高龄，我坐在老人家中，听他颇为自豪地回忆起自己作为普通民工参与治淮劳动的情景。

　　"那时候，全县 20 万民工齐上堤坝，千万条胳膊一起挥动着，铁锨铲土，独轮车堆土。大家住在搭着树建的简易工棚里，围坐在工地上，吃着简单的饭菜，日出而作、日落而息，人民都满心热情、齐心协力地干！"那场景，令 70 年后的我听罢亦感热血沸腾。

　　"那么，您早年参与修五里闸的这段经历，是不是对您后来在领导岗位上，一直心系农业与水利有影响呢？"我问道。

　　"那当然，我是实实在在地感受到了治淮给老百姓的生活带来的改善。五里闸修好以后，我们家所在的村子太平多了！过去大家都是提心吊胆地过日子，不知道哪天就会受淹，也不知道哪年又会遭旱灾。闸修好后，瓦埠湖就平和了，瓦埠湖平和，沿湖的庄户人家就有收成，有盼头了。"康永年老人说。

　　1934 年出生的康永年，曾任寿县县委副书记，兼任寿县治淮指挥部指挥。我第一次到他家拜访时，他正伏在书桌上，把两只放大镜叠放起来，照着书上的字。我大声向他打着招呼，他缓缓起身，在家人的协助下，我们开始了访谈。岁月磨损了他的视力与听力，但并未摧毁他的脑力。他思路清晰地向我讲述 70 年来寿县的治淮成果。我的录音笔和手中笔飞快地跟着他讲述的节奏。整整两个小时，老人声音洪亮，思维敏捷。其间，与他同龄的老伴在送老照片和勋章时，半嗔道："他一辈子不落家，日夜扑在工作上，全县的沟塘坝渠没有他不晓得的。当年小车班的司机都怕跟他下乡，因为他不分白天黑夜不说，还净往小路上走……"

一直激情澎湃向我讲述治淮史的康永年老人这才低下了声音，说："我没问过家里事，4 个孩子，3 个儿子都是放在乡下养大的，没时间带孩子，也没钱养他们。老伴一个月 26 块半的工资，顾不过来，我一年到头在外面，工资要在外吃食堂啊，没钱给家里。"说完老人话题一转，又高声大嗓起来，"治淮前，也就是 1951 年之前，寿县年产粮食 3 亿斤，1958 年是 7 亿斤，1978年达 10 亿斤，现在，粮食年产量是 33 亿斤了！"

采访结束后，我回到家，对着录音与笔记整理采访资料时，内心充满了感动与感慨。

人们常常把人的生命比喻成河流，而我此次要书写的是 1952 年以来，我的家乡寿县，人民治理一条河的历程。我的案头堆满了从各方搜来的资料、书籍。我在笔记上密密匝匝地写下了淮河在历史中的"罪状"：

据不完全统计，明清至新中国成立初期的 450 年间，淮河每百年平均发生水灾 94 次。"两头高，中间低"的流域地形，使淮河成为中国最难治理的河流之一，导致淮河一度被老百姓称为"坏河"。凤阳花鼓里"十年倒有九年荒"的唱词，从侧面记载了"大雨大灾、小雨小灾、无雨旱灾"的淮河写照。

1951 年，毛主席提出"一定要把淮河修好"后，沿淮而居的乡民在"十年九涝，大雨大灾，小雨小灾，无雨旱灾"的困顿中，走向越来越安定的生活。

二

"走千走万不如淮河两岸。"我作为一名生于淮、长于淮的人，受益于淮河水土的滋养，也经历过淮河水患的威慑。如今，淮河像位性情温和的母亲，在蜿蜒的河道里平缓地流淌，如母亲般以其温柔的乳汁，哺育着世代依仗她所生存的子民，汩汩地灌溉着依傍她的土地，深情而节制。

8 月底，节气已是处暑，但暑气依旧逼人。我们驱车 50 公里，从县城沿206 国道行至安丰镇，在镇南的一个村村通路口，试探着向站在树荫下乘凉的村民询问："请问石集倒虹吸怎么走？"这是在导航上无法搜寻到的地址，我不确定，能不能顺利地找到它。

村民热情地为我们指路，并骄傲地说："你们来看倒虹吸，保管你们看了忘不了，看过不后悔！"

果然震撼。我们行至一处开阔地泊好车，刚下车，耳中便被灌入浩大的水声。循声，攀上土坝，看见了这座传说中的神奇水利建筑——石集倒虹吸工程。它改写了"水往低处流"的自然规则，在明晃晃的日头底下，白花花的水流从低处被吸至高处，水袖一般折过来，再甩过去，这浩大的水声啊，是淮水气吞山河的怒号。我站在高高的大坝上注目着，被驯服的水流犹如唱着战歌，吹响哨子，奔腾而去。

大坝上，耸着一座照壁。壁上，一面书写着毛主席语录："水利是农业的命脉"；另一面则是刘伯承元帅的题词："科学态度，革命精神"。

这座大型交叉输水工程，将从南向北的瓦西干渠与由东往西的淠淮航道集结。正如刘伯承的题词所言那般，这是一座凝结了具有科学态度的建设者心血的水利工程。因瓦东干渠比淠淮航道高出15米，为了不影响航道行船，建设者们妙用倒虹吸原理——在河底铺设三排长130多米、直径1.5米的钢筋混凝土管道，让瓦东干渠与淠淮航道之间交汇的水流从河底转身而去。这座神奇的工程是7.3万寿县人于1961年建成的。整个工程，国家拨款70万元，群众自筹8万元，实做工日85.4万个，完成土方50.6万立方米。1964年4月，曾率大军千里挺进大别山的刘伯承元帅到此参观后，感叹不已，乘兴题词。

在众兴镇新店街道，我采访了与新中国同龄的许明安老人。他在盛赞石集倒虹吸工程的同时，又向我叙述了他早年参与兴修水利的场景。1965年冬天，16岁的许明安参与了木北分干渠的修建。他所叙述的场景与康永年老书记的描述相似，在他们的口述中，我仿佛看见了那个遥远年代里人们火热的激情。他们住在简易的茅庵里，在北风呼啸的堤坝旁、河沟边，奋力地劳动，他们为一道道沟渠清淤，将一座座大坝夯实、加固、垒高。我的另一位采访对象，年过八旬的余益环老人也回忆说："每年的入冬时节，淮河两岸红旗招展，人群涌动，挥锹擦汗，抛碻夯土的号子声，构成了治淮的壮观场景和时代的画卷。"总之，在过去的年代里，治淮成了全民参与的大事。难怪新中国首任水利部部长傅作义，每到一处治淮工地，都忍不住赞叹："历史上没有一个政府，曾经把一个政令、一个运动、一个治水的工程，深入普遍到这样家喻户晓的程度。"

据康永年老书记介绍，1951 年，寿县治淮指挥部成立后，首先修筑加固的是寿西淮堤、寿南淮堤和张马沛堤。随之修建了寿县西郊的东淝河闸、正阳关镇的正阳涵闸和迎河镇的幸福涵闸。起初，寿县治淮的重点是为了对付外水入侵，紧接着，寿县治淮的重点就放在了淠史杭综合沟通工程建设上了。1958 年 8 月 6 日，"寿县淠河灌区灌溉工程总队部"正式成立，时任县委书记处书记武崇祥亲自担任总队长、政委。11 月，待秋收秋种告一段落，寿县便组织了 13.5 万名民工，投身于淠河灌区三条干渠以及分干渠、主要配套工程的建设中去。资料记载，到 1959 年 5 月一期工程结束，实做工日 1439.7 万个，完成土石方 1588.5 万立方米，淠东、瓦西干渠初步建成。1959 年夏，寿县又逢大旱。淠史杭于 7 月 29 日正式通水抗旱。到 1961 年，初步建成淠东、瓦西、瓦东等灌区，全县灌溉面积由新中国成立初期的 39.5 万亩扩大到 70 万亩。1963 年至 1965 年，淠东、瓦西灌区 24 条长 127 公里的分干渠、大型支渠相继施工。1966 年，开始续建瓦东干渠及河岔埠分干渠。1967 年 6 月 20 日，瓦东干渠正式通水至寿县。我在众兴采访的许明安老人参加修筑的木北分干渠，是寿县境内修筑的 3 条干渠、7 条分干渠、72 条支渠中的一条。前文所述的石集倒虹吸工程也是淠史杭工程的一大亮点。

按照"长藤结瓜"灌溉渠系设计，1968 年至 1971 年，瓦东灌区兴建大井中型水库，累计完成土方 84.7 万立方米，砌石 2.54 万立方米，投资 274.2 万元。工程于 1972 年按设计标准建成后，集水面积 33.6 平方公里，蓄水能力 5040 万立方米，灌溉面积 14.1 万亩。同时，瓦西灌区于 1970 年至 1971 年建成花果中型水库，累计投资 95.93 万元，完成土方 39.07 万立方米，砌石 1.2 万立方米，蓄水库容 1030 万立方米，灌溉耕地 3.23 万亩。珍贵的生命之水从大别山区响洪甸、佛子岭、磨子潭三大水库流泻而下，顺着淠河总干渠，一路经小高堰入淠东干渠直汇安丰塘，一路由柏家堰进瓦西干渠灌石集、保义一带丘岗区。寿县以"蓄泄兼筹"的治淮方针变水害为水利，令寿县人民初次尝

保义镇枣树地水库夏修工地一瞥

到治淮工程的甜头，也增强了广大农民的治淮信心。

那是 20 世纪 80 年代，康永年老书记回忆起那段岁月，情绪明显高涨，在他的讲述中，我仿佛看见那个年富力强的康书记，卷着裤腿跑遍了全县的沟埂坝渠，淮河堤坝、淠河堤坝加高了、培固了，淠史杭的干渠、分干渠和支渠清淤了，河道里那些阻挡水流的芦苇、柳树清除了……康书记笑了。

三

现存的寿县古城，建于南宋宁宗年间。这座因战争而建的城池，后人又因洪水将它加固。寿县古城墙乃砖壁石基，城开四门，各有瓮城，既拥有完整的军事防御体系，又具备防水防洪的功能。古城的四座城门，东门名为宾阳，南门名为通淝，西门名为定湖，北门名为靖淮。早年，南门的护城河与淝水相通，商贸繁荣，宾朋四海。淝水经城关北门港，过五里闸，在后赵台村注入淮河。有时，在城墙上散步，我会望着城北八公山上的松林与萦绕在古城周遭的淝水，陷入幽思：这座城丰厚的历史与人文，恐怕也源于这淝水背后，站着一条淮河吧。

在寿县古城宾阳门的外墙上镶嵌着两块碑记，石碑正中刻有一道横线，上有文字说明：公元 1991 年，最高水位线，海拔 24.46 米。我记得那场大水，古城四门用土填闭，城外白浪滔天，而城内无积水，无内涝，洪峰来时，城内的人甚至能坐在城墙上伸腿濯足。后来，我看过记录了当时情景的一张古城空中俯瞰图，图中，寿县城宛如浮荡在茫茫大海中的一只木盆，神奇地飘摇着，任骤雨惊洪肆无忌惮，它自安然无恙。

那一年，在那场百年不遇的洪涝灾害中，寿县古城被洪水围困达三个月之久，湖洼地区的 129 座生产圩堤漫水溃破，灌区 90 多万亩农田被洪水吞没。为了将洪涝灾害减轻到最低程度，灌区紧急启用有关水利灌溉工程进行分洪、泄洪。担负淠河总干渠分洪任务的淠东干渠，由于连遭暴雨袭击，降雨量三个月高过 900 多毫米，较历年同期高五倍，干渠分洪水位猛增至 29.75 米，安丰塘水库水位高达 29.62 米，远超警戒水位线。

让我插叙一下安丰塘的前世今生。古称芍陂的安丰塘，位于寿县中部，相传为春秋时期楚国丞相孙叔敖于公元前 613 至公元前 591 年修建。这座被誉为"天下第一塘"的古芍陂乃淮河流域重要的水利工程，它的 36 座水门，72 道涵闸，曾为我国历史上江淮农业的发展，做出过巨大贡献。然

1991 年夏被洪水围困的寿县城

而，新中国成立时，安丰塘已是塘淤堤颓，蓄水之效，几已失去。淠东干渠建成后，沿渠欢唱的淠史杭之水，洗刷了安丰塘的尘垢，让它重新成为水的容器。康永年老书记告诉我，20世纪70年代，寿县人民几乎家家户户都参与过安丰塘的重修工作。1976年，中共寿县县委做出自力更生完成安丰塘块石护坡工程的决定，发动全县11万人重修古塘。6.6万立方米的块石，从百里以外的八公山运到工地，光靠组织起来的2000多人的运输专业队，运上一年也难以完成。县委书记冯建华躬身拉起一辆满载石块的板车，走在了运石队伍中。此举像是一道无声的命令，震动了全县上上下下。于是乎，出动了几万人，动用各种运输工具，如现代愚公般，从八公山运来了9万余吨石料，0.24万吨水泥，将安丰塘环堤25公里的块石护坡工程建成了！工程竣工后，水库水位提高1米，蓄水量由500万立方米提高到8400万立方米，灌溉面积由36万亩扩大到56万亩。地处安丰塘下游的双桥区，1957年水稻面积只有3万亩，通过安丰塘护坡修建增容，水稻面积增到17万亩，粮食总产比1957年增加4.53倍，达到1.36亿公斤，水产产量增加13倍，达到140多万公斤……然而，1991年夏，数万人修筑而成的安丰塘堤坝危在旦夕。还是他们——那些给予古塘新生命的人，沿着环塘堤坝昼夜巡视，及时加固险段，他们又一次保护了古塘，为受灾惨重的寿县，留下了塘畔的那一片绿洲。

大灾过后，寿县本着"防蓄并重，灌排兼筹，点面结合，综合治理"的治淮原则，全县60万劳动人民齐上阵，将河道拓宽，为沟塘清淤，据统计，工程共完成土石方1000万立方米。灾后，县委、县政府及时下发了《关于弘扬抗洪精神搞好水利兴修的决定》，要求各地采取区乡筹措、集体借贷和群众互借的办法，立足于自身努力，积极主动地筹足兴修资金，对于多年来投入的发展农业集资和水费提留，一定要用于水利上，不准挪作他用。在采访中，康永年老书记仍然骄傲于寿县在水利建设中大力推行的股份制和股份合作制。为了解决兴修水利所需的资金问题，寿县实行以资入股，按股分红，仅1996年一年便吸收水利建设股金265万元。1997年，寿县农民在越来越红火的"塘口经济"效益驱动下，再度兴起股份合作形式的"挖塘热"。当年兴修的871个塘口，按股份合作制形式进行的占40%。股份合作制兴水让农民的治水观念由"要我干"转变为了"我要干"。

党的十八大以来，水利岁修和大修全部由国家根据项目列报据实解决，淠史杭灌区建设与发展从此实现良性循环，而守护淮水安澜、保护生态环境、改善民生福祉，又成了新的目标。

四

甲骨文中，"淮"字由表示水流的"川"和表示鸟的"隹"构成。隹为短尾之鸟，栖息水边，或因水岸多木。

位于张李乡的张马沛堤上，我驻足于"林海"，倾听林间枝头那如洗的鸟鸣。一只短尾白腹鸟从一株大叶白杨树的枝头飞起，在我的头顶上盘旋，随即飞离。良久，我才收回目光，对陪我同行的张李乡油坊村第一书记魏玮说："这里的鸟儿真多。"魏玮说："生态好了，天上的鸟多，水里的鱼多，连来我们张李淠河湾考察、游玩的人也多起来了呢。"

1984年9月出生的魏玮，是寿县畜牧兽医服务中心的办公室副主任。作为寿县第八批选派干部，她于2021年6月，任张李乡油坊村第一书记、驻村工作队队长。我对魏玮说，不久前，我的一位车友在朋友圈里发了自己在沙滩上驾驶越野车的霸气视频。她特意@我说，拍摄地是在寿县。魏玮笑着说："那肯定是我们张李乡淠河湾的金沙滩。这是我们陈乡长对外重点推介的旅游休闲场地，现在的金沙滩已经有了'安徽马尔代夫'的美名呢！"

魏玮说的陈乡长，算是一位"网红"乡长。2015 年被评为全国劳模的陈多田，多次向上级请缨，要求到最偏远贫困的乡村去工作。2018 年 8 月，淮南市田家庵区曹庵镇副镇长陈多田，经过省委组织部门的面试考核后，被委任为油坊村书记。陈多田从距淮南市区最近的乡镇，来到这座偏远、贫穷的村子。4 年过去了，事实证明，误打误撞成为"网红"的陈多田并不是为自己捞某种资本而来走过场、造噱头的，如今担任张李乡党委副书记、乡长的陈多田，处于一年 365 天无休状态。我关注陈乡长朋友圈两年来，我发现，他的朋友圈如钟表般精准，每天清晨 5 点半，他的朋友圈准时开始"营业"。

他在朋友圈晒的美景都是张李乡的景——淠河湾金沙滩、林海、花海；他在朋友圈晒的娃，都是张李乡村民升学的、获奖的、进步的孩子们；他在朋友圈里晒吃晒喝，晒的是"饺欢天"的饺子，淠河湾的甜瓜、板栗、冬桃和瓜蒌；他晒幸福，晒的是张李乡和谐的婆媳关系、和睦的家庭氛围；他晒宠物，晒的是淠河湾的皖西白鹅和散养在林地里的溜达鸡……他"晒"的这些内容，深深地感动了我，也激励了我，他以毫不掺假的热情，为张李乡的发展鼓与呼。

位于张李乡最西南端的油坊村，曾是国家级重点贫困县寿县的重点贫困村，它紧挨淠河，交通偏僻，人多地少，资源匮乏。全村 17 个庄台，17 个村民组，1098 户，3963 人，耕地面积 1691 亩，水面 160 亩，人均耕地不足五分地。2019 年 3 月，张李淠河湾劳模扶贫基地建设启动，从投资 10 万元建 10 个甜瓜大棚，到形成蔬菜花卉产业示范园、瓜蒌种植基地、林下养鸡、饺子工厂、淠河湾度假村、农业公园……陈乡长常在朋友圈里晒的饺子，是成立于 2019 年的安徽饺欢天食品有限公司的产品。这家由苏州市饺欢天食品有限公司投资 1600 万元建设的扶贫项目，也是苏州市饺欢天食品有限公司的生产基地，可实现年产速冻食品 3000 吨，年产值 6000 万元。公司采取"公司＋基地＋农户"的经营模式，带动周边乡镇蔬菜、肉类等农副产品的就近转化，助力脱贫攻坚，乡村振兴。公司现有员工 160 人，其中贫困人口 30 人；饺欢天蔬菜基地员工 30 人，其中贫困人口 16 人。受益贫困人口达到 230 人，为张李乡的贫困人口提供了很好的就业机会。我想起了陈多田在朋友圈里发过的一条顺口溜："家门口有活干，不出村有就业，带好孩子种好田，一天能挣二百元。"昔日常年在水患与旱灾夹击下的油坊村村民，从凑合活的庄台人家生活模式，转换成了鲜花簇拥、安居乐业的"欢乐颂"。

在这里，我忍不住要说一说庄台。沿淮地区，有一种被称为"庄台"的奇特村落。它们四面环水，形状规整，地基很高，很像一口倒扣在水面的碗，屋舍建在平坦的碗底里。庄台本是一种临时的防洪工程，通过人工垒起台基，或以天然的高地为基座，在洪水来犯时，供灾民躲在上面避难。后来，人们嫌一次次携家带口上下庄台太折腾，便干脆在庄台上砌起正经房子，扎下根来，于是，便有了这种独特的民居模式。

　　张李乡便是频遭水患之地。张李乡位于寿县西南部，西临淠河，北靠淮河，因地势低洼，既有内河之涝，又有外河之汛，乡民历来为水所困。当地老人说起当年所遭的罪时，说起这样一句在当地已近失传的顺口溜："淠河湾，不用粪，三年两载大水闷"——意思是，这里的土地常受水淹，大水漫灌田地，在吞噬庄稼的同时，其实也会让土地变得更加肥沃。我想，这也是自然与人类的利害互换吧。为了减灾增收，张李的乡民就在修筑的堤坝上栽种林木，遇到水患，树木比庄稼更有耐力一些。前文，我提到的那只短尾白腹鸟所栖息的地方就是乡民沿堤种树造出的"林海"。大大小小的树林，遍布张李乡的河坡洼地与 40 里长的防水堤坝周围。初秋时节，行车在张李乡境内，霜染的林木间赭红金红与深绿交杂，大自然将这斑驳的色彩涂抹在人间，令我感到的不仅是视觉上的愉悦享受，更有人与自然和谐共生的奇妙感触。林木看护的大堤，更加坚固，河流在人们为之养护畅通的河道里心平气和地流淌。乡民们为了增收，在林地间套种土豆、红薯等农作物。"淠河湾，不用粪"——这些不用催育的食材保持了它们天然的品质，以及健康美味的好口碑，加之又有以陈多田这位"网红"乡长为主导的助农团队的打造与宣传，在外打出响亮名号的不仅是张李乡的粮食、瓜果蔬菜、禽类，甚至张李乡的村民还在林地里养起了蝉！

　　蝉的幼虫俗称"知了猴"，张李乡的林地为"知了猴"的生长创造了得天独厚的条件。近年来，随着"知了猴"的营养价值和药用价值不断被人认识，市场对"知了猴"的需求也快速增加了。张李乡党委、政府抓住机遇，大力推进"知了猴"的人工养殖，为农民持续增收提供了产业支撑。据了解，2021年，张李乡仅"知了猴"经济一项就收入960万元，今年有望突破1200万元。想象着夏夜的张李乡淠河湾，成群结队的乡民在茂密的"林海"里，手电筒在林地扫射的光柱与头顶上的星光遥相呼应，那场景真是既浪漫又玄幻。当然，这只是我作为一名局外人的遐思。对当地的村民而言，这可是真正的实惠！一户农户一晚捕捉的"知了猴"便可收入100至300元，而郭园村曹先坤家创造的最高纪录是，一晚收入1440元。

　　这样的故事，说不完。

五

从新中国成立初"抗御洪水"到改革开放后"管理洪水",再到新时代谋求"人水和谐共生",寿县人民在战胜水灾、治理淮水的过程中,探索人水和谐共生之道,因为凭淮而居的寿县人深知,淮河的命运与我们自身的命运息息相关。

在家乡寿县的土地上沿着淮河的支流、河汊进行现场走访。途中,我所遇到的每个人,看见的每幅景,都成了我勾勒淮河命运的画线。而在写作的过程中,我无数次为这条河流的命运与这片土地上生活的人们的命运,发出感慨,那感慨里充满了赞叹。

作者系寿县卫健委纪委书记、监察室主任,中国作协会员,寿县作协主席

凤台有一条永幸河

桂少云

　　1952 年初，饱尝洪水之害的凤台人民，为响应毛泽东主席在 1951 年发出的"一定要把淮河修好"的伟大号召，立即行动起来，以"根治淮河"的斗志和决心，在县委书记郑怀舟、县长余筱仙的带领下，拉开了治理淮河的大幕，兴修水利摆上了县政府的重要议事日程，治水的接力棒也从此代代传递。

　　1952 年 3 月，凤台治淮总队组织本区民工 7000 人开始疏浚架河，完成土方 30 万立方米。8 月建成了两孔的架河闸，11 月开始港河疏浚，完成土方 7.5 万立方米，12 月建成焦岗湖丁家沟口闸，完成土石方 3.68 万立方米，在当年又是干旱又是大汛，受灾面积达 52 万亩的情况下，凤台人民硬是挺直了腰板，治淮治水，谱写了崭新的篇章，一张不断延伸的治水图也有了一个像模像样的雏形。

一

　　永幸河曾几易其名，它的前身原名为"阜凤公路河"，50 年代末期被阜阳地区列为淮涡新河大河网的二级配套工程，组织过约 8 万人的挖河大军，以人民公社为营、生产大队为连、生产小队为排的军事化编制，为兴修水利，吹起了治水的号角，擂响了开工的大鼓，后因特殊年代及多种原因而暂时停工。

　　1962 年，凤台县境内旱涝交替，受灾田达 92.7 万亩。残酷的自然灾害，再一次验证了"水利是农业的命脉"的重要性。不肯在重重困难下趴倒的县政府开始穷则思变，决定动员群众重新启动阜凤公路河水利工程。受灾的人民都想着、盼着有朝一日能过上衣食无忧的好日子。于是，人们对重新开挖阜凤公路河寄予了很大希望,希望这条河挖好后粮田能增产增收。也许是因为"阜凤公路河"拗口不好记,也许是因为这个河的名称体现不出群众的"梦想",这时已有群众开始把阜凤公路河叫"幸福河"了。县领导、县水利部门的同志听到群众的议论后,果断地顺从民意,将阜凤公路河改名为"幸福河"。

1962年冬,安徽省副省长王光宇到阚町公社视察,在审阅上报工作计划时,看到"阜凤公路河"改名为"幸福河",认为还不够完美,说叫永幸河为好,意为"永远幸福",不仅要造福当代,还要永续发展,永远造福子孙后代。从此"永幸河"就这样十传百、百传千地叫开了。

永幸河位于茨淮新河以南,西淝河以北。北起凤台县北部尚塘乡茨淮新河,东南流经朱马店镇、古店乡、顾桥镇、桂集镇、刘集乡、凤凰镇(原城北乡),通过县城北边的永幸河枢纽控制闸注入淮河。永幸河不但可以北引茨淮新河之水南调,又可南调淮河之水北上。永幸河两岸有挖河弃土堆筑而成的堤防,南北堤长度均为43公里。

为了追根溯源,提炼当年的永幸河精神,2013年4月,我荣幸地加入编写《永幸河》一书的行列,按照县委宣传部编写组的安排,我找到构思《永幸河》这部杰作的"执行编导"齐儒卿同志。齐儒卿曾任凤台县水利局局长达14年之久,在永幸河工程中,为保证工程质量,他曾身先士卒,带头跳进泥水里,感动几百民工重新返工挖土,保住河底深度。

回眸永幸河,对于这条蜿蜒在淮河西岸的人工开挖的支流,当年"百里河工、百里红旗、劳动号子、震天动地"万众一心会战在工地的壮观场面还深藏在齐老局长的心中。他深深地饮了一口茶,调整了一下自己的情绪以后,慢慢地打开了深藏在记忆中的一段往事。

二

50年代末期,凤台的经济非常落后,农业基础也相当薄弱,全年财政收入只有20多万。当时因为人民的温饱问题还没有完全解决,根本无法抽出资金治理境内河湖淤淀、堤防矮小、水系紊乱等难题,凤台的水利建设只是一张白纸，如何在白纸上画出美好的治水蓝图，是摆在多任县官面前的一道考题。

治穷必先治水，怎样扭转"大雨大灾、小雨小灾、无雨旱灾"的局面？怎样为了安徽省水利建设的整体规划，减少全县不断发生的灾情，同时改变全县农业生产的一麦一豆加红薯的种植模式而主动出击，为凤台的农业发展找良策、寻出路？ 1960 年初，在当时的县委书记赵伯良、县长胡成功与县委一班人的决策下，准备举全县之力，开挖一条人工河。

当时挖河的工具极其简陋，没有现代化运输工具，只能靠肩挑人扛，主要的运输工具就是人力车、架子车和抬筐。就是在这样的情况下，县政府一声令下，竟动员了 10 万民工，克服了种种难以想象的艰难困苦，举全县之力，建设好这一造福子孙的宏伟工程，为凤台县的旱涝保收提供可靠的保障。

由于当时财政收入微薄，根本拿不出支付挖河的费用，只有靠各公社、大队、生产队、各家各户自己筹款。大家在县政府的统一领导下，出主意，想办法，集思广益，一心一意把心思放在永幸河的建设上，充分体现了艰苦奋斗、团结合作的社会主义大协作精神。

为了节约时间，节约工时，民工们自带干粮，自带工具，吃住都在工地上，出现了兄弟争着报名、父子同时出征的感人场面。工地条件极其艰苦，有些困难真是难以想象，"开龙沟冰凌刺骨，破冻土犹如开山"，就是形容当时工地作业的

十万民工奋战在永幸河工地

艰苦情景。

　　齐老局长满怀深情地说，那时候人的思想觉悟和自觉性都非常高，有着一股革命干劲。当时挖永幸河，采取分段包干的形式，每个公社分一段。公社、大队和生产队再逐级下分，以提高工效。工地上，每个大队的民兵营都起了关键作用，同时，还建立了青年突击队和铁姑娘队，涌现出许多可歌可泣的先进人物：四次参加永幸河会战的郑明文，拉架子车好手刘廷军，巾帼不让

开挖永幸河时的铁姑娘队

须眉的工地"花木兰"常金兰，放学后就带着四个"英雄小姐妹"上工地的张侠……他们各显英雄本色，吃苦在前，流血流汗，从不说一个"不"字。正是这些勇于担当重任的"猛张飞""花木兰"起到了带头作用，才大大地缩短了工期。

　　齐老局长神情凝重地说，那时啊，中国很多地方吃不饱饭，永幸河工程也一度被迫停工，直到1964年"四清"时，才建设好菱角湖排灌站。为了不浪费仅有的资源，便利用永幸河做低水渠，改种了一部分水稻，收到了很好的效果。有了水以后，就改变了良田只种小麦、黄豆的单一种植，使粮食单产也有了明显提高，一步步地摘掉了"凤台县是破猪圈"的贫穷落后帽子。

　　永幸河工程建设中的突出亮点就是进行水网、林网、电网和路网的改造，县里以科学务实的精准设计，在南水北调、北水南引上大做文章，1970年，县政府又对永幸河工程进行了统一规划。经过全县人民与水利工作者的共同努

力，永幸河在 1971 年正式投入使用，永幸河两岸的 10 多个乡镇开始大面积栽插水稻。粮食丰收了，农民的生活也得到了逐步改善，昔日的"灾窝子"变成了"米粮仓"。建成后的永幸河曾经历了两次大考、无数次小考，都以"兵来将挡，水来土掩"的硬实力表现，交出了让人们十分满意的答卷。

三

1988 年夏季，沿淮流域大面积持续旱灾，5 月 7 日至 7 月 20 日的 75 天中，凤台县境内就没下过一次透地雨，造成 50 年一遇的大旱。如果是在以往，"满田禾苗半枯焦"的惨状将随处可见。但此刻水利网发挥了威力，将淮水和茨淮新河的水源源不断地引入永幸河，灌溉了数十万亩良田。1988 年 8 月 7 日，农业部长何康沿淮河流域视察旱情，亲眼见证了永幸河两岸"风吹稻花香两岸"的喜人景象，不由得饱蘸浓墨，挥笔题词，以"淮北江南、胜似江南"八个大字来点赞永幸河给灌区人民带来的福祉。

在排涝方面，永幸河也发挥了前所未有的功力，1991 年 5 月至 7 月，一场历史罕见的洪涝灾害扑向刚从旱灾中缓过气来的凤台大地。6 月 12 日至 15 日持续降雨量达 452 毫米。百年不遇的大洪灾冲毁了村庄、农田、道路和水利设施，造成直接经济损失 6.87 亿元。当年，永幸河向淮河抢排内涝 1.3 亿立方米，开机抽排 2.3 万台时，抽排内涝 1.1 亿立方米。专家总结说，若不是水利设施发挥了巨大的抢排作用，损失将会更大。

灾情前后，中央各部委、省党政军领导多次来凤台县视察灾情，深入一线慰问灾民。时任中共中央总书记江泽民同志于 7 月 7 日和 11 月 18 日两次来凤台视察灾情，发出"振奋精神，克服困难，团结协作，战胜灾害"的号召，极大振奋了全县广大干群的精神，凝聚了凤台人民抗灾、治水、重建家园的力量。当时由《江淮文史》编委会编印的《治水　制穷　致富》这本书，就真实地记录了这一段刻骨铭心的历史事实，详细介绍了一代又一代水利人为了找到一把治水的金钥匙，开启凤台人民奔小康的幸福之门，而走过的艰苦卓绝的奋斗历程。书中还描述了通过多任县官的治水接力，让素有淮北"锅底子""水口袋"之称的凤台，通过一系列的科学规划，综合治理，逐渐变为淮河儿女心目中的美丽江南。

齐儒卿老人回忆说，开挖永幸河，他们经历了六任县委书记，他们都全力以赴地支持永幸河工程建设，并投入了很大的精力，甚至与民工们吃在一起、干在一起，从没有上级与下属之分。这六位县委书记是赵伯良、甄培德、陈欣南、刘来保、黄焕民、郭新吉，他们带领了一批批开拓者，让永幸河成了全县人民致富的幸福河。凤台人民的子孙后代将永远记住他们的名字，"多任县官一张图，一届接着一届干"的佳话将永远流传，这条永幸河也已深深地融入淮河文化的体系之中。

齐老局长作为当时的一名工地指挥员，永幸河建设的亲历者、劳动者，特别提到县委书记郭新吉。他说，郭书记上任时，为了治水，曾带着一支水利普查队，徒步踏遍凤台的山山水水，把全县的河道水系摸索得清清楚楚。为了加快永幸河的建设进度，他经常深入工地，与民工们同吃同住，以一个普通劳动者的身份，身先士卒，处处干在前面，极大地鼓舞了民工的士气，工程进度明显加快。永幸河大闸建设初期，他亲自上阵拉石头、扛水泥、拌沙子，累到筋疲力尽的时候，竟唤来自己的两个女儿，帮他推装满石子的架子车，一干就是一整天。工地人员个个伸出大拇指，称赞他真正是一个"焦裕禄"式的好书记。

在采访时，对在治理淮河和开挖永幸河中涌现出的先进人物和英雄模范，齐老局长如数家珍：1952年5月，在凤台县首次召开的治淮劳模大会上，被评为"特等治淮劳模"并奖励耕牛一头的纪会宏；1956年，有官不愿做，甘愿当一名护堤员，几十年如一日，吃住在堤坝上，年年被修防系统评为护堤模范的杨玉成；一生从事水利工作的，与永幸河结下深厚情缘，1973年曾任凤台水利局副局长的严正……说了这么多，他唯独没说到自己。

四

齐儒卿，河南省沈丘县人，1947年参加革命，1949年11月调至凤台县工作。1969年至1983年担任凤台县水利（电力）局局长。1983年至1985年担任常务副县长，水利工作继续属于他的分管范围。1994年光荣离休。

齐儒卿担任水利部门主要领导期间，十几年如一日，一心扑在水利建设上。为了吃透县情，理顺治水思路，他十分注重掌握第一手资料，被誉为凤台水利的好参谋。为迅速改变凤台水利落后面貌，他深入基层蹲点，通过调查研究总结经验，于 70 年代初便拟订出"五种水费征收办法"，其中随粮代征收取水费的办法最为有效，从而解决了收水费难的问题。

1975 年，齐儒卿在关店区蹲点期间，根据凤台不同的地形和土壤，将全县划分为"五类"不同地区，采取理顺水系、截岗抢排、圈圩建站、深沟引水、能排能灌能通航和山水田林路综合治理的"四网一方园田化"（即水网、电网、路网、林网，方块田）的新的水利规划，经县领导组织专家讨论后，认定这项新规划科学合理，同意试行。

在实施中，齐儒卿一直兼任水利兴修和防汛抗旱指挥部副指挥，在县委县政府领导下，不断促进"四网"工程飞速发展。至 1979 年"四网"工程初具规模之后，便发挥出抗灾减灾的高效益，水稻面积由 10 万亩猛增到 50 万亩，产量由 100 多公斤增长到 250 多公斤。1982 年大水致灾后，齐儒卿又深入行洪区，通过考察，拟订出行洪区庄台建设的新方案，不仅解决了行洪区人民的居住问题，还通过改变生产结构，为逐步走向脱贫致富，做出了很大的贡献。

齐儒卿曾花费多年心血，编著成《淮河行蓄洪区建设与脱贫致富》一书，由安徽省政府办公厅和《治淮》杂志编辑部联合编印。这是淮河流域第一部有关行蓄洪区问题研究的专集，书中对行蓄洪区的建设及其脱贫致富等问题进行了初步的较为系统的描述。

采访快结束时，我笑着问齐儒卿老局长："永幸河的精神到底彰显出的是一种什么样的精神呢？它主要体现在哪些方面？"老人家稍加思索，便回答了我的提问："永幸河精神，就是艰苦创业的拼搏精神，就是团结协作的奉献精神，当时采取'推磨转圈'的合作方法，就充分体现了这一军民同心、团结治水、精诚协作的精神内涵；永幸河精神，就是科学务实的创新精神、薪火相传的进取精神。今天着力打造'人水和谐美景'的新举措，重建永幸河泵站，实现永幸河灌区这条水利动脉的数字化的大手笔，就是今天的县领导们接力治水的真实写照，就是对永幸河精神的发扬光大。"

今天我们在永幸河边漫步，放眼望去，美好的田园风光和乡村景色，像一轴美丽的画卷，向远方伸展。

永幸河城区河段2400多米长的滨河公园，自2005年建成后，又为凤台人文景观添上了一个赏心悦目的点睛之笔。它把水利工程与城市风光、居民生活、历史文化、生态理念融为一体，把永幸河变成了一条月光、星光与灯光相互辉映的风景河，把河两岸变成了林木成荫、花香鸟语的世界，这里雕塑小品、石凳长椅、凉亭画廊和观河围栏林立，形成亲水平台的美丽大观园。

今天我们细细品味永幸河，它确实是一条带给凤台人民永远幸福的河，是一条让凤台成为"不是江南，胜似江南"的河，凤台能像一颗"淮上明珠"，在皖北大地上熠熠生辉，永幸河是当之无愧的功臣。

凭着这条人工开挖的河，永幸河灌区55万亩农田才能旱涝保收，才能每年亩产超过吨粮的水平，凤台的百年治水文库里，才有了一部为根治水患，多任县领导共绘一张图的经典杰作。有了这部像河南林县"人工天河"红旗渠一样在国内外大放异彩的永幸河杰作，凤台才拥有了一张美誉全国的亮丽名片，才为凤台县获得"全国水利先进县""国家粮食生产先进县""全国先进灌区、先进泵站"等10个荣誉，为全县人民过上美满幸福的小康生活奠定了雄厚的基础，为新时代的凤台继续谱写出华美的乐章。

愿先行者们名垂青史，愿永幸河精神代代传承！

作者系凤台县农业科学研究所副所长、安徽省作协会员、凤台县作协副主席

后记　时间镌刻荣光　时代呼唤精神

——写在《淮南文史资料选辑（第二十辑）

回望 1952，淮南从此崛起》出版之时

　　2022 年注定是个不平凡的年份，于世界于国家于我们的党，都是一个要镌刻进历史的年份。于我们的城市——淮南，山川大地刻下了建市 70 周年的年轮；于我们淮南市的作家，则是用深情的目光对家乡进行凝视和回眸。在共和国怀抱里成长的淮南市，沐浴在百年大党的阳光里，淮南市也风华正茂！

　　风华正茂的原因在于 1952 年建市的淮南，根深本固。按照市政协的策划，在市文联的支持下，市作家协会创作完成了《淮南文史资料选辑（第二十辑）回望 1952，淮南从此崛起》（以下简称《回望 1952，淮南从此崛起》）。

一

　　回望 1952，这一年我国第一个五年计划正在编制，这个五年计划的主体是国家工业化，这是改变中国落后状态而臻于富强的关键所在。156 项重点工程成为"一五"时期苏联协助我国建立比较完整的基础工业体系和国防工业体系骨架的重要组成部分，为我国工业化的起步提供了重要保障。

　　回望 1952，这一年的 6 月淮南成为省辖市。当时淮南市的城市主体是以东部和西部煤矿组成的淮南矿区——一个拥有工业能源的城市，在集中力量进行工业化建设的 50 年代初，自然会被国家所看重，于是望峰岗选煤厂成为苏联援建的 156 项重点工程之一。

　　回望 1952，淮南市一经成立，就进入了高歌猛进时期，"一五"时期国家重点发展的采掘、能源、机械制造等，不少大项目都在淮南落地生根。以蔡家岗矿为代表的谢家集新建的几座煤矿，高效建成投产；以蔡家岗煤矿机械厂为代表的淮南机械制造业，从此走向了驰名全国的快车道；以安徽造纸为代表的轻工业大型企业，高起点落地淮南。"一五"期间制定的发展农业和手工业生产合作社的政策，让淮南市的农民和手工业者获得了新生，在洞山东乡胡大郢村成立了全省有名的农业生产合作社，在上窑成立了全市最大的公私合营企业上窑缸厂……

回望1952，在这个热血沸腾、激情燃烧的年份，淮南人民拥抱新生活的同时，把对共产党的感恩化作当家做主的实际行动，在"每一秒钟都为创造社会主义社会而劳动"的时代精神的号召下，涌现出以大通煤矿丰绪然为代表的一批全国劳动模范，他们用忘我的劳动干劲，创造出一个又一个时代记录，并走出国门，与当时社会主义阵营里的世界青年联欢交流，他们前进的足迹被镌刻进共和国的史册。

回望1952，在这个朝阳升起、大有作为的年份，一批批专业性人才和各类学校毕业生听从召唤来到淮南，在陌生但又充满活力的地方开始了崭新的人生。大厂大矿的建设，让淮南具有很强的"虹吸"效应，吸引周边地区的年轻人聚拢过来，让淮南成为那个年代典型的移民城市。

回望1952，淮南大地机器轰鸣、热火朝天。国产第一台6000千瓦机组在淮南电厂安装发电，被誉为我国电力工业第一块里程碑。以淮南矿工医院、淮南煤炭工业学校为代表的社会全方位服务设施和人才培养体系逐步建立。那时，每一张淮南人的脸上都洋溢着工作着的快乐，每一个脚步都是那么坚定快速。万丈高楼他们要平地起，幸福家园他们要自己造。凭着执着的信念，靠着火热的干劲，他们硬是把一个仅有几座矿井的矿区建设成中国能源之都、华东工业粮仓、安徽省重要的工业城市。

回望1952，淮南吸引的不仅是来此工作的年轻人，火热的生活、冲天的干劲和日新月异的变化让全国的文艺家们心之向往，著名黄梅戏演员严凤英，豫剧表演艺术家常香玉，电影演员王丹凤、陈述等先后来到淮南进行慰问演出。一批由军队转业到地方的文学艺术工作者和淮南当地戏班子里的演员，在 1952 年有了自己的组织——淮南市文学艺术联合会，焕发新生的他们，创作了许多接地气、有人气的好作品，为淮南的崛起加油鼓劲。而活跃在淮河两岸的花鼓灯则走进了北京的高校，被誉为"东方芭蕾"。

回望 1952，淮南市成立之初，正逢毛泽东主席发出"发展体育运动，增强人民体质"的号召，于是，在市中心区兴建了一座当时安徽省最大的体育场，从此，以丁照芳为代表的一个个体育名将在这座人民体育场上诞生，淮南这座力量型城市让自己的市民身体内爆发出更大的力量！

回望 1952，"一定要把淮河修好"的号召的提出刚刚过去一年，沿淮人民治理淮河的干劲正酣，以寿县正阳关为代表的淮河关键河段上，垒筑起坚固的淮河干堤；以淠史杭寿县灌区为代表的水利工程，对水进行取其利而去其害的阻拦和导流，将水圈在水库中、流淌的沟渠中。这不仅是新社会的农民为保护自己家园而进行的一场与洪水的较量，更是一场在国家层面上体现以人民为中心的战略，是安邦治国的大事！

回望 1952，淮南市的铁路越修越长，铁路站台越来越多，以至成为全国铁路站台最多的城市。乘着火车来淮南视察的党和国家领导人看重淮南的工业地位和工作成绩；乘着火车来的全国各地的参观学习者赞许淮南人民的激情和干劲；乘着火车来的异乡年轻人憧憬着美好的生活愿意把根扎在这里……

二

回望 1952，淮南这列奔跑了 70 年的"火车"里，车尾站着生活在今天的他们——《回望 1952，淮南从此崛起》故事的讲述者。他们之所以能讲述这些故事，首先是因为他们有高度的文化自觉和为人民放歌的创作信念，淮南 70 年奋斗之路需要回顾，需要把那个年代火热的历史，通过健在的人的讲述进行真实的记录，描述那个时代淮南人民的精神风貌，为今天的淮南高质量发展提振士气；他们之所以能在繁忙的工作之余，查阅史料、旧地寻访、苦寻线索，还是因为他们与故事有着各种各样的关联，有的是故事主人公的后

本书主创人员合影

代或者亲友，有的从小就生活在故事中，有的就是故事里的人。为了讲述好建市70年的故事，淮南市作家协会的22位骨干作家查阅了100多种书籍，实地采访了128人次。感谢他们不辞辛苦地找寻到70年历史的亲历者和见证人，感谢他们用饱含感情的文字对淮南建市70年的历史进行认真的梳理和记录！

回望1952，淮南这列奔跑了70年的"火车"里，车头站着生活在70年前的前辈们，他们或是工人、技术员、俄文翻译、医生、教师、文艺工作者、手工业者、农民，或是刚刚脱了军装的转业干部、刚刚获得表彰载誉归来的劳模、刚刚走出校门进厂入矿的新人，无论是何种身份，他们的身体都是一个姿态：争先恐后！他们的脑海中都有一个念头：公而忘私！他们的心中都流淌着一句歌词：团结就是力量！他们是一群具备了那个时代先进性的人，他们是一群让后辈的我们无限敬重的人。他们的身影活跃在《回望1952，淮南从此崛起》中的文章里，他们是建市70周年故事的主人公，是淮南70年历史的亲历者和见证人。让我们记住这代人的名字：丰绪然、王长金、金流、赵子厚、陈敬芝、丁照芳、王积惇、邢培春、梅富轩、严国彬、廖光圣、康永年、张跃明、周墨兵、袁大进、宁宜南、吴英华、齐儒卿等等。他们之中有的人离开了，还健在的也已经是耄耋老人。无论怎样，经历过那个火热的时代，他们的生命大写着一个字：值！

今天的我们从他们身上真真切切看到了那个时代的精神和风貌，而这些正是党的二十大报告中提到的劳动精神、奋斗精神、奉献精神、创造精神和勤俭节约精神，正是这些精神让他们创造出那个时代的辉煌，今天的淮南需要的正是这些精神！

70年风华正茂的淮南，在建市之初就开启了宏大而有力的时代叙事，绘就了志气、骨气和底气的画卷；70年来，一直和着时代的脉搏，不断地把这种宏大叙事讲述得既激情澎湃又跌宕起伏。发展一直是主旋律，人民一直是中心；故事永远在更新，精神永远在高扬。

三

70周岁的淮南，在2022年又将开启新的年轮，"道阻且长，行则将至；行而不辍，未来可期"。行进在波澜壮阔的历史进程中，今天的淮南人民已经有了足够的底气，那是先辈们用奋发有为的精气神积累起来的，唯愿前辈们的精神在新时代得到发扬光大。行进在波澜壮阔的历史进程中，讲好中国故事成为文艺工作者的时代使命，唯愿更多的亲历者成为记录者，更多的见证者成为讲述者，这是我们对历史传承的一种方式，是当代人的一种文化自觉和责任担当。

《回望1952，淮南从此崛起》主题创作从2022年4月启动到10月底结束，历时 200 天左右。从选题策划到创作要求，从遴选作者到组建创作群，我是亲历者，深深感受到我们的作家的情怀和担当，对家乡的热爱和对淮南未来的可期都融进了文字里。创作期间又遭遇新冠疫情防控，虽然原定的几次集体采风活动不得不取消，但是 20 多位作家没有停止他们采访创作的脚步。正是他们脚踏实地、认真勤勉的创作，才有今天这些铭记历史、镌刻荣光的文章。

《回望 1952，淮南从此崛起》的主题创作得到了淮南市各界的支持，市档案馆为创作者检索资料提供了帮助，《淮南日报》安排记者对创作过程进行全程跟踪报道，《淮河早报》不惜版面对所有文章进行连载，淮南社科联通过"学习强国"将创作成果推出淮南。在此，淮南作家协会对所有把心血和目光倾注于《回望 1952，淮南从此崛起》主题创作的单位和个人表示深深的感谢！

淮南市作协主席

金　妤